AF321984

L'ORGANISATION SYNDICALE ET CORPORATIVE ITALIENNE

IMPRIMERIE DE LA CHAMBRE DES DÉPUTÉS
DE CHARLES COLOMBO
ROME – MCMXXX · VIII

CHAPITRE PREMIER.

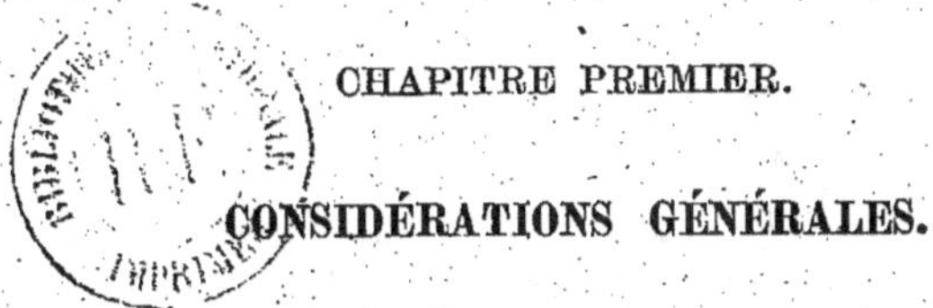

CONSIDÉRATIONS GÉNÉRALES.

Le développement grandiose du phénomène syndical, qui est une des caractéristiques de l'industrialisme moderne, et les défauts propres à l'organisation sociale actuelle, rendent partout plus aigus les problèmes qui concernent la vie des organisations professionnelles, les rapports de ces organisations entre elles, avec l'individu, avec la marche de la production et avec le régime politique de l'État.

On pourra constater, selon les variations inévitables des traditions et des besoins sociaux de chaque pays, que ces problèmes sont plus ou moins importants et que les solutions imaginées sont plus ou moins efficaces. Il s'agit de remplacer l'anarchie syndicale traditionnelle par une organisation complète de tous les intérêts. Il s'agit de faire en sorte que ces intérêts réalisent un juste équilibre sous la garantie de l'État, et puissent collaborer sincèrement à l'accroissement de la production et de la prospérité générale. Il s'agit d'élargir la base de l'État, en appelant à lui, pour une collaboration disciplinée, les forces, qui seraient autrement dissolvantes, des organisations syndicales professionnelles.

La reconnaissance juridique des syndicats et leur assujettissement à sa discipline sont, pour l'État moderne, un problème vital. Ou l'État réussit à faire entrer les syndicats dans l'organisme social constitué, ou il est destiné à périr sous les assauts du syndicalisme révolutionnaire. La nécessité essentielle, c'est d'organiser juridiquement le phénomène syndical si puissant, de régler juridiquement aussi les rapports qui en découlent, d'endiguer sa force dans les limites des lois, pour la conduire à une participation ordonnée à la vie sociale, à la vie économique, à la vie politique, en vue des fins supérieures de la prospérité nationale.

L'Italie fasciste a tenté de résoudre de façon complète, par sa réforme syndicale corporative, cet ensemble de problèmes vitaux qui est au cœur de la vie d'aujourd'hui.

L'État fasciste italien revendique la tâche d'intervenir systématiquement dans le domaine de la production et dans le domaine du travail, pour encadrer toutes les forces économiques et morales du pays, et prendre la responsabilité de leur direction vers un but commun, qui est celui du progrès de la Nation. C'est l'État qui organise tous les producteurs dans un système de grandes associations, toutes placées sur le même plan, dans une égalité absolue de droits et de devoirs; toutes reconnues, dans leurs intérêts légitimes et conciliables entre eux, par l'État souverain.

La tentative est hardie. Il s'agit de résoudre un des problèmes les plus graves et les plus lourds de préoccupations de l'époque, celui de la vie des organisations syndicales, par des moyens juridiques et rationnels, inspirés par le sentiment de la solidarité et de la justice sociale. En attendant, selon le dessein de Mussolini, « tout un peuple de millions d'hommes est constitué en un bloc compact d'énergies politiques, économiques et morales et s'élève, dans l'État fasciste, au rang d'un sujet opérant et conscient de son propre destin ».

Cette tentative hardie d'une nouvelle organisation intégrale de la société italienne est encore à ses débuts. Elle devra vaincre d'énormes difficultés de milieu, de climat social et économique, de résistance misonéiste et égoïste. Personne ne saurait s'étonner de la prudence des réalisations, ni des soins attentifs qui entourent ces expériences. Les problèmes que le régime entend résoudre sont les plus importants de l'époque et portent tout le poids d'un siècle, rendu plus écrasant encore par les conditions spéciales de l'Italie.

1. — L'ITALIE SOCIALE ET SYNDICALE
AVANT LA RÉVOLUTION FASCISTE

L'œuvre de transformation de l'État et de réorganisation *ab imis* de la société nationale, qui a pour point de départ la Révolution fasciste du mois d'octobre 1922, se trouva tout d'abord devant le problème fondamental des rapports entre capital et travail, qui domine le monde contemporain depuis le commencement du XIXème siècle. — Elle dut affronter aussi le problème, non moins essentiel, des rapports entre les associations professionnelles et l'État, qui s'est posé dans les premières années du nouveau siècle, et qui s'est accentué partout après la guerre, en ébranlant spécialement les bases de l'État italien, qui n'avait pas la solide tradition d'autres pays.

La transformation de la technique industrielle dérivant, en Italie aussi, des progrès réalisés dans les dernières années du siècle passé, avec ses lourdes conséquences sur les conditions de vie des classes travailleuses – groupement dans de grands centrés et urbanisme, mécanisation et diminution de la valeur du travail humain, caractère impersonnel de l'entreprise et des rapports entre capital et travail – devait nécessairement développer et pousser au plus haut point la tendance des masses à s'associer.

Le groupement des masses travailleuses se réalisait de lui-même avec l'agrandissement des entreprises et, de la vie en commun à l'association professionnelle, le chemin était court.

Le chemin était court, et puissantes étaient les incitations à le parcourir. Le mécontentement de l'ouvrier, les aspirations et les désirs, autrefois inconnus, que le vie urbaine créait en lui, l'exploitation de la part de l'entreprise anonyme et impersonnelle et, par conséquent, le malaise économique, c'étaient là des stimulants plus que suffisants pour pousser les travailleurs à s'unir et à former des coalitions capables de contraindre les industriels, par la force du nombre, par la grève et par la violence, à améliorer leurs conditions de travail. C'est ainsi que prit naissance le phénomène du syndicalisme, caractéristique et différent du phénomène commun d'association, par son importance, par sa tendance unitaire, par son caractère général.

Les puissantes organisations qui fleurirent ainsi en Italie, bien que plus tard qu'ailleurs, créèrent tout de suite une situation presque inverse de celle à laquelle elles devaient résister. Les vicissitudes de la vie économique et politique conduisirent d'abord à l'oppression de la classe ouvrière, et, ensuite, à la menace contre la classe capitaliste et contre le système de production fondé sur le capital.

L'État, dans ces vicissitudes alternées, était absent. Au début, il est vrai, il vint indirectement au secours des patrons, en interdisant que les ouvriers dispersés et divisés pussent établir entre eux une solidarité capable de résister à la domination de l'entrepreneur. Par la suite, l'interdiction de se coaliser fut abolie, mais l'État ne modifia en rien son attitude de neutralité et, se plaçant entre les forts et les faibles, il favorisait en réalité les premiers aux dépens des seconds. La révolte devait fatalement en dériver. Du moment que la situation des classes ouvrières était grave et injuste et que l'État ne s'apercevait pas de cette injustice, il était naturel que les classes ouvrières s'organisassent pour se défendre.

Cette défense ne sortit pas tout d'abord des limites de la légalité. La grève, c'est-à-dire l'abstention collective du travail de la part des ouvriers, ne fut, au début, qu'un moyen indirect de diminuer l'offre de travail, et, par conséquent, de créer une hausse de son prix, c'est-à-dire des salaires ouvriers. La grève rentrait donc parfaitement dans le système économique en vigueur.

Mais, en peu de temps, au commencement du XXème siècle, et surtout pendant la crise de l'après-guerre, le mouvement ouvrier prit un caractère beaucoup plus accentué; il s'étendit et se renforça toujours davantage. Bientôt les grandes organisations des travailleurs devinrent très puissantes. Les armes dont elles disposaient étaient devenues formidables, et surtout les masses moins évoluées, plus récemment organisées et, par conséquent, ayant un sens moins fort des responsabilité, étaient portées à en abuser.

La grève, considérée comme simple moyen de lutte destiné à influer sur les conditions du travail moyennant le jeu de la diminution de l'offre, faisait place à la grève à caractère politique, destinée à créer un état de désordre et d'agitation, à saper l'ordre public.

La grève ne fut plus seulement la pure et simple abstention du travail, ce fut souvent une abstention forcée, imposée aux ouvriers récalcitrants par les organisateurs, qui recouraient aussi à la violence brutale. La grève fut donc surtout violence, désordre dans les rues, sabotage, boycottage. La défense des intérêts économiques s'était automatiquement tranformée en défense matérielle, la lutte des classes en guerre des classes.

En face de cette attaque, les classes patronales préparèrent leur défense. Elles s'organisèrent à leur tour et résistèrent. Pendant les dernières années, les associations patronales aussi se développèrent et la lutte devint plus dangereuse.

Les grandes organisations syndicales se posèrent en arbitres de la vie de l'État. Elles constituèrent autant d'états dans l'État, disposant des services publics à leur guise. Ou vit aussi, en Italie, la Confédération générale du travail, les syndicats socialistes des cheminots, des maritimes et des P. T. T. suspendre la vie, le trafic ou les communications du pays et décider même de la politique extérieure de la Nation. Les services publics les plus essentiels furent ainsi à la merci des organisateurs socialistes.

C'était là spécialement la situation de l'Italie dans les trois sombres années qui vont de la fin de la guerre à la Révolution fasciste.

* * *

La guerre, qui fut vraiment révolutionnaire – même si elle ne le fut pas dans la mesure où on l'avait dit pour des raisons de propagande – avait porté un désordre économique et moral plus ou moins grave dans tous les pays belligérants. Ce désordre affectait spécialement la vie syndicale, du fait que la question sociale s'était envenimée par suite de la propagande, de la grandeur des forces humaines mobilisées, de l'effort exténuant, de la démobilisation des forces militaires ou des forces militarisées dans les industries créées pour la guerre, ainsi que du chômage qui en avait été la conséquence.

Ces phénomènes d'après-guerre furent beaucoup plus graves en Italie qu'ailleurs, à cause des sacrifices consentis, comparativement plus élevés, en ressources humaines, économiques et financières, et de la déception de la paix, des conditions sociales, politiques et économiques particulières du pays, du manque de maturité des masses et de leurs organisations, du défaut de préparation de la classe politique qui ne sut pas affronter à temps, comme ailleurs, les éléments de désordre.

L'Italie syndicale de l'après-guerre, en particulier, était plongée dans l'utopie, dans l'illusion et dans le chaos. La Confédération générale du travail, l'Union syndicale italienne, la Confédération italienne des travailleurs, l'Union italienne du travail, l'Alliance du travail, toutes syndicales, existaient en même temps. Ces organisations suivaient, ou ce qui était pire, exploitaient les différents partis politiques et luttaient à qui sèmerait le plus de désordre. Occupation de terres incultes ou seulement mal cultivées au jugement des occupants, grèves agricoles et industrielles, prise de possession des établissements de la part de quelques groupes d'ouvriers dans un but très net d'expropriation, accords entre entreprises et travailleurs rompus avant même d'avoir pu être conclus, grandes discussions, même officielles, sur le caractère inévitable d'expériences de socialisation, de gestion coopérative, ou, au moins, de contrôle ouvrier sur les fabriques...

L'anarchie faisait tâche d'huile, et rendait tout le monde sceptique sur la possibilité d'une résistance, lorsque, effectivement, le pays exprima de son sein de précieuses forces de réaction. Il le fit sur une programme qui, en partie, répondait aux nouvelles aspirations des masses et aux nécessités des temps nouveaux. C'était un programme d'organisation des producteurs en syndicats, de représentation du travail dans les organes de l'Etat, de défense des conditions du travail, sans lutte de classe, sans grèves politiques, sans grèves à répétition. C'était un programme qui respectait les valeurs traditionnelles de la Nation, qui répondait aux aspirations d'ordre, de discipline, d'action solidaire du prolétariat fondu avec la Nation, d'État fort, d'efficace politique étrangère, etc. Ces aspirations avaient été, déjà avant la guerre, celles des groupes de rénovation — syndicalistes révolutionnaires, socialistes partisans de l'intervention et nationalistes — qui voulaient accélérer le rythme de la vie italienne, reconnaître et exalter les vertus nationales, mettre en valeur à la fois la bourgeoisie et le prolétariat, pour la mise en valeur de la nation tout entière.

Ces forces de résistance, qui se trouvent en germe dans l'avant-guerre et qui ne sont donc pas un résidu de la guerre, un simple mouvement passager de réaction, se cristallisent, dans les trois années qui vont de 1919 à 1921, autour de la personnalité de Mussolini, qui, d'abord dans les rangs du socialisme révolutionnaire, puis dans ceux des partisans de l'intervention dans la guerre révolutionnaire, fondateur enfin et organisateur du fascisme, n'abandonna jamais son rêve d'une rénovation de la vie italienne.

Le Fascisme, pour résoudre la question sociale qui était devenue particulièrement aiguë après la guerre en Italie, se fit donc le promoteur et l'annonciateur d'un nouvel idéal de syndicalisme. « Le syndicalisme national — dit la première annonce du nouveau programme — reprend de fond en comble l'organisation des Italiens de toutes les professions et d'une seule foi, en un cadre grandiose d'éducation politique, de capacité productrice, de conscience et de discipline nationale ».

« Le Fascisme » — annonce Mussolini — « après avoir terminé son œuvre de démolition des vieilles constructions parasitaires de la politique et de l'économie, doit, d'une part, constituer la vigilante conscience nationale de notre politique étrangère et, d'autre part, s'adresser à la masse des travailleurs du bras et de la pensée, pour élever leurs conditions morales et matérielles et pour les lier toujours plus étroitement à la vie et à l'histoire de la Nation ».

Le Fascisme naissant affronte ainsi résolument le problème du travail, en se faisant l'initiateur et le propagateur d'un syndicalisme qui a des caractéristiques distinctes et différentes de celles du syndicalisme socialiste. Il reconnaît qu'en réalité l'organisation des groupes et des catégories, et même des classes si elles répondent à l'existence d'intérêts différents, est une nécessité inéluctable de la vie moderne; le Fascisme comprend cependant que le problème de l'organisation des groupes sociaux, c'est-à-dire du syndicalisme, n'est en aucune façon lié nécessairement au mouvement qui a pour but de détruire l'économie capitaliste, dont la base, aujourd'hui encore féconde, est l'organisation privée de la production. Il ne veut pas davantage la remplacer par l'économie communiste, dont le but est de créer des idéologies internationalistes contre la réalité inébranlable des différences nationales et de la solidarité intérieure de chaque groupe national.

2. — LA VALEUR SOCIALE
DE LA RÉVOLUTION FASCISTE

La conception fasciste du syndicalisme – le syndicalisme national italien – renverse les termes de la question sociale désormais séculaire, en donnant une nouvelle position au fait syndical dans les rapports entre capital et travail, dans les rapports avec l'ensemble de l'intérêt national, et enfin dans les rapport avec l'Etat. C'est là le triple caractère – économique, social et politique – de la réforme sociale que le Fascisme réalise en Italie avec la nouvelle conception du syndicalisme.

* * *

La conception nationale et fasciste du syndicalisme est nettement opposée à celle du syndicalisme ouvrier socialiste. *Le syndicalisme fasciste n'a pas un programme d'expropriation; bien plus, il reconnaît la fonction historique du capital et du capitalisme.* Il revendique, lorsqu' elles sont justes, l'augmentation du salaire et l'amélioration des conditions du travail, mais jamais dans le but dernier, avoué ou tacite, de renverser la situation et d'abolir le droit de propriété. Le capital et le travail sont tous deux indispensables. L'un ne peut se passer de l'autre; ils doivent collaborer sincèrement, et cette collaboration est possible. Le syndicalisme national est donc « *collaborationniste* ». Il l'est nécessairement, alors qu'il s'agit de produire la richesse et de la mettre en valeur. Il peut y avoir divergence dans le troisième moment, alors qu'il s'agit de la distribuer, mais, là aussi, si la coutume se crée et si la loi apprête les organes appropriés de conciliation et de juridiction, la collaboration se manifeste encore sous l'espèce de la transaction, qui rétablit l'équilibre un instant troublé.

C'est sur ces bases que le syndicalisme fasciste entend résoudre la question sociale. Il ne prétend pas supprimer les oppositions et les concurrences de catégorie, qui peuvent être le levain du progrès social. Mais il remplace la défense des intérêts, aveugle et désordonnée, insouciante des intérêts supérieurs de la production et des destinées mêmes de la Nation, on pourrait dire possédée par l'idée néfaste de la lutte dans la Nation et contre la Nation, par une défense de classe ordonnée, consciente, respectueuse de la nécessité du processus de la production et des exigences de la vie nationale. *Il n'opprime pas les masses ouvrières, ne détruit pas leurs conquêtes, ne les empêche pas d'en faire d'autres encore. Mais il fait entrer pleinement ces masses dans la vie de la Nation et de l'Etat, en leur donnant le sentiment de leur solidarité avec les autres catégories et avec la Nation, et assure ainsi à leurs conquêtes la solide protection de cette solidarité.*

A l'encontre du simplisme marxiste de la disparition des classes moyennes et du groupement des forces sociales en deux seules armées, toujours plus distantes l'une de l'autre, le syndicalisme fasciste reconnaît et encadre des catégories intermédiaires qui, entre les employeurs et les travailleurs, remplissent des fonctions typiques de liaison, qui démentent la formation en deux groupes hostiles, considérée comme inévitable par le syndicalisme socialiste. Ce dernier exclut de ses formations des masses de travailleurs, comme les intellectuels et quelquefois les ouvriers agricoles, pour suivre les visées égoïstes et monopolisatrices du prolétariat embourgeoisé de la grande industrie, parce qu'il craint que de légitimes intérêts ne puissent saper cette position de monopole. Le syndicalisme fasciste estime qu'il n'y a pas deux classes, mais plusieurs classes, ou plutôt plusieurs catégories d'intérêts qui se reflètent et se recoupent les unes les autres et qui s'additionnent les unes aux autres, sans qu'il y ait la possibilité d'une distinction nette et précise. Il estime que tous ces intérêts ont le droit d'être organisés, représentés et défendus, même s'ils appartiennent à ce Midi de l'Italie, qui a toujours été la victime du protectionnisme ouvrier socialiste du Nord.

* *. *

Un autre point. *Le syndicalisme doit être national.* En réalité, il est partout national, malgré la prédication purement verbale d'un internationalisme irréalisable, qui, malgré sa façon d'être protectionniste à l'intérieur, avait réussi à imposer à l'Italie une mode étrangère, qui ne s'accordait en rien avec la réalité italienne. En Italie, en effet, pays peu riche de ressources naturelles, mais exubérant de population, pauvre de capitaux et riche de travail, le problème social est surtout un problème d'augmentation de la richesse et de la production nationales, et non pas de distribution. Dans un équilibre mondial, où d'autres peuples se sont réservé des positions de richesse et de puissance fortement défendues par les forces ouvrières qui y sont elles-mêmes intéressées, le prolétariat italien souffre de la condition d'infériorité où la Nation italienne se trouve vis-à-vis des nations concurrentes, beaucoup plus que de l'avarice et de l'avidité des employeurs nationaux. S'il y a donc un pays où la prédication abstraite d'un syndicalisme international est absurde, ce pays est précisément l'Italie. L'Italie doit avoir son propre syndicalisme national, qui se souvienne qu'il doit exister, entre les catégories et les groupes sociaux à l'intérieur, une raison de solidarité qui soit au-dessus des motifs d'opposition. C'est la solidarité qui unit tous les groupes, toutes les catégories, toutes les classes d'un peuple, peu riche de matières premières, mais exubérant d'hommes, de capacité et de volonté, et qui doit marcher vers son avenir en coordonnant ses forces et ses efforts.

C'est un mérite de la Révolution fasciste que d'avoir énergiquement affirmé et réalisé cette conception intégrale des problèmes économiques du pays, dans laquelle les intérêt syndicaux des différentes catégories apparaissent chaque jour mieux encadrés. Le principe syndical fasciste est caractérisé par la solidarité intégrale entre les problèmes du travail, les problèmes do la production et les problèmes généraux de la nation.

En conséquence, les problèmes particuliers de la protection du travail sont placés en dehors du cercle de la politique de neutralité bienveillante des gouvernements et des buts d'accaparrement des masses, et sont considérés, comme ils doivent l'être, par rapport à la protection de la production, et rattachés aux problèmes du développement économique de la Nation. Ces derniers – ainsi que l'a dit M. Bottai à la Conférence du Travail à Genève – ont des noms précis et concrets: matières premières, quantité et distribution des capitaux, distribution de la main-d'œuvre, densité démographique, organisation industrielle, efficacité technique des entreprises, organisation des transports, éducation des travailleurs et des producteurs, équilibre des formes diverses de production, assiette bancaire, organisation administrative générale, et, enfin, problème qui conditionne et résume tous les autres, la puissance et le prestige politique dans le monde.

La Révolution fasciste se trouvait devant un problème formidable et vital pour la nation: créer une sévère discipline économique pour l'expansion.

Voici donc que pour forger un instrument sûr de pacifique expansion économique à l'étranger, l'Etat intervient pour prendre en main la vigilance plus attentive et même la direction, non seulement des rapports entre capital et travail, mais de la matière de la production en général.

C'est sur cette base que la Révolution fasciste réalise une transformation profonde Les forces de la production poursuivant le but exclusif du bien-être individuel, et les forces syndicales mettant en pleine valeur, moyennant l'association, ces égoïsmes individuels, sont ramenées sous la discipline de l'Etat et orientées par ce dernier vers les fins supérieures de la prospérité nationale.

* * *

Alors que la masse des individus désagrégée par l'individualisme prédominant, agrège de nouveau ses molécules, pour conduire les forces ainsi organisées à l'assaut de la souveraineté, sapant les bases de l'Etat et absorbant son pouvoir souverain, la Révolution fasciste, au nom de l'intérêt suprême de la Nation, qui est en définitive aussi l'intérêt des individus, des classes et des catégories, *appelle à lui ces forces, les reconnaît, les ordonne, les soumet à l'Etat et les oriente vers une participation directe ou indirecte à une activité économique ordonnée et aux activités politiques directrices de la vie nationale.* Voilà un autre caractère fondamental de la révolution syndicale fasciste.

Selon le système italien, les syndicats ne sont plus considérés comme de simples organisations professionnelles poursuivant un intérêt limité de groupe ou de catégorie. Ce sont des organisations de droit public, ayant des fonctions essentielles de représentation, de protection et de discipline de leurs membres et des autres personnes qu'elles représentent en vertu de la loi. Les syndicats sont dotés, en vertu de ces fonctions, d'une large autonomie, mais ils sont assujettis en même temps au contrôle et à la surveillance de l'État, expression suprême de la Nation.

L'État né de la Révolution fasciste ne se limite plus à la simple défense de l'ordre public, réduisant de la sorte le problème social à un simple problème de police, mais il assume une fonction de conciliation et de justice vis-à-vis des intérêts sociaux en conflit. Il réalise l'ordre social de la Nation, mais non au détriment de la justice. *Il interdit la défense d'une classe par elle-même, mais rend la justice sociale d'État.*

La Révolution fasciste a affirmé que l'État n'est pas l'État, c'est-à-dire n'est pas souverain, s'il ne réussit pas, comme il le fit déjà pour la défense de chacun par soi-même, à interdire aussi la défense de chaque catégorie et de chaque classe par elle-même, et à remplir les fonctions de juge dans les conflits entre les classes. La réforme sociale entend entre autre résoudre ce problème fondamental de la vie moderne.

La réforme sociale italienne met fin à l'agnosticisme séculaire de l'État en matière de conflits entre les catégories et les classes, et considère la réalisation de la justice sociale comme un problème qu'il doit résoudre par lui-même et par ses forces.

Cette identification et cette discipline des catégories professionnelles, lesquelles servent à l'État comme plate-forme du règlement juridique des rapports collectifs du travail, lui servent ensuite pour passer à la synthèse corporative, pour fonder sur ces catégories encadrées, une nouvelle base du travail productif de la nation, de tout le travail pris dans son sens le plus ample, ainsi qu'une base plus large pour l'organisation politique de la société nationale.

La conscience que le phénomène syndical n'est pas toute la trame de l'histoire contemporaine et que le problème social ne pourrait pas être résolu seulement par la règlementation des rapports entre capital et travail, provoque l'extension de la règlementation des rapports de ces catégories au domaine de la production en général, aux rapports entre les catégories de producteurs autres que les deux catégories traditionnellement antithétiques.

Ainsi le principe corporatif pénètre dans la production.

Enfin, la réforme italienne tend à résoudre le problème de l'organisation de la société italienne sur une base professionnelle. Elle ne craint ni ne veut ignorer les valeurs et les forces de la société moderne, qui s'expriment dans le syndicalisme, aspect de la vie moderne qui ne peut être supprimé. Bien plus, elle veut les connaître pleinement et ensuite les régler, les discipliner dans un esprit d'absolue impartialité, et les organiser dans l'intérêt supérieur de la Nation et de l'État.

Ce que la Révolution fasciste veut réaliser, ce n'est certes ni l'État des syndicats, ni un État de syndicats. Le Fascisme veut, par l'organisation corporative, affirmer à nouveau le principe de la souveraineté de l'État sur les syndicats, qui, livrés à eux-mêmes, soit dans l'ordre économique soit dans l'ordre social, se laissaient aller autrefois à des agressions contre l'État, assujettisaient à leur bon plaisir les volontés des individus, donnant ainsi lieu à la naissance d'organisations juridiques en dehors de l'organisation juridique de l'État, opposant un droit particulier au droit de l'État, faisant passer les intérêts des catégories sans défense après leurs propres intérêts et même agissant de la sorte contre les intérêts généraux dont l'État est le garant. Vis-à-vis des dangers du monopole de catégories des producteurs, l'encadrement total des catégories professionnelles permet à l'État de rétablir les termes de l'équilibre.

Fondée sur le principe que les associations sont revêtues de fonctions publiques, l'organisation corporative se révèle, de plus, comme la base de l'édifice politique supérieur.

Du syndicalisme de secteur, polémique, féru de monopole, internationaliste, le Fascisme a extrait des éléments de solidarité, de discipline, de force, qu'il a développés et qui forment un nouveau système constitutionnel, lequel garantit la vraie liberté des particuliers et des groupes.

Il ne s'agit nullement de revenir à des conceptions périmées de l'État, contre lesquelles s'insurgeraient la complexité et la nouveauté mêmes du monde social d'aujourd'hui. Il s'agit de créer une organisation, grâce à laquelle l'intérêt de l'individu s'harmonise avec l'intérêt des catégories, et ce dernier avec l'intérêt de la nation dans ses nécessités économiques, et avec celui de l'État dans sa souveraineté politique.

* * *

Tout ce qui précède montre la portée sociale de la réforme syndicale et corporative italienne. Le principe de désagrégation, qui est au cœur de l'individualisme effréné ou dans l'atomisme syndical, est soumis au principe d'organisation représenté par l'État. *Donc c'est un principe d'organisation sociale, de sens social, qui triomphe.*

C'est une période de reconstruction et de consolidation de l'État, ébranlé partout sur ses bases par la violence du phénomène d'association, qui s'ouvre. C'est sur les organisations syndicales, autrefois ennemies, et maintenant, au contraire, soutenues par lui en raison de leur contenu essentiellement social, que l'État compte pour stimuler l'accroissement de la richesse et de la prospérité nationales. C'est sur leur reconnaissance qu'il se base pour son rôle d'arbitre et de modérateur entre les intérêts de classe et de catégorie, et pour veiller à ce que l'un n'écrase pas l'autre et que tous ensemble n'écrasent pas l'État et les intérêts non organisés.

En constituant ainsi l'ordre moral au sein de la société nationale, l'Etat assure un résultat qui ne pourra pas ne pas être utile aux masses travailleuses dont la Révolution fasciste, qui elle même a éclaté par un mouvement conscient, mais spontané des foules, ne peut pas ne pas protéger les justes intérêts.

Il est bon d'affirmer à nouveau ce que Mussolini a affirmé plusieurs fois. *La Révolution fasciste est allée, le cœur ouvert, vers les masses du peuple italien. Elle ne s'est pas levée pour la défense de classes ou de catégories déterminées, mais elle a été un mouvement sain du peuple italien, et elle entend le rester. Toute l'œuvre du Gouvernement fasciste, aussi celle de la brève minute de chaque jour, toute la législation du Gouvernement fasciste, sont orientées vers un seul but, celui d'améliorer matériellement et moralement le peuple italien.*

Dans l'État corporatif – a dit Mussolini – les travailleurs sont placés sur le même pied que les employeurs dans l'ensemble social, avec les mêmes droits et les mêmes devoirs. Toutes les catégories, et non seulement les employeurs et les travailleurs ont leur place marquée; tous les éléments de la production, le capital, la technique et le travail, qui étaient autrefois rejetés hors de l'État, entrent dans l'État et y trouvent la défense de leurs intérêts.

3. — LES PRINCIPES
DE L'ORGANISATION SOCIALE FASCISTE

La nouvelle organisation sociale italienne est fondée sur une organisation syndicale groupant tous les citoyens qui, de quelque façon que ce soit, participent à l'activité productrice du pays.

Ce groupement des diverses forces s'effectue dans deux directions: l'une verticale et l'autre horizontale.

L'organisation verticale comprend les syndicats de catégorie groupés en organisations supérieures (Fédérations et Confédérations). Elle a lieu en dehors de l'État, tout en restant sous le contrôle de l'État.

2.

L'organisation horizontale a lieu dans l'État, dans la Corporation organe officiel d'État, qui comprend pour chaque branche de la production tous les éléments qui y contribuent: employeurs, travailleurs et techniciens.

A cette distinction correspond une distinction entre organisation syndicale et organisation corporative. La première, formée d'associations de divers degrés, vit de la libre vie syndicale sous la surveillance de l'État. L'organisation corporative est constituée, au contraire. comme partie de l'organisme de l'État, mais elle est différente des autres organismes de l'Administration, parce qu'elle est formée des représentants des diverses organisations syndicales, bien que sous la présidence d'un délégué de l'État.

Différent est aussi le but immédiat des deux organisations, la verticale et l'horizontale. La première réalise la solidarité de chacun des éléments de la production, l'autre consacre la solidarité de tous les éléments de la production dans les intérêts intégraux de celle-ci.

L'organisation verticale intéresse le deuxième moment de la production, celui de la répartition, et garantit la défense des intérêts en vue de la répartition. L'organisation horizontale intéresse le premier moment du processus de la production, et garantit les intérêts intégraux de celle-ci.

* * *

Les principes de la double organisation syndicale et corporative peuvent se résumer comme suit:

1) les rapports de la production et de la distribution de la richesse nationale ne sont pas réglés par le jeu sans frein des forces sociales. L'initiative des individus et des catégories professionnelles est libre; elle est même stimulée, mais elle doit toujours s'inspirer des principes éthiques et juridiques que la révolution fasciste a élaborés et énoncés en établissant le statut indéfectible de la nouvelle société italienne. Ce statut est à la base de la réforme italienne et garantit la protection de tout intérêt légitime des individus, des groupes et des catégories, dans l'intérêt général de la prospérité et de la puissance nationales;

2) la réglementation des rapports collectifs de travail est confiée aux associations professionnelles reconnues par l'État.

Quand l'État se trouve devant une association professionnelle qui offre certaines garanties, il la « reconnaît juridiquement », c'est-à-dire qu'il la constitue comme représentant légal des intérêts professionnels de toute cette catégorie de travailleurs. Une seule association professionnelle est reconnue pour chaque catégorie d'entrepreneurs et d'ouvriers.

Ceux qui ne sont pas inscrits au syndicat sont *de jure* représentés par celui-ci pour la protection de leurs intérêts. Il en résulte que l'organisation sociale est composée d'institutions – les associations professionnelles reconnues – qui représentent, vis-à-vis de l'État et des autres catégories, les intérêts de chaque profession, ce qui accroît la responsabilité des associations et consolide la collaboration entre elles, et qui élève enfin le tonus de la vie des associations professionnelles;

3) seules les associations reconnues peuvent stipuler les contrats collectifs de travail pour leur propre catégorie.

Aujourd'hui, toutes les conditions principales des contrats de travail (salaires, durée du travail, jours fériés, repos, indemnités de renvoi, etc.) sont réglées en majeure partie par les contrats collectifs. Mais il faut ajouter que ces contrats collectifs n'ont de valeur que pour les ouvriers et pour les industriels organisés en syndicats. Là où les organisations syndicales manquent, et même là où elles existent, la volonté des parties continue à régner pour tous ceux qui ne sont pas inscrits aux syndicats qui ont stipulé ces contrats.

Suivant le nouveau système italien, par contre, c'est au syndicat reconnu qu'incombe le soin de conclure les contrats collectifs obligatoires pour toute la catégorie professionnelle, c'est-à-dire pour tout individu de cette profession, employeur ou travailleur, inscrit ou non au syndicat, qu'il soit déjà entré ou entre demain dans la profession organisée. Ce sont donc les professions qui, par l'entremise des syndicats reconnus, discutent et établissent entre elles les conditions auxquelles tous ses membres, sans aucune exception, devront entrer en rapports de travail. Le contrat collectif de travail, dans le système italien, est ainsi le fondement de la plupart des rapports entre entrepreneurs et ouvriers;

4) sur ces bases, l'organisation sociale fasciste résoud le problème de l'opposition des intérêts entre employeurs et travailleurs pour la distribution du produit, et le principe *corporatif* aide à cette solution.

Déjà dans le passé, les spécialistes et les praticiens du syndicalisme avaient lancé l'idée d'utiliser les organisations syndicales opposées des employeurs et des travailleurs, pour abolir toutes les formes de lutte entre les deux catégories et les transformer en discussions sereines au sein d'organismes mixtes. Mais, en général,

avec peu d'efficacité, parce que des idées de ce genre peuvent
se réaliser seulement dans une organisation syndicale complète,
à laquelle l'État, unique autorité vraiment désintéressée et supérieure, puisse fournir sa force de contrainte.

C'est justement ce qu'a réalisé le Fascisme par l'organisation
corporative. En utilisant l'organisation syndicale, on constitue
des organismes centraux, les Corporations, qui réunissent dans
leur sein les représentants des associations des différentes catégories de travailleurs d'une branche de production déterminée,
soit employeurs, soit travailleurs. Ces organismes constituent des
organes d'État, [c'est-à-dire sont saisis par l'État de toute sa propre
autorité, y compris la compétence de prendre des dispositions générales pour réglementer la branche spéciale de production à
laquelle cette profession est intéressée.

Les Corporations ont pour mission principale d'harmoniser
constamment les intérêts des deux catégories antagonistes – travailleurs et employeurs – et les intérêts généraux de la production,
c'est-à-dire de la Nation.

En cas de conflit ouvert entre employeurs et travailleurs d'une
branche déterminée de la production, la Corporation se constitue
en organe administratif de conciliation à base paritaire – sur
laquelle elle est constituée par la loi – sous la direction et le garantie de l'État, qui la préside par l'entremise d'un de ses représentants;

5) toutes les controverses relatives à la règlementation des
rapports collectifs de travail, lorsque la tentative de conciliation
faite par les organes centraux – c'est-à-dire par les Corporations
– n'a pas réussi, sont renvoyées à la Magistrature spéciale
du Travail, qui rend son jugement, soit sur l'interprétation des
contrats collectifs existants, soit sur la fixation de nouvelles
conditions de travail, en s'inspirant dans ce second cas de critériums d'équité, et en cherchant à concilier les intérêts des employeurs et des travailleurs avec ceux de la production nationale;

6) une fois constitués par la loi les organes et les moyens
propres à ce que les associations professionnelles puissent faire
valoir sur le terrain de la conciliation et aussi sur celui de la
juridiction d'État la défense des intérêts de catégorie, il n'y a plus
de motifs de grèves et de lock-out, ce qui, sous le régime de la
liberté syndicale absolue, était la manière de faire valoir directement ses propres raisons. Les grèves et les lock-out sont donc
interdits sous peine de sanctions pénales;

7) les rapports collectifs du travail ayant été organisés juridiquement sur ces bases, la réforme sociale italienne, qui n'a pas l'intention de se limiter à la règlementation de ces rapports, va encore plus avant. Elle tend à organiser – nous l'avons dit plus haut – une nouvelle société fondée sur l'organisations des professions et des différentes catégories de la production, en permettant aux associations syndicales de participer pleinement à la vie sociale, économique et politique du pays.

L'opposition des intérêts n'existe pas simplement entre ouvriers et patrons, mais aussi entre les diverses activités productrices et entre celles-ci et l'Etat. C'est donc à l'État que revient le devoir de mettre sur pied un système social, dans lequel tous les intérêts économiques de la nation soient représentés pour la réalisation d'un juste équilibre utile à chaque individu, à chaque groupe et à la collectivité, ainsi que d'établir en même temps un régime social qui permette à l'État de discipliner les forces de la production nationale. Par la subordination des associations professionnelles et par leur union dans les Corporations, l'État s'assure le contrôle constant des diverses branches de la production, et peut enfin réglementer et organiser la production elle-même pour les buts supérieurs de la prospérité et du progrès de la Nation.

Enfin, par l'organisation syndicale, qui groupe toutes les forces des catégories professionnelles intéressées aux diverses branches de la production, l'État fasciste fait participer ces catégories au gouvernement de la Nation elle-même, en y prenant la plus grande partie des membres des organes constitutionnels et administratifs suprêmes de l'État: Grand Conseil, Chambre corporative, Conseils de l'Économie, etc.

4. — VALEUR UNIVERSELLE
DES PRINCIPES DE LA RÉFORME ITALIENNE

L'organisation sociale tentée par la Révolution fasciste est loin d'être une création improvisée de théoriciens.

C'est certainement une tentative, que de vouloir résoudre par un système d'institutions et de lois l'antagonisme immanent dans l'histoire des intérêts de catégorie et de classe. C'est pourquoi la Révolution fasciste ne croit pas avoir accompli une œuvre définitive et parfaite. Cette œuvre suit le phénomène social qu'elle veut régler dans ses vicissitudes. Elle est prête à adapter aux éléments du phénomène social qui ne peuvent être ni supprimés ni modifiés, ce qu'il peut y avoir en elle de simple construction théorique.

On a élevé un édifice, que le travail constant du constructeur doit compléter à l'intérieur et enrichir de détails et d'accessoires. Toutes les adaptations que l'expérience rendra nécessaires seront possibles, parce que, contrairement à ce que l'on croit quelquefois à l'étranger, cette construction permet tous les développements futurs du syndicalisme et de l'organisation des rapports sociaux que l'avenir peut apporter.

La Révolution fasciste ne se dissimule pas les difficultés devant lesquelles se trouvera la nouvelle construction. Elle ne se dissimule pas non plus, elle reconnaît même, que seules les conditions sociales et politiques donnent à l'Italie la possibilité de mettre fin à la défense désordonnées des classes par elles-mêmes, qui afflige le monde entier, et d'y substituer la justice d'État. La loi n'est qu'une forme et ne crée pas les faits sociaux, elle les règle; et les faits sociaux aujourd'hui en Italie, sont un État fort comme il ne le fut jamais, par le prestige du gouvernement et par le consentement du peuple, une organisation syndicale d'esprit purement national et désireuse de collaboration, fortement constituée et parfaitement disciplinée, des classes patronales convaincues des bonnes intentions du Gouvernement et de la nécessité de seconder ces intentions.

Si l'Italie fasciste a pu affronter et résoudre le conflit séculaire qui tourmente et empoisonne la vie d'autres parmi les grandes Nations, c'est parce qu'elle a créé une atmosphère spéciale. Encore et toujours l'esprit est le levier des grandes choses, a dit Mussolini à un Congrès général d'ouvriers syndiqués; sans une atmosphère morale d'enthousiasme, de passion, de dédition, de sacrifice, on ne fait rien; les grands projets, les grandes entreprises, la législation même restent lettre morte, lorsqu'ils ne sont pas animés du souffle puissant d'un idéal. C'est pourquoi la réforme italienne est une doctrine avant d'être un régime, un règlement de conscience avant d'être un ensemble organisé de mécanismes sociaux. Doctrine et conscience nées d'un grand mouvement spirituel purement italien et de conditions économiques purement italiennes, ce qui signifie aussi que l'Italie ne s'attend pas à ce que les autres pays copient sans autre, comme un modèle, la réforme qu'elle seule a pu énergiquement tenter.

Aucun des problèmes qui intéressent une société entière, considérée dans son essence historique, ne peut être contenu dans une forme rigide qui s'adapte à tous les moments de sa formation et de son développement. A plus forte raison, par conséquent, les formes rigides ne peuvent s'appliquer aux types divers de sociétés constituées à travers les vicissitudes historiques et politiques, morales et économiques, profondément différentes les unes des autres.

Mais l'essence véritable du mouvement italien montre aussi que, comme force de pensée et non seulement d'action, il n'est pas dû à l'impulsion des circonstances exceptionnelles et passagères de la réalité particulière italienne, mais bien à des motifs profonds et harmonieusement logiques, non seulement contingents et italiens, mais permanents et universels. Dans ce sens, on peut dire que la réforme sociale fasciste réalise des valeurs universelles qui en assurent la force d'expansion. Expansion naturelle et spontanée – il faut s'entendre – due seulement à son intime vertu de tentative visant à résoudre un problème général qui tourmente notre époque.

Il est vrai que la réforme italienne est le renversement de systèmes et de principes jusqu'à ce jour placidement admis et aveuglément répétés et reproduits dans les pays où est en vigueur le régime de la traditionnelle liberté syndicale du réformisme socialiste; c'est précisément ce renversement que le Fascisme italien a voulu par sa révolution. Mais c'est une erreur de penser que la tentative italienne ne doive pas avoir et n'aie pas d'influence internationale, et qu'elle doive être considérée seulement comme une réalité italienne et aussi comme une anomalie dans le domaine international. On a bien dit, au contraire, que la Révolution fasciste dans ce domaine n'invente pas, mais devance et tout à la fois poursuit, en somme, interprète un fait, et annonce des principes qui sont bien nouveaux, mais qui sont de tous les peuples et non seulement italiens.

De la nouvelle réalité sociale qui est en train de se former partout, la Révolution italienne ne veut être que l'interprète; elle devance seulement, en se prévalant de ses énergies morales et sociales, ce futur vers lequel tous les autres peuples, plus ou moins consciemment, se dirigent et se dirigeront, et qu'ils atteindront.

On constate partout aujourd'hui une crise profonde et violente et un pénible égarement des esprits dans l'obscur domaine économique et social. Les vieux systèmes de production et de distribution de la richesse, discrédités par un siècle de critique, d'insurrections et de luttes sociales, apparaissent, dans leur froide rigueur, trop disproportionnés au besoin impérieux de justice et de paix du monde moderne, et la solution socialiste ne semble ni proportionnée ni même possible.

La tendance devient toujours plus universelle de fonder le progrès économique du monde sur une paix industrielle sincère; de baser la justice sociale de la distribution sur une collaboration loyale des divers facteurs de la production, en vue d'un plus grand accroissement de celle-ci; de considérer les phénomènes de la production et de la distribution au point de vue des intérêts suprêmes du groupe social organisé juridiquement; de résoudre l'éternel problème des sociétés humaines, celui de la conciliation nécessaire entre liberté et organisation, entre liberté et autorité, en faisant des forces sociales organisées et ennemies les auxiliaires intimes de l'autorité, et, par conséquent, de l'État.

On poursuit partout, avec plus ou moins de courage et de chance, la tentative d'adapter l'ordre juridique et administratif de la société nationale, à tous ses degrés, aux tendances modernes des relations économiques devenues désormais « de catégories », pour lutter contre les inanités de l'individualisme, et, en même temps, de remettre ces tendances à leur place dans l'ensemble des intérêts du groupe social. Il s'agit de transformer enfin un régime économique affaibli par l'anarchie et par l'égoïsme coalisé et libertaire, en un régime économique réglé sous l'angle national, où le syndicalisme ne soit plus considéré comme un fait pathologique, mais comme un fait physiologique, que l'on ne saurait ni nier ni combattre, mais que l'on reconnaît, que l'on fait rentrer dans la normale et que l'on met en valeur, grâce à sa participation rationnelle à la vie sociale, économique et politique de l'État.

La démocratie nouvelle et vigoureuse que la Révolution fasciste italienne est en train de créer, devance ces tendances et ces façons d'être des diverses forces sociales dans le vaste domaine mondial. Il y aura peut-être des erreurs d'interprétation et d'évaluation; il se peut, comme cela se passe dans toutes les révolutions, que le tassement se produise sur des positions peut-être moins avancées que celles qui ont été désirées et conquises tout d'abord; il y aura des retours utiles et des corrections profitables. Mais la propagation des principes de la Révolution italienne sera partout l'effet certain des mêmes forces sociales et idéales qui les ont produits et exprimés en Italie, bien que, peut-être, sous une forme différente, de même que la réalité nationale italienne est différente de celle des autres pays. La révolution italienne ouvre la voie et travaille aussi pour les autres. Il est utile à ces derniers de connaître les principes de cette révolution, comme il lui est utile à elle-même de suivre la réaction que les idées-forces communes déterminent dans l'univers.

L'expérience aura, dans sa justice immuable, le dernier mot.

CHAPITRE II.

LA CHARTE DU TRAVAIL.

1. — IMPORTANCE ET PRINCIPES FONDAMENTAUX.

La Charte du Travail, promulguée le 21 avril 1927, an V du Régime, est l'acte fondamental de la réforme sociale de la Révolution fasciste. C'est la synthèse de tous les principes de la révolution populaire italienne, que celle-ci a extraite d'une longue expérience morale, politique, sociale et économique, vécue par elle-même et par les autres, ainsi que des vicissitudes de temps et de lieux divers, pour la couler, avec toute sa passion, dans une forme concrète et lui donner une force agissante.

La Charte du Travail est le statut des droits et des devoirs des forces nationales mises en valeur par la révolution. C'est, en somme, le statut de la nouvelle société italienne, par lequel sont constitués en système les moyens propres à atteindre le triple idéal de la révolution fasciste, l'idéal politique de la grandeur de toute la nation organisée en un État fort, mais populaire, animé par l'esprit de masses toujours plus vastes; l'idéal économique de la richesse et de la prospérité du pays; l'idéal social de la justice et de la collaboration entre les classes.

Elle fixe les principes de base de l'organisation syndicale et corporative, en somme du nouveau système social italien, fondé sur la collaboration de toutes les forces de la production entre elles et de celles-ci avec l'État. Dans cette organisation, elle se préoccupe de donner au travail la garantie qu'il sera défendu et amélioré. Mais elle pense, en même temps, à jeter les bases d'une nouvelle économie. Cette économie est nationale; elle est fondée sur l'action de coordination des syndicats et des organes corporatifs, et s'inspire de nouveaux principes et d'un nouvel idéal, qui ne sont pas seulement ceux de la plus grande convenance individuelle, mais bien ceux de la plus grande utilité pour le groupe social et national, où les intérêts des particuleurs trouvent, à leur tour, aliment et défense.

Telle est la valeur politique, sociale, économique et juridique de la Charte du Travail.

* * *

Les principes fondamentaux de la Charte du Travail ont été dictés par Mussolini lui-même:

1) Réalisation de l'égalité des droits entre les classes sociales et proclamation de la solidarité entre tous les citoyens devant les intérêts supérieurs de la patrie, intérêts qui deviennent désormais la limite et la règle de tout droit individuel, de celui de la propriété à celui du travail et du salaire.

2) Fondation d'organisations syndicales se gouvernant elles-mêmes, en élevant les associations professionnelles (syndicats) à la dignité d'institutions publiques, ayant un pouvoir propre et véritable d'édicter des règles visant les intérêts et les tâches sociales de la catégorie professionnelle qu'elles représentent, raison pour laquelle elles doivent être considérées comme des organes de politique économique et d'éducation nationale. La formule de cette autonomie: « est le maximum des fonctions pour l'État, aucune fonction contre l'État ».

3) Responsabilité des citoyens inscrits aux associations, vis-à-vis du syndicat, en ce qui concerne l'observation exacte des clauses réglementant le travail et la production.

4) Responsabilité des syndicats – éléments fondamentaux du régime – vis-à-vis de l'État, pour ce qui intéresse la discipline des catégories professionnelles qu'ils organisent, règlent et représentent; il est du devoir des syndicats d'assurer cette discipline chez tous ceux qui en dépendent, par une révision opportune de leurs pouvoirs statutaires.

5) Collaboration rationnelle des syndicats entre eux dans la Corporation et avec le Ministère des Corporations, instrument de la rénovation politique et sociale italienne, pour assurer à l'Etat l'entière direction des forces sociales et obtenir le maximum de solidarité et de discipline entre les Italiens, aussi bien dans l'ordre moral que dans l'ordre économique. Cela implique la réalisation précise du système corporatif, dans ses rapports harmonieux entre la fonction de l'État et la fonction de collaboration et d'organisation des Confédérations syndicales.

Les lignes de la nouvelle organisation sociale ainsi tracées, Mussolini pourra, avec raison, affirmer qu'il s'agit d'une rénovation complète qui met en valeur les travailleurs, en les appelant à participer à la réglementation de la production, avec les mêmes droits et les mêmes devoirs que les employeurs, à la seule condition que leurs revendications économiques soient subordonnées aux possibilités effectives de la production nationale.

« Par la Charte du Travail, qui est un document fondamental de la révolution fasciste, en ce qu'elle établit les devoirs et les droits de toutes les forces de la production – écrit Mussolini – le Régime démontre que les forces de la production peuvent être réconciliées, et que ce n'est qu'à cette condition qu'elles sont fécondes; il démontre en outre, qu'en dehors, au dessus, et comme antithèse de l'absurde et ruineuse démagogie socialiste, discréditée et impuissante, et qui, désormais, a fait faillite partout, il tend à élever le niveau moral et matériel des classes les plus nombreuses de la société nationale, qui sont consciemment entrées, de droit et de fait, dans l'État ».

* * *

« L'organisation du travail », en entendant par « travail » l'ensemble des activités qui ont pour but l'accroissement des moyens moraux et matériels de la nation, est l'objet essentiel de la « Charte du Travail ».

Toutefois, les lignes d'orientation de la Charte du Travail répondent pleinement à la nouvelle assiette juridique que l'État fasciste a donnée à la Nation italienne, en la tenant éloignée d'une dangereuse anarchie à tendance individualiste ou collectiviste, de même que d'un rigide et opprimant socialisme d'État.

L'État italien, rénové par la révolution fasciste, a su se mettre rapidement à égale distance de ces extrêmes. Dans sa structure économique, base essentielle de la vie sociale et politique, il a réalisé un type qui lui est propre: l'organisation corporative.

L'État corporatif n'est pas, comme certains le croient, une expérience de socialisme d'Etat, un système à structure rigide, dans lequel l'initiative individuelle n'a plus place, et qui est menacé par le danger de voir l'État absorbé par les syndicats. Il n'est rien de tout cela. L'État corporatif est l'expression juridique des forces de la Nation organisée dans les syndicats et les Corporations. Les intérêts de la Nation, sous l'égide de l'État, peuvent plus directement et plus utilement s'y manifester sans obstacle et sans dommage pour les initiatives individuelles, sans danger de voir les forces productrices de la Nation asservies à la seule activité de l'État.

Sur ces points, les propositions de la Charte du Travail sont éloquentes: « L'État corporatif considère l'initiative privée comme l'instrument le plus efficace et le plus utile dans l'intérêt de la Nation. L'intervention dans la production économique n'a lieu que lorsque l'initiative privée manque ou est insuffisante, ou lorsque les intérêts politiques de l'État sont en jeu ».

D'autre part, la Nation italienne est conçue par le Fascisme, non pas comme une somme de forces individuelles, plus ou moins organisées, mais « comme un organisme ayant ses fins, sa vie, ses moyens d'action supérieurs à ceux des individus, divisés ou groupés, qui la composent », comme « une unité morale, politique et économique qui se réalise intégralement dans l'État fasciste », et qui, pour se donner une structure forte et durable, ne renie pas le principe de la liberté de l'organisation syndicale ou professionnelle, mais qui a su, en les reconnaissant, donner les qualités et les pouvoirs d'organes de droit public aux syndicats et aux organisations de catégorie.

De cette façon se trouve, par ces syndicats et ces organisations, garantie une coordination assidue et rapide entre l'État et la vie économique de la Nation, pour rendre cette dernière mieux adaptée à ses développements progressifs. Ainsi, l'État corporatif n'est pas une négation de la liberté, mais bien une mise en valeur des forces à la fois libres et organisées qui peuvent aider l'État dans son action économique et sociale.

Il est donc le rempart et la force de la société nationale qui accorde valeur, coordination et appui à tous les éléments de la production, sans exception. Egalement éloigné d'un absentéisme mesquin, qui priverait de tout ressort une Nation qui, comme la Nation italienne, n'est pas naturellement riche, ou d'un épuisant interventionisme de État, qui finirait pas d écourager et éteindre toute initiative saine, l'État corporatif offre la garantie la plus avantageuse d'un développement ordonné de toutes les forces de la production et du relèvement progressif de celles qui sont moins favorisées.

La Charte du Travail affirme ces féconds principes politiques, économiques et sociaux.

2. — LES DÉCLARATIONS DE LA CHARTE DU TRAVAIL.

La Charte du Travail est composée de trente paragraphes et de quatre titres:

De l'Etat corporatif et de son organisation.
Du contrat collectif de travail et des garanties du salaire.
Des bureaux de placement.
De la prévoyance, de l'assistance, de l'éducation et de l'enseignement.

Dans le texte de la Charte du Travail alternent des affirmations de caractère général et de principe, avec des précisions propres aux formules législatives ordinaires. On a justement voulu satisfaire à des exigences de caractère spirituel en même temps qu'à des exigences de caractère pratique.

I. — La première partie de la « Charte du Travail » a un caractère proprement politique. Elle fixe les principes de la doctrine nationale et sociale de la Révolution fasciste, fondée sur la collaboration sincère de tous les éléments du travail, dans le sens le plus large du mot, entre eux et avec l'État. Elle affirme que les intérêts des producteurs coïncident avec les buts de l'État. Elle revendique pour l'État le droit d'imposer sa discipline dans l'ordre moral et dans l'ordre économique. C'est pourquoi, après quelques déclarations de principe, elle définit les attributions et la nature des nouvelles institutions créées pour protéger les intérêts professionnels et pour régler les rapports collectifs du travail: la Corporation d'État, l'Association professionnelle personne de droit public, le contrat de travail collectif et la Magistrature du Travail.

Voici les « déclarations de principe » les plus importantes de la « Charte »:

1) *La Nation italienne est un organisme supérieur aux individus, divisés et groupés, qui la composent.* C'est une unité morale, politique et économique qui se réalise intégralement dans l'État fasciste (Déclaration I).

2) *Le travail* (intellectuel, technique et manuel) *est un devoir social. A ce titre, et à ce titre seulement, il est protégé par l'État. L'ensemble de la production est une unité au point de vue national. Ses buts* sont unitaires, ils *se résument dans le bien-être*

des producteurs et dans le développement de la puissance nationale (Déclaration II).

3) *L'initiative privée est l'instrument le plus efficace et le plus utile de l'intérêt de la Nation. L'organisation privée de la production est une jonction d'intérêt national;* l'organisation de l'entreprise est responsable de l'orientation de la production vis-à-vis de l'État. *De la collaboration des forces de la production dérive la réciprocité des droits et des devoirs qui les unit. Le travailleur* (technicien, employé ou ouvrier) *est un collaborateur actif de l'entreprise; l'employeur est le directeur de l'entreprise, parce qu'il en a la responsabilité* (Déclaration VII).

4) *L'État intervient dans la production économique seulement lorsque l'initiative privée manque ou est insuffisante, ou lorsque ses intérêts politiques sont en jeu.* L'État intervient soit en contrôlant, soit en encourageant l'entreprise, soit en en assumant la gestion directe (Déclaration IX).

5) *L'organisation professionnelle et syndicale est libre, mais seul le syndicat reconnu et contrôlé par l'État représente légalement la catégorie des employeurs et des travailleurs par laquelle il est constitué* (Déclaration III).

6) *L'État intervient,* au moyen de la Magistrature du Travail, *pour résoudre les différends du travail, soit qu'ils portent sur le respect des conditions et des autres règles existantes, soit qu'ils portent sur la détermination de nouvelles conditions de travail* (Déclaration V). Dans les différends collectifs du travail, *l'action judiciaire ne peut être intentée si l'organe corporatif* (de l'État) *n'a pas tenté de concilier les parties.* Dans les différends individuels du travail, la conciliation peut être tentée par les associations professionnelles. La compétence pour tous les différends du travail est dévolue à la Magistrature ordinaire, qui siège avec l'aide d'assesseurs désignés par les associations professionnelles intéressées (Déclaration X).

7) *Les associations professionnelles,* légalement reconnues, *assurent l'égalité juridique entre les employeurs et les travailleurs, maintiennent la discipline de la production et du travail et en stimulent le perfectionnement. Les Corporations constituent l'organisation d'ensemble des forces de la production et en représentent intégralement les intérêts.* C'est pourquoi elles sont reconnues comme des organes de l'État, *et peuvent édicter des règles obligatoires sur la discipline des rapports du travail, et même sur la coordination de la production,* toutes les fois qu'elles en ont reçu les pouvoirs nécessaires de la part des associations groupées (Déclaration VI).

8) *Les syndicats patronaux ont le devoir de stimuler, par tous les moyens, l'augmentation et l'amélioration des produits, ainsi que la réduction des prix de revient. Les associations des professions libérales* et des fonctionnaires publics *contribuent à la protection des arts, des sciences et des lettres, et à la réalisation des buts moraux de l'organisation corporative* (Déclaration VIII).

9) *La solidarité des différents éléments de la production a son expression concrète dans le contrat de travail, moyennant la conciliation des intérêts opposés des employeurs et de ceux des travailleurs et leur subordination aux intérêts supérieurs de la production* (Déclaration IV). Les associations professionnelles ont l'obligation de régler, moyennant des contrats collectifs, les rapports de travail entre les catégories représentées (Déclaration XI).

10) *Le salaire doit correspondre aux exigences normales de la vie, aux possibilités de la production et au rendement du travail. Cela est garanti par l'action du syndicat, par l'œuvre de conciliation des organes corporatifs et par les sentences de la Magistrature du Travail.* La détermination du salaire est remise à l'accord des parties dans les contrats collectifs, et est soustraite à n'importe quelle règle générale (Déclaration XIII).

11) Les administrations publiques et les associations professionnelles reconnues fourniront *les données nécessaires* qui, coordonnées et élaborées par le Ministère des Corporations, *seront le critérium pour équilibrer les intérêts des différentes catégories* et des différentes classes entre elles et *avec l'intérêt supérieur de la production.*

12) *Les syndicats doivent exercer une action de sélection parmi les travailleurs pour en élever toujours davantage la capacité et la valeur morale* (Déclaration XXIV).

13) *Les syndicats ont le devoir de veiller à l'éducation et à l'instruction,* tout particulièrement professionnelles, *des personnes qu'ils représentent, qu'elles soient ses membres ou qu'elles ne le soient pas* (Déclaration XXX).

14) *Les employeurs et les travailleurs doivent contribuer proportionnellement aux charges de la prévoyance* (Déclaration XXVI).

15) *L'État, et pour lui le Ministère des Corporations, a les fonctions suivantes:*

1) *coordination et élaboration des données concernant les conditions de la production et du travail,* la situation du marché monétaire et les variations *du niveau de vie des travailleurs* (Déclaration XIII);

2) *le contrôle du phénomène de l'occupation et du chômage des ouvriers*, ainsi que des bureaux de placement (Déclaration XXIII);

3) *la surveillance sur le respect des lois concernant la prévention des accidents et la police du travail* de la part des particuliers assujettis aux associations groupées (Déclaration XXV).

Ce sont là les « Principes » sur lesquels repose l'État corporatif, et qui inspirent aussi la seconde partie de la « Charte du Travail », celle qui a pour but de fixer les « Droits » du Travail.

II. — La seconde partie du document a un caractère proprement juridique et administratif. Elle contient une série de propositions sur les garanties de l'État pour les travailleurs et sur le contenu du contrat collectif de travail comme garantie minime du travail. Ce sont des définitions positives de droit pour les travailleurs: droit de voir réglées de façon plus efficace les conditions du travail, moyennant un contrat qui contienne toutes les clauses relatives à la fixation du salaire, à la durée du travail, au repos, etc., et droit à la protection du travailleur, en tant que tel, par des institutions sociales d'assurance, d'assistance, d'enseignement, etc.

Deux espèces de moyens correspondent à ce double but:

A) avant tout, la « Charte du Travail » détermine la matière du contrat collectif obligatoire de travail et énonce les garanties minima du travail qui doivent figurer dans le contrat:

1) *Le contrat de travail, sous peine de nullité, doit contenir des clauses précises:*

a) sur les rapports de discipline;

b) sur les périodes d'essai;

c) sur la mesure et sur le paiement du salaire;

d) sur l'horaire du travail (Déclaration XI).

2) Les ouvriers qui travaillent aux pièces ont droit à un acompte hebdomadaire ou bimensuel, lorsque la liquidation du travail aux pièces a lieu à des périodes dépassant quinze jours.

3) Les tarifs du travail aux pièces doivent être déterminés dans une mesure qui assure à l'ouvrier laborieux, ayant une capacité normale de travail, un gain minime dépassant le salaire de base (Déclaration XIV).

4) Le travail de nuit doit être rétribué dans une mesure supérieure au travail de jour, lorsqu'il n'est pas compris dans des roulements réguliers d'équipes (Déclaration XIV).

5) *Le repos dominical doit être garanti aux travailleurs*, et il en est de même des jours où ont lieu des solennités civiles ou religieuses, et cela dans la mesure compatible avec les exigences techniques et les lois en vigueur. *Les travailleurs doivent observer scrupuleusement et sans défaillance l'horaire de travail* (Déclaration XV).

6) Le travailleur a droit à *une période de vacances rétribuées* après une année de service ininterrompu (Déclaration XVI).

7) *En cas de renvoi sans qu'il y ait eu faute de sa part*, le travailleur a droit à une indemnité proportionnée aux années de service. Cette indemnité est due aussi *en cas de mort* du travailleur (Déclaration XVIII).

8) *Les travailleurs conservent les droits* qui leur sont reconnus par les contrats de travail *en cas de changement du propriétaire de l'entreprise* où ils travaillent, pourvu que ce soit une entreprise à travail continu; il en est de même dans le cas *d'une maladie* qui ne dépasse pas une durée déterminée (Déclaration XVIII).

9) *Le travailleur est garanti contre le renvoi dans le cas où il est appelé sous les armes* (Déclaration XVIII).

10) Le travailleur est assujetti à une *période d'essai*, pendant laquelle le droit de résiliation du contrat est réciproque, avec le seul paiement du travail effectivement fait (Déclaration XX).

11) *Les cas où l'entrepreneur peut infliger des amendes et procéder au renvoi immédiat de l'ouvrier sans indemnité, doivent être spécifiés* (Déclaration XIX).

12) Les *travailleurs à domicile* sont, eux aussi, protégés par le contrat de travail et des règles spéciales seront régulièrement émanées pour assurer la police et l'hygiène du travail à domicile (Déclaration XXI).

B) D'autres déclarations de la Charte constituent enfin l'engagement de l'activité législative de l'État et de la pratique du syndicat, dans les matières traditionnelles de la protection et de l'assistance et dans les matières nouvelles de l'éducation et de l'enseignement:

1) L'*État réglementera les bureaux de placement. Les employeurs ont l'obligation d'engager les travailleurs inscrits à ces bureaux* (Déclarations XXII et XXIII).

2) L'État, moyennant les organes corporatifs et les associations professionnelles, s'efforcera de coordonner le plus possible le système et les instituts de prévoyance (Déclaration XXVI.

3.

3) *Les contrats collectifs* prévoieront, lorsque cela sera possible du point de vue technique, la constitution de *caisses mutuelles pour maladies*, avec la contribution des employeurs et des travailleurs; elles doivent être administrées sous le contrôle des organes corporatifs (Déclaration (XXVIII).

4) *L'État fasciste se propose:*

a) *le perfectionnement de l'assurance accidents;*

b) *l'amélioration et l'extension de l'assurance maternité;*

c) *l'assurance contre les maladies professionnelles et contre la tuberculose, comme première étape vers l'assurance générale contre toutes les maladies;*

d) le perfectionnement de l'assurance contre le chômage involontaire;

e) l'adoption de formes spéciales d'assurance pour la constitution d'un capital en *faveur des jeunes travailleurs* (Déclaration XXVII).

5) *Les syndicats ont l'obligation de protéger les personnes qu'ils représentent dans la procédure administrative et judiciaire relative aux assurances*, et ils ne peuvent déléguer leurs fonctions d'assistance que pour des motifs d'ordre général (Déclaration XXIX).

La « Charte », dans cette seconde partie, faite de déclarations positives, revendique donc la nature de droit public du contrat de travail, qui est rendu obligatoire par le fait qu'il n'est pas seulement une garantie des droits individuels des travailleurs, mais aussi une garantie de l'ordre et de la discipline du travail dans son sens le plus large, c'est-à-dire de la production dans son ensemble.

Dans la matière des salaires, si délicate pour toute la politique du travail et de la production, la « Charte » a réussi a saisir le lien intime qui unit ces deux problèmes et, en même temps, la parfaite identité existant entre les exigences du travail et les exigences du bien-être national. Pour la « Charte du Travail », il n'y a de limites ni maxima ni minima aux possibilités du bien-être matériel et moral du travailleur. En substance, les critériums ordinaires du « salaire vital » et du « salaire de rapport », autour desquels s'attardent les investigations et les tentatives d'autres systèmes, ont été remplacés par une conception différente, intégrale et réaliste, qui confirme la compénétration intime et indissoluble de la cause du travailleur avec celle de la Nation, dans son ensemble, et qui proclame la solidarité entre les classes pour tout ce qui touche à la production.

C'est pour l'État, uniquement pour l'État, que la « Charte du Travail » revendique la capacité de contrôler le phénomène de l'occupation et du chômage des travailleurs. Toute lutte de parti, tout développement d'intérêts particuliers est éliminé pour la fonction extrêmement délicate du placement du travailleur.

La prévoyance est considérée par la « Charte du Travail » comme une autre manifestation du principe de collaboration. Elle proclame, en effet, la nécessité d'un mutualisme éducatif et moralisateur, but de la prévoyance, entre patrons et ouvriers. Tout un vaste plan de réorganisation et de perfectionnement des diverses formes d'assurance est annoncé; on affirme, en outre, le principe de l'assurance contre les maladies professionnelles et la tuberculose, comme première étape vers l'assurance contre toutes les maladies. Enfin, le caractère éthique de l'organisation syndicale est marqué à plusieurs reprises, en imposant l'obligation directe et inéluctable aux associations particulières de promouvoir ce qui touche à l'assistance, à l'enseignement et à l'éducation des personnes qu'elles représentent. C'est précisément cette revendication de la supériorité d'un principe moral, aussi dans le monde du travail, qui différencie le syndicalisme national italien du matérialisme stérile des autres formes syndicales.

3. — VALEUR JURIDIQUE ET RÉALISATION DE LA « CHARTE DU TRAVAIL ».

La «Charte du Travail» a surtout la valeur d'avoir rattaché la matière en formation, les domaines à explorer, les lois à élaborer à ce qui avait été déjà fait, déjà conquis, déjà légiféré.

Chaque affirmation de principe est étroitement rattachée à un point déjà réalisé. *Passé et avenir s'enchaînent l'un l'autre*, ce qui donne à la « Charte du Travail » un caractère que l'on peut dire à la fois de codification et d'énonciation, d'épilogue et de prologue de lois. *Mais ce qui était l'avenir il y a deux ans, c'est-à-dire au moment de la promulgation de la loi, est aujourd'hui le présent.*

La « Charte du Travail », tout en contenant les lignes fondamentales de l'action individuelle et sociale pour le bien-être de chacun et pour le développement de la puissance nationale, n'est pas née d'un acte législatif formel. Elle tire son origine d'une délibération prise le 21 avril 1927 par le Grand Conseil National du Fascisme, organe qui, avant de faire partie de l'organisation positive de la constitution de l'Etat, avait déjà pris dans le nouveau régime, après la révolution fasciste, l'autorité d'indiquer les voies les plus opportunes pour la réalisation et pour le développement de l'idéal de la Nation italienne. La « Charte du Travail » avait été publiée comme l'expression de ce suprême organe politique, à titre d'acte de l'État italien, dans la *Gazette officielle* du Royaume et avait tout de suite servi, par ses premières déclarations, à indiquer les principes sur lesquels est fondée la nouvelle réglementation des rapports de travail et la nouvelle orientation des forces de la production nationale, soit comme instrument pour l'interprétation des lois émanées par l'État italien dans ce domaine, soit comme règle devant inspirer les nouvelles dispositions des lois et des règlements que l'élaboration continue des règles juridiques de l'État formait peu à peu.

Déjà, la Suprême Cour de Cassation du Royaume avait affirmé le principe que la « Charte du Travail », du fait qu'elle contient les principes et l'orientation générale que l'État se propose de traduire en lois et qui doivent inspirer toute la nouvelle législation pour la protection et la réglementation des rapports entre les forces de la production nationale, ne peut pas ne pas exercer son action aussi sur l'interprétation des lois déjà existantes en obligeant que l'on se reporte aux principes qu'elle énonce.

Mais la « Charte du Travail » n'est pas un acte législatif formel. Quelques-unes de ses dispositions sont, comme nous l'avons vu, des déclarations de principes, qui définissent l'idéal et les caractères de la Nation italienne et de l'État italien, et qui peuvent être une règle inspiratrice de lois, sans pour cela se prêter à être exprimées en une formule législative proprement dite. D'autres, par contre, ont déjà trouvé dans la loi, tout au moins en partie, leur assiette législative concrète, et sont déjà en voie de réalisation, soit comme précédents, soit comme développements de la « Charte du Travail ».

En troisième lieu, d'autres déclarations n'ont pas encore eu leur développement législatif, mais méritent d'être traduites en lois, de façon rapide et précise. D'autres enfin attendent encore cette maturité sociale – qui, de façon évidente, est déjà commencée –, cette coïncidence des principes avec la vie sociale concrète, qui peuvent permettre, dans un avenir plus ou moins proche, leur réalisation législative.

De plus, il est opportun que, tant les lois déjà en cours de réalisation que celles qui seront formulées, comme réalisations déjà obtenues par la « Charte du Travail », soient peu à peu coordonnées de façon plus précise et plus complète, soit en vue des développements ultérieurs du système corporatif, soit en vue de la mise au point complète des nouvelles lois destinées à régler, sur la base de la « Charte du Travail », les forces de la production.

Pour toutes ces raisons, le Gouvernement a été autorisé par le pouvoir législatif, en vertu d'une loi du 13 décembre 1928, à prendre des mesures ayant force de loi aux fins de réalisation de la « Charte du Travail ». De la sorte, la faculté lui a été conférée de formuler les règles opportunes, dans l'hypothèse où une loi serait nécessaire, sur la base du système en vigueur. Il a été ainsi mis à même de réaliser de façon pleine et complète, aussi par des décrets ayant un contenu législatif, les principes juridiques fondamentaux consacrés par la « Charte du Travail ». De la sorte, cette dernière acquiert une valeur juridique toujours plus parfaite.

* * *

Deux années seulement se sont écoulées depuis la promulgation de la « Charte », et déjà ses principes ont été largement appliqués.

Le régime des syndicats et des corporations est en plein développement, sur la base de la loi du 3 avril 1926 et du décret du 1er juillet 1926, ainsi que sur la base de la nouvelle loi pour la réforme de la représentation nationale. Toute la première partie de la Charte du Travail, celle qui figure sous le titre « De l'État corporatif et de son organisation », a déjà eu, par conséquent, une application pratique complète.

Selon une déclaration de la Charte, le décret royal du 26 février 1928 porte des dispositions spéciales pour la résolution des différends individuels du travail. On sait que les dispositions réglant les rapports du travail portaient seulement sur les différends de caractère collectif qui peuvent surgir entre associations d'employeurs et d'employés. Le décret cité ci-dessus a réglementé aussi les différends individuels du travail naissant des contrats collectifs, et a supprimé les Conseils de prud'hommes et les Commissions de l'emploi privé, désormais inutiles. Il a déféré ces différends à la compétence des tribunaux, qui, dans ces cas, pourront être assistés, sur la requête des parties, de deux citoyens experts dans les problèmes du travail, opportunément choisis, l'un dans la catégorie des employeurs, l'autre dans la catégorie des travailleurs. Cette mesure comble une lacune et règle de façon rationnelle aussi ce genre de différends, qui étaient confiés à des magistratures spéciales ou qui n'avaient pas, comme les premiers, un magistrat bien défini.

Ainsi déjà le nouveau système corporatif a donné naissance à différentes dispositions qui réglementent juridiquement les rapports de travail, et les soustraient aux compétitions qui, dans d'autres temps et dans d'autres pays, causaient et causent encore des troubles si profonds dans la production.

Il y a surtout les contrats collectifs du travail, qui dérivent des accord entre les associations intéressées, et qui ont force obligatoire pour la catégorie qu'ils concernent. En second lieu, les organes corporatifs sont compétents pour prendre des ordonnances de caractère corporatif, destinées à réglementer les conditions générales du travail. Dans l'attente de la constitution, désormais prochaine de ces organismes, le Ministère des Corporations et les Comités intersyndicaux exercent en fait des fonctions corporatives, en vertu de la force morale qu'ils possèdent de par leur caractère même. Enfin, la Magistrature du Travail, qui a déjà rendu des sentences importantes en matière de différends touchant les salaires, a la faculté de rendre aussi des sentences collectives, qui portent, d'une manière générale, sur les matières sujettes à différends. Tous ces règlements sont appliqués, dans les cas de différends individuels, par le Magistrat ordinaire, assisté d'experts. Le droit du travail a donc été pourvu d'une réglementation juridique complète, et ses développements progressifs ne pourront que se poursuivre sur ces bases, qui ont été solidement construites et qui garantissent la protection du travail dans l'ensemble de l'organisation corporative.

Quant à la seconde partie de la « Charte du Travail », celle qui porte le titre « Du contrat collectif de travail et des garanties du travail », elle a déjà eu un commencement d'exécution positive, grâce au règlement concret des rapports de travail.

Les contrats collectifs de travail, sont en plein développement pour les différentes catégories et dans les différentes régions italiennes. Les règles qu'ils contiennent peuvent être considérée comme une vraie conquête du droit italien en matière de travail.

Le contrat collectif est stipulé entre les associations de premier degré, sous la direction et sous le contrôle des organisations centrales, sauf la faculté reconnue à l'organisation de degré supérieur de se substituer à celle de degré inférieur, dans les cas prévus par la loi et par les statuts. Tout contrat collectif de travail doit, comme nous l'avons vu, contenir des dispositions précises sur les rapports de discipline, la période d'essai, la mesure et le paiement de la rétribution, l'horaire de travail. Le décret-loi royal du 6 mai 1928, n. 1251, en indiquant les règles opportunes pour le dépôt des contrats collectifs, a introduit un contrôle sévère sur le contenu de ces contrats. Il a, plus précisément, prescrit qu'en règle générale le contrat ne pourra être publié, s'il ne contient pas des règles précises, non seulement sur les points rappelés ci-dessus, mais aussi sur le repos hebdomadaire, et, pour les entreprises à travail continu, sur la période de vacances, sur la cessation du rapport de travail pour cause de renvoi sans qu'il y ait faute du travailleur ou pour cause de mort de ce dernier, sur le changement de propriétaire de l'entreprise, sur le traitement réservé au travailleur en cas de maladie, sur son rappel sous les drapeaux, conformément aux principes énoncés dans les paragraphes XIX et XX de la « Charte du Travail ». Ainsi la Charte a, en pratique, une application sûre, moyennant les contrats collectifs de travail stipulés entre les associations professionnelles d'employeurs et de travailleurs.

Il y a lieu, à ce propos, de mettre en lumière la bonne volonté et la discipline consciente, avec lesquelles les associations syndicales en cause se sont efforcées de faire passer dans la pratique, c'est à dire dans les contrats de travail, les hautes garanties indiquées dans la « Charte du Travail » pour la protection des forces du travail et de la production.

Et même, indépendamment des principes de la « Charte du Travail », qui doivent obligatoirement figurer dans les contrats collectifs, ces derniers ont parfois aussi appliqué d'autres principes de réelle portée. Il y a lieu de rappeler, en particulier, le contrat national pour les ouvriers de l'industrie sucrière, celui des ouvriers des métaux et celui des ouvriers des arts graphiques qui ont, entre autre, réglementé l'institution des écoles professionnelles et, outre les trois précédents, les contrats pour les ouvriers de l'industrie chimique, pour le personnel des restaurants, pour celui des lignes aériennes civiles et pour les voyageurs de commerce, qui tous ont institué ou prévu la création de caisses mutuelles pour maladie.

Le titre troisième de la « Charte du Travail », concernant l'organisation corporative des Bureaux de placement, a déjà trouvé son application législative, puisque le décret royal législatif du 29 mars 1928, n. 1003, complété par un règlement du 6 décembre 1928, n. 1003, assure une pleine et complète applicaton aux dispositions que la Convention de Washington recommandait aux Gouvernements comme une solution juridique du problème du placement.

La réglementation de l'offre et de la demande de la main-d'œuvre, qui est le pivot des conditions du travail, est, de la sorte, pourvue d'une structure rationnelle, soumise à un organe corporatif provincial, dont la composition est pratiquement paritaire. Le placement, soustrait d'une part à l'avide exploitation des agences privées et, d'autre part, aux manœuvres factieuses des syndicats de catégories, a été organisé d'une façon qui confirme, aussi dans ce domaine, l'importance et la valeur de la « Charte du Travail ».

En ce qui concerne le titre quatrième et dernier de la Charte, qui traite de la prévoyance, de l'assistance, de l'éducation et de l'enseignement, il marque une orientation et pose des points fermes, sur lesquels le législateur devra construire de nouvelles lois, perfectionner et revoir celles qui existent actuellement.

Déjà, par la création d'une Commission spéciale, chargée d'étudier les possibilités d'une assurance globale contre les maladies, le Gouvernement a montré sa ferme volonté de passer, aussi dans ce domaine, de l'« énonciation théorique à la définition pratique, de l'abstrait au concret ».

Par la récente législation sur l'assurance obligatoire contre la tuberculose, le législateur a fait passer dans la pratique un des principes posés dans ce titre, en donnant de la sorte aux classes travailleuses une protection opportune contre un des fléaux les plus terribles de la vie humaine. D'autre part, une loi, dont bénéficient plus de cinquante mille travailleurs, a introduit l'assurance contre les maladies des travailleurs de la mer et de l'air.

Enfin, un autre déclaration a été mise en pratique par l'institution de Caisses mutuelles, comme celles dont il est question dans le contrat de travail pour les métallurgistes et dans d'autres contrats.

Mais des problèmes graves et nombreux attendent encore une solution intégrale, surtout en matière d'assurance pour les accidents. De toute façon, on se livre actuellement à des études pour résoudre ces problèmes avec l'équité nécessaire et dans une conception supérieure des intérêts généraux, tandis qu'un premier pas vient d'être fait grâce à la mise en vigueur de l'assurance contre les maladies professionnelles.

De même, le perfectionnement de l'assurance contre le chômage involontaire donnera à l'État la possibilité de compléter et d'étendre les mesures de prévoyance qui existent actuellement. On peut être certain que l'organisation corporative des bureaux de placement pourra donner à cette forme d'assurance une contribution très remarquable de coordination et de mise au point.

Le dernier principe de la Charte, enfin, qui concerne l'éducation et l'enseignement professionnels, inspire d'amples et profondes innovations et réformes législatives, dont on voit déjà les premiers signes dans les mesures prises en matière d'enseignement professionnel.

Du reste, des mesures récentes qui ont porté à une augmentation des pensions ouvrières d'invalidité et de vieillesse, qui assurent l'assistance aux grands invalides du travail, qui améliorent les conditions de l'ouvrière lorsqu'elle accouche, montrent que le Gouvernement national suit, en appliquant une méthode rigoureuse et en choisissant toujours le moment opportun, son plan rationnel de réformes sociales saines et prudentes, éloignées de toute forme de démagogie désuète, mais d'autant plus solides et plus sûres.

A ce propos, il n'est peut-être pas inutile de rappeler ici que la « Charte du Travail » dans ces problèmes, comme dans les autres, débattus depuis de longues années, mais non encore résolus au point de vue législatif, marque une innovation profonde, qui place la législation italienne à l'avant-garde, avant celle d'autres Nations, incomparablement supérieures en puissance et en forces matérielles, riches de matières premières, et jouissant aussi d'une suprématie économique lentement acquise et tenacement défendue.

La Révolution italienne a instauré un nouveau régime de justice sociale, basé sur la pleine égalité juridique de toutes les catégories, y compris les employeurs et les travailleurs, et sur l'amélioration continue des conditions du travail. Elle a fondé l'État des producteurs, sur le principe qu'au-dessus des intérêts des classes, il y a les intérêts de la Nation. Il a instauré, par le régime corporatif, la coopération au lieu de la lutte, l'économie au lieu du gaspillage. Tout cela dans le but unique très élevé d'améliorer matériellement et moralement les masses profondes du peuple italien.

CHAPITRE III.

LE STATUT
DES ASSOCIATIONS PROFESSIONNELLES.

La base de la complexe réforme sociale fasciste – qui va bien au delà du projet initial d'un règlement des rapports collectifs du travail – se trouve dans la réglementation juridique des associations professionnelles. C'est là la clef de voûte du système. C'est en effet par cette réglementation juridique que se résoud le problème fondamental d'utiliser le syndicalisme dans sa fougue juvénile et impétueuse, en vue de l'organisation intégrale de la société, en faisant entrer les associations professionnelles dans l'État, à la fois dans leur propre intérêt et dans celui de la discipline nationale.

C'est là la fin suprême de la réforme italienne. Alors que dans de nombreuses législations règne encore le principe de la simple tolérance et du désintéressement de l'État à l'égard des associations syndicales, qui restent sous l'empire du droit commun, dans d'autres législations la réglementation ne va pas au delà de la reconnaissance des associations, aux fins de leur accorder la personnalité juridique, du fait de leur seule existence et de leur capacité de contracter et, à tout prendre, dans l'intérêt de leur meilleur fonctionnement. En outre, cette réglementation est souvent facultative; elle est toujours extrinsèque et ne touche pas au fonctionnement intérieur des associations. Dans un climat de liberté syndicale sans frein, on ne va pas plus loin. On peut même dire que la reconnaissance elle-même est regardée avec hostilité et défiance, du fait qu'il y a ingérence de l'État, même timide et de seule forme.

Dans le système fasciste italien, les associations professionnelles sont destinées, au contraire, à constituer la base de l'organisation générale de la société et la base la plus large de l'État. Elles ont des tâches importantes à accomplir, même de caractère public, et elles jouissent de privilèges spéciaux. La révolution fasciste a considéré que la reconnaissance publique des syndicats et leur réglementation représentent, non pas une formalité administrative, mais un problème de vie ou de mort pour l'État moderne. Il fallait transformer le syndicalisme doctrinaire, essentiellement anarchique, en un syndicalisme organique placé dans les cadres de l'État. Il fallait, d'autre part, créer non pas un État de syndicats, mais un Etat au-dessus des syndicats. C'est sur ces principes que le problème de la réglementation juridiques des syndicats a été placé par la révolution fasciste et résolu de la façon la plus énergique et la plus complète, moyennant deux institutions essentielles: syndicat unique reconnu et contrôle d'État.

1. — LA LIBERTÉ SYNDICALE
ET LE SYNDICAT UNIQUE DE DROIT PUBLIC.

La nécessité du syndicat unique dans le système de la réforme italienne est née des tâches que confère la reconnaissance juridique au syndicat. Ces tâches sont la représentation obligatoire exclusive de la catégorie professionnelle et de la protection de ses intérêts et la liaison des catégories professionnelles avec l'État, e tmême leur insertion dans l'État. Ce sont là des tâches que l'on ne peut pas concevoir avec une multiplicité de syndicats.

Du reste, le syndicat unique de droit public marque un progrès sur la pluralité des syndicats. C'est une véritable révolution que de ramener à l'unité et d'organiser le mouvement ouvrier, le moins capable généralement de se créer une discipline par lui-même.

Le moyen efficace de l'action syndicale pour la défense des intérêts de catégorie, c'est l'unité, le groupement compact d'une même catégorie et non le fractionnement, qui engendre dans les syndicats l'indiscipline et l'invasion du marchandage politique et électoral.

Le syndicat unique est le terme-limite désirable de toute action d'organisation; c'est la meilleure garantie, la condition fondamentale de l'efficacité de toute activité syndicale.

En Italie, la coexistence de plusieurs syndicats dans la même catégorie ouvrière incitait à employer sans scrupules tous les moyens propres à faire du prosélytisme, à gagner la majorité des travailleurs, à prendre et à conserver le pouvoir, à imprimer des directives, naturellement toujours démagogiques, au mouvement ouvrier. C'est là l'expérience du monde syndical italien, peu avant la révolution fasciste. Agitations permanentes, grèves plus ou moins longues, déclarées et soutenues à contre cœur et seu lement par crainte que l'organisation concurrente n'aille plus avant ou que ne se produise une scission de la part des éléments extrémistes; solutions équitables repoussées pour la seule crainte de cette concurrence et de cette scission. Au total, ce n'était pas l'intérêt ouvrier que l'on défendait. La masse ouvrière était considérée comme un troupeau à attirer pour former ou affaiblir telle ou telle organisation.

La nouvelle organisation syndicale reconnue s'appuie sur l'unité et a des buts diamétralement opposés, certainement plus utiles aux forces syndicales, qui bénificient de la suppression du prix que coûtait la concurrence.

On a parlé de monopole syndical et de syndicat obligatoire. Il n'y a pas de syndicat obligatoire, puisque personne n'est obligé de s'inscrire au syndicat reconnu ou à un autre syndicat quelconque. Il n'y a pas de monopole syndical, puisque, à côté du syndicat reconnu, les syndicats qui veulent se constituer de fait, peuvent exister, sous réserve de quelques rares exceptions légales. Dans le régime fasciste, l'association professionnelle est libre, lorsqu'elle reste dans la sphère du droit privé.

Ensuite, dans le syndicat légalement reconnu, tous les intérêts se développent et se manifestent avec sécurité, puisque le système syndical italien est essentiellement représentatif. En effet, la loi prescrit que les conseils de direction des associations reconnues sont électifs, et, récemment, on a affirmé de nouveau avec solennité, au Grand Conseil Fasciste, que le droit de faire partie d'une association comporte naturellement le droit d'accéder aux organes de direction ou de représentation des associations.

Enfin, pour que le syndicat unique légalement reconnu puisse agir comme instrument d'équilibre et d'harmonie entre les classes productrices, il doit offrir de sérieuses garanties d'impartialité en ce qui concerne l'admission de ses membres. En Italie, cette garantie est assurée dans l'activité syndicale ordinaire et dans le contrôle supérieur des organes corporatifs. Cela suffit pour éloigner toute possibilité de confondre l'unité syndicale, base d'une représentation véritable et intégrale des intérêts professionnels, avec l'idée d'un monopole constituant un privilège odieux.

Dans le système italien, non seulement l'adhésion des particuliers est volontaire, mais, même l'association reconnue de droit public est volontaire, c'est-à-dire qu'elle ne naît que de la participation volontaire d'au moins un dixième des membres de la catégorie professionnelle intéressée.

La loi italienne n'a pas encore voulu sanctionner, ce qui semble l'évolution naturelle dans l'intérêt même des syndicats, le remplacement de la pleine liberté de ne pas s'associer (de la liberté syndicale conçue comme un droit) par le devoir de s'associer (par la liberté syndicale conçue comme une fonction). Mais le syndicat unique d'abord et le syndicat obligatoire ensuite ne sont que des moments de la liberté syndicale, opposés tous deux à l'interdiction de se syndiquer, proclamée par la révolution de 1789; ils sont le plus solide rempart de l'intérêt syndical, tout en répondant aux nécessités de l'organisation professionnelle intégrale de la société.

Pour l'instant, le syndicat, selon la réforme italienne, est un organe de droit public. Il participe aux fonctions de l'Etat et exerce même des droits inhérents à la souveraineté, pouvoirs fiscaux et pouvoirs réglementaires véritables.

Il a la capacité de représenter une entière catégorie de producteurs, il a le pouvoir d'imposer des contributions même à ceux qui n'en sont pas membres et d'établir des conditions de travail qui engagent tous les membres de la catégorie professionnelle, même s'ils n'en font pas partie; enfin, il a la faculté de prendre les mesures qui peuvent véritablement régler la production, et qui intéressent donc au plus haut degré la Nation juridiquement organisée dans l'État.

Cela explique que l'on ne puisse pas admettre la concurrence de plusieurs syndicats dans l'exercice de la même fonction publique, de même que cela explique la surveillance de l'Etat sur des organes qui doivent collaborer avec lui dans l'accomplissement de ses devoirs économiques et politiques, sociaux et moraux.

Si le problème de l'heure est d'éviter que les syndicats avec leur puissance et constituent autant d'états dans l'État et contre l'État, la solution ne peut être qu'une seule: les organiser pour les incorporer dans l'État, les faire participer à sa souveraineté, engager ainsi leur responsabilité dans un rapport complexe de devoirs et de droits.

On ne peut pas, on ne doit pas contrecarrer le désir des syndicats de participer, dans une mesure plus ou moins grande, à la chose publique. Et même cette force, dont les syndicats se montrent animés et qui les pousse à entrer toujours plus profondément dans l'organisme de l'État, est un des éléments les plus précieux de la rénovation du monde moderne, et comme telle, elle doit être utilisée. Mais à une fonction aussi importante doivent correspondre des obligations. Le syndicat doit être soumis au contrôle de l'État. C'est là un des problèmes essentiels du monde moderne. Le syndicat ne doit pas être contre l'État, mais bien au-dessous de l'État. Les syndicats ne peuvent, en aucun moment de leur vie et de leur activité, s'opposer à l'État, mais ils doivent, ils doivent toujours et constamment, se trouver sous son autorité et sous son contrôle.

Le système syndical fasciste se base sur cette réciprocité nécessaire. Aucune limite n'est apportée à la faculté de réunion ou de délibération des organes syndicaux; aucune autorisation préalable ne leur est imposée; les pouvoirs gouvernementaux de contrôle peuvent être, et ils le sont en effet dans toute leur ampleur, délégués aux organisation syndicales supérieures elles-mêmes. Celles-ci ont l'autonomie nécessaire et se donnent leur statut.

L'interdiction de grève et de *lock-out*, bien que très énergiquement exprimée dans la loi, n'est pas, d'autre part, une preuve de diminution de la liberté syndicale, car le système italien accorde, tant dans le domaine du droit civil, que dans le domaine politique, des droits si nombreux et si considérables aux associations syndicales, qu'il leur assure la pleine satisfaction et la plus solide protection de leurs intérêts sur le terrain de l'administration et de la conciliation, sur le terrain juridictionnel et, enfin, sur le terrain législatif.

Dans les régimes à prétendue liberté syndicale pleine et entière, on en réclame encore la garantie légale sous forme de « faculté » aux employeurs et aux employés de se réunir en associations et de les faire respecter, à certaines conditions et dans certaines limites (liberté d'association), ou de « faculté » aux associations de sauvegarder les intérêts non individuels, mais de classe et de catégorie, pour lesquels elles sont constituées (liberté d'action syndicale). Le régime italien, au contraire, déclare que « l'organisation syndicale ou professionnelle est libre », et définit positivement les moyens normaux de l'action syndicale, qui sont la capacité de stipuler des contrats collectifs de travail, la capacité de représentation intégrale pour la défense des intérêts, même devant les organes de l'État, la capacité de faire participer les organes corporatifs, moyennant de nouvelles institutions d'État, au développement des intérêts sociaux, moraux, économiques et politiques de la Nation.

Comme on le voit, le système italien ne nie pas la liberté syndicale. Il se borne à abandonner la conception traditionnelle de cette dernière; on peut même dire qu'il l'absorbe et qu'il la dé-

passe, pour en établir une nouvelle en fonction de la plus grande
efficacité du syndicat dans les cadres de l'organisation sociale,
économique et politique du pays. Poursuivant le but de l'organisation professionnelle, il a cru opportun de donner un statut aux
syndicats, en tenant compte de leur fonction dans la vie sociale
moderne, ainsi que des intérêts supérieurs de la collectivité. Il a
placé le syndicat patronal et le syndicat ouvrier, en même temps, de
la même manière, avec les mêmes droits et avec les mêmes devoirs,
dans l'organisme de la nation.

La création du syndicat de droit public, ainsi conçue, réalise,
sur le plan du droit positif, une aspiration légitime du mouvement
syndical. Celui-ci sera, en réalité, d'autant plus efficace qu'il portera
en lui toute la puissance d'une autorité reconnue par la loi.

2. — LES BASES DE L'ORGANISATION PROFESSIONNELLE ITALIENNE.

Les principes fondamentaux de la réglementation des associations professionnelles, tels qu'ils découlent de la loi du 3 avril
1926, n. 563, sur la réglementation des rapports collectifs du
travail, ainsi que du règlement législatif du 1er juillet 1926, n. 1130,
visant les mesures de réalisation, sont les suivants:

1) L'État ne reconnaît qu'un seul syndicat dans chaque
circonscription territoriale et dans chaque catégorie professionnelle de patrons ou d'ouvriers.

2) Pour être légalement reconnu, le syndicat doit remplir
les trois conditions fondamentales suivantes: a) comprendre un
nombre minimum d'adhérents librement consentants; ce nombre
doit être au moins le dixième des ouvriers ou des patrons de la
catégorie organisée; b) le syndicat ne doit pas poursuivre un but
purement économique, mais il doit se proposer également des
fonctions d'assistance, d'enseignement, d'éducation morale et
patriotique; c) tous ses membres doivent offrir une garantie de
capacité, de moralité et de patriotisme. Ainsi qu'on l'a écrit,
ces conditions sont justifiées par les tâches assignées au syndicat
dans l'État et qui sont des fonctions publiques importantes.

3) Les syndicats patronaux et les syndicats ouvriers sont
reconnus séparément; les syndicats mixtes ne sont pas admis.
L'organe de liaison entre les associations patronales et les associations ouvrières, pour chaque catégorie professionnelle, c'est la

Corporation, organe d'État, fondé sur la représentation paritaire des deux associations susdites.

4) Le syndicat reconnu représente légalement, dans sa circonscription, *tous* les ouvriers ou *tous* les patrons de la catégorie à laquelle il se rapporte, y compris ceux qui n'ont pas adhéré au syndicat ou qui n'y ont pas été admis. Il a aussi le droit d'imposer à ces derniers, comme aux adhérents, le paiement d'une contribution annuelle pour les frais de l'action syndicale utile à toutes les catégories.

5) Le syndicat légalement reconnu est soumis au contrôle de l'État; la nomination du Président et du Secrétaire est approuvée par le Gouvernement. La reconnaissance légale peut être révoquée. Ce contrôle ne limite pas l'autonomie syndicale dans ses attributions et dans les limites établies par la loi. Il est exercé dans l'intérêt de l'État, mais aussi dans l'intérêt des syndicats eux-mêmes.

6) Il peut y avoir — outre ceux qui sont reconnus légalement — des syndicats de fait, libres, soumis au droit commun. Seule est interdite la formation de syndicats d'employés publics; toutefois la formation d'associations simples est autorisée.

3. — LA RECONNAISSANCE JURIDIQUE DES SYNDICATS.

Passons à un examen plus détaillé des principes qui règlent, selon la réforme italienne, la reconnaissance et la vie des associations professionnelles.

A) LE DROIT D'ASSOCIATION PROFESSIONNELLE ET SES LIMITES.

La législation italienne affirme, en premier lieu, solennellement le droit d'association professionnelle, c'est-à-dire le droit soit de constituer des associations, soit d'y appartenir.

L'État ne met aucune condition à la naissance et à la vie des associations professionnelles, et celles-ci ne sont soumises dans leur action qu'aux limites traditionnelles de l'ordre public, de la morale et des bonnes mœurs, ainsi que toute autre association ou société, que tout autre groupe ou individu.

La loi met, dans certains cas, des limites au droit d'association syndicale: ces limites sont de deux espèces:

1) véritable interdiction d'association;

2) subordination du droit de s'associer à l'autorisation de l'État.

a) *Associations interdites.*

La loi établit l'interdiction pour les fonctionnaires de l'État qui occupent des fonctions trop délicates, de nature politique, pour que l'on puisse leur accorder le droit de se grouper pour la défense de leurs intérêts à l'égard de quiconque, et spécialement à l'égard de l'État ou contre l'État. Sont soumis à l'interdiction de s'associer les officiers, les sous-officiers, les soldats des corps armés de l'État, des provinces et des communes, les magistrats, les professeurs des écoles supérieures et secondaires, les fonctionnaires et agents dépendant des Ministères de l'Intérieur, des Affaires étrangères, des Colonies et des Corporations.

La constitution, entre ceux-ci, d'associations professionnelles, malgré l'interdiction de la loi, est punie par la privation du grade et de l'emploi et par d'autres sanctions disciplinaires.

b) *Associations subordonnées à l'autorisation de l'État.*

Sont par contre permises, sur autorisation spéciale de l'État, les associations d'autres agents des administrations de l'État, des Provinces, des Communes, des Institutions publiques de bienfaisance, de l'Entreprise autonome des Chemins de fer de l'État, des Postes, télégraphes et téléphones, de la Caisse des dépôts et prêts, de la Banque d'Italie, des Banques de Naples et de Sicile, des Instituts placés sous le contrôle de l'État et des Caisses d'épargne.

Pour ces agents, le plein droit d'association syndicale ne pourrait pas se concilier avec la nature de leur rapport d'emploi ou de travail, qui les lie à l'État ou à des organes ayant un pouvoir de souveraineté ou des fonctions publiques de grande importance. Le droit d'association syndicale comporte, d'après la réforme italienne, un régime de parfaite égalité de droits et de devoirs entre patrons et ouvriers, et cela aurait été absurde avec des employeurs spéciaux qui, du fait de leur tâches politiques de protection des intérêts généraux, doivent, au contraire, se tenir dans une position de suprématie à l'égard de leur personnel. D'autre part, comme l'organisation italienne a au nombre de ses buts principaux celui de ramener sous l'égide de l'État, sous sa protection et sa vigilance, les intérêts individuels de l'activité professionnelle, il eût été inutile de créer des associations syndicales ayant pour but de réglementer et d'organiser des intérêts particuliers, qui sont, de par la nature des obligations dont ils tirent leur origine, déjà réglementés et organisés par les Institutions publiques. Cers dernières, d'autre part, ont précisément un caractère moral qui leur impose à l'égard de leur personnel, des obligations qui sortent du pur domaine des contrats de droit privé.

La loi accorde donc à ce personnel le droit de s'associer lorsque l'État l'autorise, mais elle limite le droit d'association à l'étude des intérêts professionnels collectifs et elle exclut la possibilité d'application à l'activité de leurs associations des principes visant les contrats collectifs.

B) SYNDICAT RECONNU UNIQUE
ET REPRÉSENTATION « EX LEGE ».

L'association professionnelle est dans l'organisation italienne *libre* et *volontaire*. Il y a donc *droit* d'association professionnelle et non *devoir*.

Entre la conception traditionnelle de la liberté syndicale individualiste et la conception, qui devra s'imposer un jour, du syndicat obligatoire, la réforme italienne a choisi, ainsi que nous l'avons dit, un moyen-terme qui répond aujourd'hui aux principes de la liberté syndicale bien entendue.

Elle ne s'est pas limitée à proclamer la liberté syndicale, mais elle a aussi voulu mettre en valeur l'organisation syndicale. Elle a voulu que les pouvoirs, que dans les autres pays cette organisation s'acharne à vouloir acquérir par la lutte, lui soient reconnus par la loi.

Dans le régime traditionnel de la liberté syndicale coexistent, pour chaque catégorie ou classe professionnelle, diverses associations, créées souvent par la concurrence des différents partis politiques, et qui ne peuvent représenter que les intérêts de leurs membres, c'est-à-dire d'une proportion souvent minime de ceux qui appartiennent à la catégorie ou à la classe intéressée. Il s'ensuit que la liberté syndicale ainsi conçue n'est pas suffisante pour conférer aux associations professionnelles cette vraie « représentation syndicale » d'une classe ou d'une catégorie, à laquelle elles aspirent et qui est le fondement même de leur existence et que, d'autre part, réalise pleinement le système du syndicat obligatoire.

La législation italienne a, au contraire, réalisé un système qui confère à l'organisation syndicale cette véritable et complète représentation, sans porter atteinte à la liberté syndicale par le caractère obligatoire du syndicat. Il s'agit du « syndicat unique » ou de la « représentation légale par le syndicat ».

La loi établit que, pour chaque catégorie de patrons ou d'ouvriers, une association professionnelle, lorsqu'elle répond à certaines conditions déterminées, peut être reconnue par l'État comme représentant les intérêts syndicaux de tous ceux qui appartiennent à la catégorie visée, qu'ils soient ou non membres de cette association.

La force que l'on donne de la sorte aux associations syndicales est évidente. En effet, celles-ci, en vertu de leur reconnaissance de la part de l'Etat, ont un pouvoir de représentation qui est soustrait à la concurrence et aux discussions, parce qu'il est accordé par la loi. Elles n'auraient jamais pu l'obtenir sans cette concession, en raison de l'impossibilité que, dans un régime de liberté syndicale individualiste, un syndicat quelconque puisse grouper tous ceux qui appartiennent à une même catégorie. L'efficacité de la défense des intérêts de catégorie est donc accrue, dans leurs rapports réciproques et dans leurs rapports avec l'Etat, tandis que ce dernier peut avoir, à tout moment, l'expression directe de l'intérêt reconnu de chaque catégorie professionnelle.

Naturellement, la représentation de la catégorie ne peut être accordée qu'à une seule association pour chaque catégorie professionnelle. La coexistence de deux associations représentant toutes les deux la même catégorie professionnelle est inconcevable. C'est précisément pour cela que la loi établit qu'« une seule association peut être reconnue légalement pour chaque catégorie de patrons, ouvriers, artistes ou personnes exerçant une profession libérale ».

Toutefois, puisque l'association est libre à côté du syndicat reconnu, des associations syndicales libres peuvent être constituées et peuvent vivre, réglementées par le droit commun et soumises aux lois ordinaires de police, de même qu'à la surveillance du préfet, lorsqu'elles administrent des fonds appartenant à leurs membres. (Décret du 24 janvier 1924, n. 64).

La liberté syndicale est ainsi pleinement respectée; il n'existe aucune obligation pour les particuliers de s'inscrire aux syndicats reconnus, tandis qu'ils ont la possibilité d'adhérer à des syndicats de fait.

C) Conditions pour obtenir
La reconnaissance juridique de l'État.

En raison de l'importance des effets de la reconnaissance juridique des associations syndicales, sa concession est subordonnée à la démonstration que les associations qui y aspirent possèdent les qualités nécessaires pour garantir que les syndicats reconnus sont en mesure de remplir les fonctions publiques importantes qui leur sont déléguées par l'Etat.

Ces conditions sont

a) que le syndicat ait un nombre minimum d'adhérents volontaires;

b) qu'il ait un programme non seulement économique, mais aussi d'assistance, d'enseignement et d'éducation morale et nationale de ses membres;

c) que ses membres aient la nationalité italienne (une seule exception est prévue); âge minimum, 18 ans; bonne conduite morale et politique au point de vue national;

d) que les dirigeants offrent des garanties de capacité, de moralité et de patriotisme.

a) *Nombre minimum des membres.*

La loi subordonne la reconnaissance de l'association à un nombre minimum d'adhérents volontaires.

Pour l'association des employeurs, la reconnaissance peut être accordée si ses membres emploient au total au moins le dixième des travailleurs dépendant d'entreprises du genre pour lequel l'association est constituée dans la circonscription territoriale où fonctionne le syndicat.

Une association entre travailleurs, pour être reconnue doit prouver qu'elle compte parmi ses adhérents au moins le dixième des travailleurs de la catégorie pour laquelle l'association est constituée dans la circonscription territoriale où fonctionne l'association.

Le genre d'entreprise est déterminé par l'espèce particulière de production à laquelle l'usine est consacrée. Ce caractère sert également à identifier la catégorie des travailleurs. De la sorte, à un genre d'industrie correspond une catégorie de travailleurs.

La vérification réelle de l'existence de cette condition numérique est basée sur l'obligation de chaque entreprise, qu'elle fasse ou ne fasse pas partie d'une association syndicale, de faire connaître annuellement à l'association qui la représente, le nombre se ses propres dépendants; les associations en donnent communication au préfet, qui se charge d'établir définitivement les listes.

Pour les personnes qui exercent un art ou une profession, les listes sont établies par la Préfecture sur les données fournies par les communes auxquelles, sous peine d'amende, quiconque exerce un art ou une profession doit le notifier régulièrement.

On a versé des fleuves de larmes et d'encre sur cette condition d'un nombre minimum. On a crié au monopole, au *numerus clausus* d'une chétive minorité. Il n'en est rien. Avec la proportion de 10 pour cent, la loi tend à favoriser l'organisation, en partant d'un chiffre initial bas pour permettre de fonder et de reconnaître les associations, même dans les régions peu développées au point de vue syndical, comme, par exemple, le Midi de l'Italie. C'était là une chose indispensable dans le but de cette organisation intégrale de la société italienne, que la réforme poursuit. Il s'agit d'un nombre initial, et, en fait, aujourd'hui, les associations reconnues groupent presque la totalité des patrons et des ouvriers. Lorsqu'il fut établi, ce minimum représentait la totalité des travailleurs organisés qui, partout, sont une minorité, et ailleurs plus encore qu'en Italie, où l'organisation professionnelle est aujourd'hui favorisée aussi dans l'intérêt de l'Etat. Il est de fait que, tandis que jadis les masses travailleuses regardaient l'Etat avec défiance et le considéraient comme un ennemi, aujourd'hui, il n'y a pas un producteur italien qui ne cherche sa place dans l'organisation syndicale, pour être une molécule vivante de ce grand, de cet immense organisme qu'est l'Etat national corporatif.

b) *Programme d'action syndicale.*

Normalement, les programmes d'action syndicale en régime de lutte de classes ne tendent qu'à la résistance, et, subsidiairement, à l'assistance et à la prévoyance: en somme il s'agit de buts économiques seulement. La réforme italienne veut que le syndicat ait également des buts d'éducation morale et nationale à l'avantage de ses propres membres. L'exigence d'une activité tendant aussi à des buts étrangers à l'intérêt économique des membres est justifiée, soit par le caractère de droit public de l'organisation professionnelle, soit par l'opportunité de favoriser le développement ultérieur des syndicats qui, de simples instruments de défense de catégorie et de classe, doivent se transformer graduellement en véritables institutions exerçant, sous le contrôle de l'État, une série de fonctions d'intérêt public, comme l'enseignement professionnel, l'assistance et l'éducation morale, religieuse et nationale, et, par la Corporation, assurer la réglementation du métier et de la profession.

C'est ce qui constitue le caractère spécial de l'organisation syndicale italienne actuelle, dont la valeur n'est pas toute dans la stipulation du contrat collectif, en somme, dans la règlementation des rapports de travail, des problèmes du salaire et du placement. Il faut, pour ne pas dessécher les esprits et les âmes, établir des rapports entre ces problème vitaux et d'autres problèmes qui comptent aussi dans la vie, des problèmes de l'art aux problèmes de la science, des problèmes de la technique aux problèmes de la morale et même à ceux de la religion.

Voilà pourquoi la loi refuse de reconnaître les associations syndicales qui ne se proposent pas de poursuivre, et qui effectivement ne poursuivent pas, outre les buts de protection des intérêts économiques et moraux, des buts d'assistance, d'enseignement et d'éducation morale et nationale de leurs membres. Cette énumération n'a d'ailleurs qu'une valeur d'exemple.

Les frais nécessaires à ces tâches sont obligatoires, de sorte qu'aucune association syndicale ne peut se soustraire au devoir de leur destiner une partie de ses ressources.

c) *Qualité des membres.*

Le statut des associations professionnelles peut établir que ceux qui aspirent à y participer soient en possession de conditions particulières.

De son côté l'État, conformément à son intérêt, exige pour accorder sa reconnaissance à un syndicat, une garantie complète de discipline et de dévouement aux intérêts suprêmes de la Nation.

C'est pourquoi la loi prescrit que la bonne conduite politique et morale au point de vue national est la condition essentielle pour l'admission des membres au syndicat qui désire être reconnu.

Pour la même raison, la loi admet que tout membre du syndicat reconnu peut être expulsé pour une conduite morale et politique répréhensible. Ces conditions découlent du caractère national de la Révolution fasciste et du caractère de droit public que les syndicats revêtent dans le système de sa réforme sociale. Ce n'est pas que l'on veuille attribuer au syndicat reconnu un caractère politique de parti.

Le syndicat de droit public est, par lui-même, un organe non politique. Il doit même réaliser dans la pensée des promoteurs de la loi la séparation entre syndicat et politique de parti. C'est pourquoi les personnes n'appartenant à aucun parti politique peuvent aussi être inscrites au syndicat.

Le syndicat national reconnu par la loi doit être un organisme de solidarité sociale et non de division et d'ostracisme politiques, comme c'est le cas pour le syndicat socialiste.

Mais, pour cela même, il doit prétendre que ses membres aient des sentiments nationaux et de bonnes qualités morales. Cela n'est pas de la politique, parce que la reconnaissance de la solidarité nationale, des nécessités supérieures de la production, du principe de la collaboration des classes ne sont pas un programme de parti, mais doivent faire partie du patrimoine spirituel de tout bon citoyen.

Une condition, qui découle des principes eux-mêmes, c'est la possession de la nationalité italienne pour tous les membres du syndicat. Exception est faite en faveur des étrangers qui résident en Italie depuis plus de dix ans. Ces derniers peuvent être admis comme membres dans les associations reconnues, et, exemple de tolérance, ils sont dispensés de prendre part aux manifestations étroitement politiques, qui sortent de la discipline syndicale normale. Puisque l'on demande à l'assemblée des membres du syndicat des décisions qui exigent une certaine maturité, les associations qui veulent être reconnues légalement doivent s'abstenir d'admettre en qualité des membres des personnes qui ont moins de dix-huit ans.

d) *Capacité du personnel dirigeant.*

La condition d'être discipliné et dévoué aux intérêts nationaux est d'autant plus nécessaire pour les dirigeants. Il ne suffit pas qu'ils possèdent de la culture et de l'intelligence pour être à la hauteur de leur mandat, mais ils doivent aussi être honnêtes et avoir l'amour de la patrie. On ne demande pas non plus aux dirigeants une profession de foi politique. On veut seulement que ceux qui dirigent les destinées des associations ne s'en servent pas comme d'armes contre la vie de l'Etat, mais, au contraire, sachent faire de ces associations des instruments de collaboration avec l'État, en maintenant très haut le sentiment national. C'est pour ces raisons que les étrangers admis dans le syndicat sont exclus des charges et des fonctions de direction.

D) RECONNAISSANCE DES ASSOCIATIONS PAR L'ÉTAT.

Les associations qui possèdent les conditions ci-dessus peuvent, si elles le jugent opportun, demander la reconnaissance juridique en qualité d'associations professionnelles.

Cela ne signifie pas que n'importe quelle association qui se fixe des buts de protection de ses membres doive nécessairement invoquer l'intervention de l'Etat pour sa constitution, la reconnaissance n'étant pas obligatoire, mais facultative. Cela ne signifie pas davantage que les associations puissent avoir la prétention légitime d'être légalement reconnues, pour l'unique raison qu'elles répondent aux conditions prévues par la loi. La reconnaissance rentre dans les pouvoirs discrétionnaires de l'Etat, qui peut la refuser pour des motifs politiques ou économiques.

La formalité de la reconnaissance comprend, par conséquent, deux actes et deux moments distincts: d'une part, et en un premier moment, une association de fait déjà existante qui demande la reconnaissance juridique; d'autre part, et en un second moment, l'Etat qui décide, comme il l'entend, sur l'instance, et accorde ou refuse la reconnaissance.

Les formalités prescrites par la loi pour que les syndicats puissent être reconnus sont variées.

Avant tout, il est nécessaire qu'une demande formelle soit adressée au Ministère pour les Corporations. La demande doit être accompagnée d'un rapport contenant tous les renseignements propres à faire connaître les origines et l'activité de l'association, depuis le moment où elle est constituée. Pour donner la preuve que l'association comprend les personnes auxquelles ne manquent pas les qualités voulues, il est nécessaire de produire une liste nominative des membres et des personnes revêtues de fonctions.

Un autre document indispensable, ce sont les *Statuts*, qui permettront d'apprécier si l'association se propose réellement les buts d'assistance, d'enseignement et d'éducation qui doivent être au nombre de ses buts fondamentaux.

La demande, accompagnée de tous les documents, est transmise, avant toute décision, au Conseil National des Corporations appelé à donner son avis au fond, quant à la reconnaissance. Enfin, sur la proposition du Ministère des Corporations et d'accord avec le Ministère de l'Intérieur, la reconnaissance est accordée par Décret Royal.

E) Effets de la reconnaissance juridique de l'État.

1. — *Nature juridique des associations reconnues.*

L'État, lorsque les associations professionnelles donnent la preuve de posséder toutes les conditions dont il est question ci-dessus, leur accorde la reconnaissance juridique. La première conséquence de cet acte accompli par l'État, c'est celui de faire de l'Association une sujet de droit, c'est-à-dire une personne juridique ayant une capacité de droit distincte de celle des différents individus que la composent, capacité que, sans la reconnaissance, elle n'aurait pas dans le système du droit civil. De plus, l'Etat, par sa reconnaissance, crée l'association professionnelle personne juridique de droit public, et, par cela seul, lui délègue une partie de sa puissance suprême de commandement, de manière à lui faire occuper une position prépondérante par rapport aux autres sujets de droit et aux autres personnes juridiques de droit privé, et précisément à celles qui, n'ayant aucun *jus imperii*, sont sur le même plan que les particuliers.

2. — *Prérogatives des associations légalement reconnues.*

Une fois le syndicat constitué et reconnu comme un organe de droit public, dans l'intérêt de la catégorie professionnelle, et, en même temps, de l'organisation de l'État, il était logique de conférer au syndicat lui-même des avantages et des privilèges spéciaux par rapport aux associations de fait seulement. Le fait de conférer la représentation professionnelle au syndicat unique reconnu devait logiquement porter à accorder à celui-ci une souveraineté sur l'entière catégorie professionnelle, dans l'intérêt de toute l'organisation professionnelle.

Selon le système de la réforme, quelques prérogatives spéciales reviennent à chacune des associations reconnues par l'État, en sa qualité de représentant légal de la catégorie professionnelle pour laquelle elle est constituée, et cela à la différence de ce qui a lieu pour les associations non reconnues.

Ces prérogatives sont les suivantes :

a) exclusivité de protection des intérêts de la catégorie professionnelle dont l'association est reconnue comme le représentant légal, soit par rapport à l'État, soit par rapport aux autres associations professionnelles ;

b) droit de régler par des contrats collectifs obligatoires les rapports de travail pour toutes les personnes appartenant à la même catégorie professionnelle;

c) droit d'imposer à ces dernières des contributions syndicales;

d) pouvoir de discipline sur ses propres membres, avec délégation de fonctions d'intérêt public;

e) faculté exclusive d'action devant la Magistrature du Travail;

f) faculté de déléguer ses représentants non seulement dans la Corporation mais dans les Conseils, dans les Commissions, dans les institutions où cette représentation est admise, y compris le nouveau Parlement à désignation corporative.

Nous nous occuperons ici des quatre premières prérogatives et renverrons les deux dernières à un examen spécial.

a) *Exclusivité de la protection des intérêts de la catégorie.*

A la conception de l'unité du syndicat juridiquement reconnu correspond nécessairement l'unité de la représentation professionnelle. Si le syndicat reconnu est un seul, il est naturel qu'il représente toutes les personnes appartenant à la catégorie et non seulement ses membres. S'il en était autrement, les personnes non inscrites seraient privées d'une représentation légale et ne pourraient pas exercer leurs droits ni jouir des avantages qui sont inhérents à la reconnaissance juridique.

C'est pourquoi la reconnaissance légale fait que chaque catégorie professionnelle a un organe – l'association reconnue – constitué par la loi, c'est-à-dire sans possibilité d'exception dans n'importe quel cas et vis-à-vis de n'importe qui, pour représenter ses intérêts.

Cette représentation revient à l'association reconnue, à l'exclusion de toute autre association ou personne juridique. Son premier attribut, c'est la fonction de protection des intérêts de la catégorie.

Ladite protection peut être exercée principalement:

a) vis-à-vis de l'État, de ses organes et des autres institutions publiques ou ayant, de toutes façons, des fonctions d'intérêt public.

C'est là une fonction d'importance primordiale, rendue possible par le fait qu'en donnant aux associations reconnues la représentation légale des intérêts des différentes catégories professionnelles. L'Etat a créé et inséré dans sa structure juridique des organismes capables presque de personnifier les «catégories professionnelles», entités abstraites qui, jusqu'ici, échappaient à l'organisation juridique du pays, tout en constituant les principaux pivots de sa vie sociale.

Le caractère rationnel de la réforme syndicale italienne réside précisément en ceci, qu'elle ne s'est pas bornée à laisser à l'esprit d'organisation, plus ou moins développé, et à la propagande des partis l'initiative d'organisations syndicales fragmentaires, divisées et, par conséquent, faibles. L'organisation syndicale est conçue comme un besoin, comme une nécessité de l'organisation sociale tout entière, dans son ensemble. Pour chaque catégorie de citoyens qui participent à l'activité du pays, il existe un syndicat, qui représente cette activité, qui en fait entendre la voix et qui est également capable d'obliger toute une catégorie. L'État a de cette façon devant lui le tableau complet de tous les intérêts de la Nation et peut les coordonner en un équilibre durable. Cela est utile aux fins générales de la collectivité nationale, mais est utile aussi et surtout aux différentes catégories, qui ont ainsi la possibilité de faire valoir intégralement leur propre force. *Cela fait tomber l'objection que l'organisation syndicale ait été voulue seulement dans l'intérêt de l'État, et non pour les buts traditionnels du syndicats qui sont la défense d'un intérêt;*

b) vis-à-vis des autres associations professionnelles. Pour les raisons indiquées plus haut, grâce au système de la représentation légale, les différentes catégories professionnelles pourront, par l'entremise de leurs associations reconnues, protéger réciproquement leurs intérêts, comme le pourraient deux particuliers entre eux, soit par voie d'entente, soit en recourant à la justice.

Par exemple, une union d'industriels ne pourra plus se refuser de traiter avec un syndicat de travailleurs, en avançant le prétexte que tous ses dépendants ne sont pas inscrits au syndicat, et que, par conséquent, celui-ci n'a pas la faculté de s'ériger en protecteur des intérêts de la catégorie professionnelle. Ce droit du syndicat reconnu découle directement de la loi, et personne ne peut le contester ;

    c) vis-à-vis des particuliers. Aussi vis-à-vis des particuliers peut naître le besoin de protéger les intérêts d'une catégorie professionnelle déterminée. Par exemple, en cas de conflit entre une grande entreprise et ses ouvriers, les intérêts généraux de la catégorie professionnelle sont en jeu, et l'intervention du syndicat est plus que légitime.

Par contre, la protection de l'association professionnelle n'est pas accordée seulement dans les cas où sont directement en jeu les intérêts de toute la catégorie ou d'une fraction importante de cette catégorie. Elle est accordée aussi au particulier, en vertu des devoirs normaux d'assistance du syndicat, et dans la mesure où un simple différend individuel peut engager l'intérêt d'une catégorie entière, dans sa valeur de principe, etc.

b) *Droit et devoir de régler les rapports de travail par des contrats collectifs.*

Nous avons dit que la reconnaissance juridique donne à la seule association qui en est revêtue un certain droit de souveraineté et de représentation de l'intérêt même de la catégorie.

Il en découle que l'association a le pouvoir d'édicter des règles, ce qui veut dire le pouvoir de régler les conditions et les rapports de travail de la catégorie à laquelle l'association reconnue appartient.

Celle-ci a, par conséquent, le droit exclusif de stipuler les contrats collectifs de travail, en représentation de toutes les personnes appartenant à la même catégorie et d'obliger ainsi toutes les personnes appartenant à la dite catégorie, qu'elles soient ou non inscrites au syndicat.

Mais ce droit constitue aussi un devoir pour les associations reconnues.

Il est, en effet, dans l'esprit du régime corporatif que les rapports de travail soient réglés de commun accord par les catégories professionnelles, moyennant les contrats collectifs stipulés par les différentes associations reconnues, ce qui fait que l'association qui se soustrairait à cette tâche manquerait à remplir la fonction principale, pour laquelle elle a été légitimement reconnue par l'État.

c) *Responsabilité syndicale.*

La représentation de tous les membres d'une catégorie profes-sionnelle et la personnalité civile conférées aux associations syndi-cales comportent la capacité juridique, mais aussi la responsabilité de ces institutions en ce qui concerne l'exécution du contrat de travail, et, en général, de leurs devoirs. Si le contrat collectif de travail est, plus qu'un simple contrat, presque un règlement destiné à réglementer les conditions générales de travail d'une catégorie professionnelle donnée, c'est cependant toujours une émanation d'un accord conclu entre une association et une autre association (ou groupe ou entreprise), et qu'il faut respecter, tant de la part de l'association qui l'a stipulé, que de la part des personnes qu'elle représente. C'est là principalement ce qu'a voulu assurer la réforme italienne, en mettant de l'ordre et de la stabi-lité dans les rapports collectifs de travail.

La loi crée à ce propos *une responsabilité pénale* et une *respon-sabilité civile*. Elle punit celui qui viole le contrat collectif, mais elle impose aussi la réparation des dommages. Voilà le prin-cipe de la responsabilité syndicale, qui, indépendamment de ce qu'elle est une conséquence juridique logique de la nature même du contrat collectif de travail, s'est imposée au législateur comme une nécessité politique et sociale, et qui, par conséquent, s'en-cadre dans l'économie de l'organisation syndicale.

En effet, une des tristes caractéristiques du syndicalisme sub-versif ou simplement jouissant d'une liberté syndicale absolue, c'est le fait que les syndicats, en organisant des grèves et des *lock-out* causent de très graves dommages aux entreprises et aux masses ouvrières, mais échappent toujours à toute responsabilité, préci-sément parce que les règles du droit commun ne permettent pas, normalement, d'en poursuivre la responsabilité.

La réforme italienne a nettement affirmé la responsabilité syndicale, qui, de façon normale, de par la loi actuelle, peut s'affirmer dans trois cas différents:

1) les associations qui ont stipulé un contrat collectif répondent des dommages causés pour n'avoir pas rempli les obli-gations assumées *in proprio* dans le contrat;

2) les associations répondent du fait que les personnes appartenant à la catégorie n'ont pas rempli ces obligations, lorsqu'elles ont omis de faire ce qui était en leur pouvoir pour en obtenir le respect;

3) lorsque, dans le contrat collectif, il est explicitement convenu que l'exécution du contrat est garantie par l'association, cette dernière répond *in proprio* des dommages causés par n'importe quelle violation de ces obligations de la part des particuliers.

En garantie de cette responsabilité des associations, la loi dispose qu'elles mettent en réserve annuellement au moins le 3 % du revenu des contributions syndicales, afin de constituer un fonds patrimonial.

Cela concerne les rapports entre les associations, mais la loi établit en outre que les employeurs et les travailleurs qui n'observent pas les contrats collectifs et les règles générales auxquelles ils sont soumis, sont civilement responsables, tant envers l'association patronale qu'envers l'association ouvrière qui ont conclu le contrat.

d) *Droit d'imposer des contributions syndicales.*

En dehors du pouvoir de stipuler des contrats collectifs, le pouvoir du syndicat se manifeste dans le *pouvoir tributaire*, c'est-à-dire dans le droit d'imposer des contributions à ceux qui appartiennent à la même la catégorie professionnelle.

La loi du 3 avril 1926 établit que les associations légalement reconnues ont la faculté d'imposer à tous les employeurs, travailleurs, artistes et personnes exerçant des professions libérales, qu'elles représentent, inscrites ou non à l'association, une contribution. Cette contribution est limitée. Elle ne peut pas être supérieure, pour les employeurs, à la rétribution d'une journée de salaire ou appointements pour chaque employé, et, pour les travailleurs, à la rétribution d'une journée de travail.

Ce droit d'imposer des contributions syndicales s'explique par les nécessités de la vie des associations. Les exigences financières de l'organisation, les obligations qui incombent aux associations de mettre à exécution un programme d'action sociale par des œuvres d'assistance et d'éducation, le devoir de constituer un fonds de réserve pour faire face au paiement des dommages causés par l'inexécution des contrats collectifs, la nécessité, enfin, de dédommager l'État des sommes qu'il dépense par le fait de la nouvelle organisation syndicale, sont des circonstances qui font naître le devoir chez tous ceux qui tirent des bénéfices de cette action syndicale, de concourir à la constitution des moyens financiers dont les associations ont besoin.

La faculté donnée aux associations professionnelles d'imposer des contributions même à ceux qui n'en font pas partie, a étonné les incompétents. Il suffirait de considérer que l'action syndicale pour la défense et au profit de la catégorie, ne peut pas toujours être limitée, et il ne serait pas opportun qu'elle le fût, aux seuls adhérents du syndicat. Les non participants jouissent donc aussi directement ou indirectement des bénéfices de cette action syndicale. Il serait injuste que les frais de fonctionnement du syndicat pesassent seulement sur ses adhérents. Cela serait aussi nuisible aux intérêts même de l'organisation professionnelle, parce que le devoir de verser, de toute façon, sa contribution à l'association reconnue, pousse chacun à s'y inscrire. Ceci en ligne générale. Mais il ne faut pas oublier que, dans le système de la loi italienne, le bénéfice de l'action syndicale, spécialement la stipulation des contrats du travail, s'étend non seulement directement, mais indirectement *ex lege*, aux non inscrits, et que le programme d'action syndicale est étendu aux institutions de culture, de propagande économique, d'éducation sociale, utiles à la collectivité, et, expressément en vertu de la loi, à tout individu appartenant à une catégorie, même non inscrit au syndicat.

Etant donnée l'importance des sommes recouvrées au moyen des contributions, des règles détaillées sont établies pour leur fixation et leur recouvrement. Les délibérations qui établissent les contributions doivent être approuvées par l'autorité administrative.

Le système d'imposition des contributions syndicales varie suivant les situations particulières des diverses catégories d'employeurs et de travailleurs encadrés dans les associations.

La contribution est fixée suivant le système normal prévu par la loi, à proportion de la rétribution effective de la journée de travail pour les employeurs et les travailleurs dans l'industrie.

Pour les employeurs agricoles, au contraire, elle est établie sous forme d'impôt additionnel à d'autres impôts (impôt foncier et impôt sur les revenus agricoles). Une forme analogue d'impôt additionnel à un impôt local est appliquée pour les employeurs des transports terrestres et de la navigation intérieure et pour les travailleurs intellectuels.

Pour les autres catégories (banques), la contribution est proportionnée à la rétribution moyenne journalière ou suivant des échelles spéciales, car il est difficile d'évaluer la rétribution effective.

Le recouvrement des contributions pour les travailleurs est fait en général par le système de la retenue de la part des employeurs, qui répondent du paiement.

Les associations ont, en outre, la faculté de percevoir des contributions supplémentaires, qui ne peuvent toutefois atteindre tous les membres des catégories professionnelles, mais seulement ceux qui sont inscrits à l'association. Ces contributions sont recouvrées par les soins de l'association.

On veille soigneusement à la moralité des contributions syndicales, en ce qui concerne leur proportion, leur distribution et leur destination. Les contributions syndicales ne doivent pas servir à créer de pesants organes bureaucratiques, et encore moins à créer des organisations économiques éventuellement disposées à entrer, sous prétexte de fonctions publiques, dans le jeu de la production, aux fins de lucre. Le règlement défend d'ailleurs aux organisations syndicales toute activité commerciale, car l'organisation corporative n'a pas des fonctions économiques, mais, comme on l'a vu, des fonctions d'assistance, d'éducation et de défense générale de la production. De plus, la contribution syndicale ne doit pas trop peser sur les épaules du producteur, lui enlever ainsi des énergies, comme elle ne doit pas être trop lourde sur les épaules du travailleur qui doit sentir immédiatement, non sans sacrifice naturellement, l'utilité de l'organisation syndicale. Personne, — individu ou organisation, organisateur, association, ou État — ne doit gagner sur le versement des contributions, qui sont un instrument pour l'élévation de la collectivité professionnelle organisée et pour la coordination, dans un but suprême, de toutes les activités nationales. La contribution est un acte noble d'association, au détriment de laquelle ne doit prospérer aucun organisme parasitaire d'aucune sorte. Et à cela, le Gouvernement s'est engagé solennellement (1).

---

(1) Pour 1928, les contributions syndicales ont été administrées comme suit: 18.589.000 lires ont été versées à la Banque d'Italie, comme fonds de garantie pour les engagement pris par les associations en conséquence des contrats de travail; 22.355.000 lires ont été versées en compte courant par le Ministère des Corporations pour les dépenses nécessaires au fonctionnement des organes corporatifs; 18.212.000 lires out été destinées aux œuvres Nationales, au Patronat national et aux Institutions contre la tuberculose; le reste, 164,419,848 a été divisé, suivant la loi entre les Confédérations nationales et les Fédérations régionales et provinciales.

Le montant total des contributions a atteint en 1928 la somme de L. 223,575,848. Ce chiffre est supérieur à celui de l'année précédente, motif

e) Pouvoir disciplinaire de l'Association.

La loi ne précise pas les moyens auxquels l'Association peut recourir pour assurer l'observation des règles émanées par elle, c'est-à-dire pour l'exercice du pouvoir disciplinaire, attribution qui ne peut manquer aux associations, parce que, seule, la « sanction » donne une forme active à la « règle ».

La détermination de ces moyens est laissée aux Statuts, c'est-à-dire à la volonté des membres eux-mêmes, contrôlée et homologuée par l'État, par l'entremise du Ministère des Corporations, qui doit approuver les Statuts.

Rappelons toutefois que, selon la loi, l'Association peut expulser de son sein un membre reconnu indigne pour sa mauvaise conduite morale ou politique, ou un individu appartenant à une association de fait poursuivant les mêmes buts que l'association de droit, et en concurrence avec cette dernière. Cet état de concurrence réelle ou en puissance explique cette incompatibilité. _

f) Vie intérieure des associations reconnues.

Le système syndical italien se base, d'une part sur la « mise en valeur » des associations professionnelles, réalisée par la « représentation légale du syndicat unique étendue à toutes les catégories professionnelles » et, d'autre part, sur la réglementation des associations reconnues par l'État.

Cette réglementation découle du fait que la nouvelle législation a attribué aux syndicats reconnus une si délicate fonction d'intérêt public, qu'elle les transforme en véritables personnes juridiques de droit public. De même que l'État règle et contrôle la vie et l'action de tous les autres organismes qui exercent des fonctions d'intérêt public, et spécialement des fonctions de sou-

---

pour lequel quelques unes des Confédérations qui touchaient des contributions supplémentaires ont décidé de les abolir ou de les réduire pour l'année en cours.

Les activités suivantes contribuent à constituer cette somme: l'Industrie pour L. 74.719.000; l'Agriculture pour L. 54.033.000; le Commerce pour L. 13.542.000 environ; les Transports maritimes et aériens pour L. 1.876.000; les Transports terrestres et la Navigation intérieure pour L. 5.846.000; les Banques pour L. 3.590.000 environ; les Syndicats fascistes des diverses Confédérations des travailleurs pour L. 63.344.000 les Gens de mer pour L. 3.081.000 et enfin les Communautés d'artisans pour L. 3.541.000.

5.

veraineté, il était nécessaire de régler et de contrôler la vie et l'action des associations professionnelles reconnues qui exercent des fonctions identiques.

La discipline imposée par l'Etat commence à se réaliser pour l'organisation de la vie intérieure des associations reconnues, sur la base de documents essentiels tels que l'*acte constitutif* et le *statut*, par la constitution des organes et des hiérarchies syndicales et, enfin, par la gestion du patrimoine de l'association.

1) *L'acte constitutif* est la déclaration de volonté des membres de s'unir en association. Il est indispensable, parce que, dans le système de la loi, les syndicats naissent par la libre volonté de ceux qui veulent les constituer, et que la preuve de l'existence d'une telle volonté est nécessaire.

Le *statut* règle la vie de l'association pour l'avenir, en fixant sa structure intérieure, son fonctionnement et son activité. Il lie non seulement ceux qui ont pris part à la constitution de l'association, mais aussi les individus qui, dans l'avenir, y participeront.

Les statuts doivent indiquer les buts de l'association, la circonscription territoriale dans laquelle elle doit opérer, le lieu où sera établi son siège, les rapports de dépendance et d'union avec les autres associations, les conditions d'admission des membres et les modalités par lesquelles ils pourront se détacher de l'association, la manière de délibérer l'imposition des contributions; la composition, le système d'élection et de nomination, ainsi que la compétence des organes directeurs et disciplinaires, les raisons qui peuvent motiver l'exclusion des membres, les règles qui doivent présider à l'administration et la quote-part des entrées qui devra être dévolue aux dépenses obligatoires.

2) Quant aux *organes* et à *la hiérarchie du syndicat*, la loi veut que le statut pourvoie à la constitution de deux organes syndicaux obligatoires: le *représentant responsable* et le *conseil directeur*.

Chaque association doit avoir un président ou un secrétaire qui la dirige, la représente et est responsable de son activité. Il est nommé d'après les règles établies par le statut.

Le Conseil directeur, qui assiste le secrétaire ou le président, doit toujours être élu par les membres du syndicat, suivant la procédure établie par le statut.

En outre, la loi veut que le rtatut établisse à quel organe appartient le pouvoir de discipline sur les membres et la faculté d'expulser ceux qui se rendent indignes par leur conduite morale ou politique. En conséquence, le pouvoir disciplinaire pourra être attribué par le statut à un des organes existants ou bien à un organe spécial.

Ce sont là, naturellement, les organes essentiels dont la loi veut l'existence dans les associations. Ces dernières sont libres cependant d'en adjoindre d'autres, selon leurs besoins particuliers.

3) *Gestion des fonds.* — Les associations syndicales doivent comprendre dans leurs budgets deux catégories différentes de dépenses: les obligatoires et les facultatives. Les syndicats ne peuvent se soustraire au devoir de verser les sommes nécessaires à l'organisation syndicale, à l'assistance économique et sociale de leurs propres adhérents, ainsi qu'à l'assistance morale et religieuse, à l'éducation nationale et à l'enseignement professionnel. Ils doivent aussi constituer le fonds de garantie pour la responsabilité civile, et doivent contribuer à la formation du budget nécessaire à l'« Opera nazionale del Dopolavoro » (*Œuvre nationale pour l'utilisation des loisirs ouvriers*), à l'« Opera nazionale per la Maternità e l'Infanzia », à l'« Opera nazionale Balilla » et au « Patronato nazionale » (*Institution d'assistance ouvrière*).

Toutes les dépenses différentes de celles qui sont spécifiées ici sont laissées à la libre détermination des associations.

Du fait du caractère d'organes de droit public que la reconnaissance confère aux associations, les budgets de ces dernières sont assimilés aux budgets des administrations de l'État, des provinces et des communes. Les associations établissent leurs budgets d'après un projet de budget type établi par les organes corporatifs de l'État. Ces budgets sont présentés au Parlement, comme annexes au budget de l'État, et sont soumis aux règlements en vigueur pour l'administration et la comptabilité générale de l'État.

Comme il peut advenir qu'une association syndicale soit dissoute ou qu'elle cesse d'être reconnue, il est pourvu dans ce cas à la réalisation de l'actif et à l'extinction du passif par les soins d'un liquidateur nommé par décret du Préfet ou du Ministre pour les Corporations, selon qu'il s'agit d'une association fonctionnant dans une ou dans plusieurs provinces. Le patrimoine réalisé à la suite de cette liquidation est dévolu par décret royal à l'association de deuxième degré dont le syndicat dépend, et, à défaut de cette dernière, il est destiné à des œuvres d'enseignement et d'éducation en faveur des employeurs ou des travailleurs appartenant à la catégorie professionnelle dont les intérêts étaient légalement représentés par l'association professionnelle dissoute.

Les biens appartenant à l'association de fait avant la reconnaissance, par quiconque qu'ils soient détenus ou administrés constituent le patrimoine de l'association syndicale, après que cette dernière a été légalement reconnue. Le Préfet peut, au cours de la période nécessaire à la procédure de reconnaissance, disposer que ces biens soient administrés par un commissaire, qui pourvoira à les remettre entre les mains des délégués représentant l'association professionnelle, si cette dernière est reconnue.

g) Contrôle de l'État sur les associations professionnelles reconnues.

Ce contrôle est la conséquence de tout ce que nous avons exposé sur le système de l'organisation syndicale, qui est à la base de la réforme sociale italienne.

Le contrôle de l'État n'ôte rien à l'autonomie du syndicat, à l'accomplissement de sa fonction et au libre développement de sa vie intérieure et extérieure. Les principes qui règlent cette matière figurent dans le statut que chaque syndicat doit avoir, et qui est bien approuvé par décret royal, ce qui a lieu pour les statuts de toutes les personnes morales, mais qui est établi en pleine autonomie par les associations.

Le contrôle de l'État sur les associations reconnues s'effectue principalement de trois façons :

1) par la faculté de ne pas approuver ou de révoquer la nomination des personnes placées à la direction des associations. En effet, la loi établit que la nomination des présidents et des secrétaires n'est pas valable, si elle n'est pas approuvée par décret royal ou par décret ministériel, et que l'approbation peut, en tout temps, être révoquée.

De cette manière, l'État s'assure qu'à chaque moment les personnes qui dirigent l'association possèdent toutes les conditions nécessaires, au point de vue technique, moral et politique, pour maintenir l'activité du syndicat en conformité des intérêts de la catégorie professionnelle et des buts nationaux poursuivis;

2) par l'exercice d'une surveillance et d'un contrôle effectif sur les actes des associations.

La *surveillance* est exercée par le Ministère des Corporations sur toutes les délibérations des organes des associations.

Le *contrôle* est exercé par la « Giunta provinciale amministrativa », pour les associations qui agissent dans la province, ou par le Ministre des Corporations, pour celles qui le font dans deux provinces ou davantage.

Les actes sujets au contrôle sont, outre les budgets, ceux qui impliquent des changements dans le patrimoine de l'association, les dépenses qui engagent le budget pour plus de cinq années, les règlements et les tableaux organiques du personnel, les règlements pour l'encaissement des contributions et les paiements ordonnancés sur le fonds de garantie pour les contrats collectifs.

La loi permet de déléguer une partie du pouvoir de contrôle de l'État sur les associations inférieures aux associations supérieures. Le décret de reconnaissance des Fédérations ou Confédérations attribue à ces dernières la surveillance disciplinaire sur les associations qui y adhèrent. Cette façon de faire est très répandue dans la pratique;

3) par la faculté de dissoudre les Conseils de direction et d'attribuer leurs pouvoirs au président, au secrétaire ou à un commissaire spécial.

En outre, le Préfet ou le Ministre des Corporations peuvent intervenir, lorsque l'association n'accomplit pas les actes que sont nécessaires, conformément à la loi, à un règlement ou aux statuts, pour atteindre les buts essentiels pour lesquels l'association a été créée.

Enfin, la loi établit que, lorsque viennent à manquer les conditions requises pour la reconnaissance, cette dernière peut être à tout moment révoquée, sur préavis du Conseil National des Corporations.

Il n'est pas inutile de faire observer que ces facultés appartiennent déjà à l'État à l'égard de n'importe quelle personne morale.

4. — LES ASSOCIATIONS DE FAIT.

Le système de la législation corporative n'amoindrit pas le principe de la liberté syndicale. Par l'institution de la représentation syndicale *ex lege*, il confère quelque chose et n'enlève rien aux pouvoirs normaux de l'organisation syndicale libre. Il crée seulement, à côté des syndicats libres, les syndicats reconnus par l'État – un par catégorie – ayant la représentation légale de toute la catégorie professionnelle, représentation que le syndicat libre ne pourrait jamais acquérir sans contestation.

Le système du monopole syndical et du syndicat unique obligatoire écarté, il est naturel qu'à côté des organisations légalement reconnues, il existe des associations professionnelles d'employeurs et de travailleurs, d'artistes et de personnes exerçant des professions libérales, non reconnues, c'est-à-dire des « associations de fait » (pour les distinguer des associations « légales »).

En toute logique, la seule condition posée par la loi, c'est que les membres d'une association reconnue ne puissent pas, en même temps, faire partie d'un syndicat de fait qui poursuivrait les mêmes fins syndicales et qui, par conséquent, ferait concurrence au premier ou même se trouverait en lutte avec lui.

Il est naturel, d'autre part, que les pouvoirs et l'action des associations de fait soient réduits par rapport aux pouvoirs et à l'action des associations légales. C'est pour cela qu'elles ne jouissent d'aucune des prérogatives qui, ainsi que nous l'avons vu, sont la conséquence de la reconnaissance légale.

Le défaut de la reconnaissance légale n'équivaut toutefois pas au désintéressement, de la part de l'État, de certains points de l'activité des associations de fait.

L'administration des fonds versés par les travailleurs aux associations a donné lieu dans le passé, à de graves inconvénients, car l'argent qui aurait dû servir à l'action pour l'élévation morale et économique des travailleurs, était distrait par les organisations syndicales, uniquement pour des fins de politique de parti. De là la nécessité que, par l'intermédiaire des Préfets, l'État soumette toutes les associations qui tirent les moyens financiers demandés par l'exercice de leur activité des contributions des travailleurs, à la surveillance de l'autorité politique du Préfet. C'est à cela que pourvoit le décret-loi du 24 janvier 1924.

Cette surveillance est effectuée pratiquement par la faculté concédée au Préfet, lorsqu'il existe des soupçons fondés de détournement de fonds pour des but différents de ceux d'assistance économique ou morale aux travailleurs, de révoquer ou d'annuler les actes illicites ainsi accomplis, et de remplacer par des commissaires de son choix les Conseils qui dirigent l'association.

CHAPITRE IV

L'ORGANISATION SYNDICALE RECONNUE

La loi sur les rapports collectifs du travail une fois promulguée, il devenait particulièrement difficile de créer ou de ramener dans le cadre de la loi les organisations syndicales des diverses activités intéressant la production et le travail. Créer souvent, parce que, particulièrement pour les employeurs, il n'existait encore aucune forme d'organisation; dans tous les cas, ordonner dans le cadre de la loi les nombreuses et diverses associations existantes, en substituant aux anciennes petites organisations concurrentes, des forces syndicales capables d'accomplir les tâches extrêmement importantes – politiques, économiques et morales – que leur confie la nouvelle loi.

Après que les règles pour la constitution et le fonctionnement de l'association professionnelle eurent été fixées, il fallait s'occuper de l'application pratique de ce régime, c'est-à-dire de la distribution des différentes catégories professionnelles dans les diverses associations, ainsi que de la distribution de ces dernières dans le système général.

C'est là ce que l'on entend par « encadrement syndical », qui se compose de deux phases successives:

1) encadrement des particuliers dans les associations professionnelles;

2) encadrement des associations professionnelles dans l'organisation générale du pays.

Dans l'organisation italienne, on cherche à developper et non pas à contraindre les activités particulières, à mettre en évidence et non pas à confondre les caractères des professions. La catégorie définie, délimitée en un groupe, dans l'ensemble de la production nationale, c'est là le fondement du système, fondement qui ne peut pas s'en séparer, même lorsque, dans sa structure organique, il se dilate et se complique en groupes toujours plus grands, selon le rythme de la production même.

Les raisons du contrat collectif de travail ont, au début et sauf déviations nécessaires, conseillé de surmonter les interférences techniques et économiques, en plaçant des catégories correspondantes d'employeurs et de travailleurs dans des organisations du même contenu syndical.

Mais la catégorie a d'autres buts, en dehors de la réglementation des rapports du travail: buts d'assistance, de perfectionnement, etc. C'est par rapport à ces buts que la catégorie justifie l'existence du syndicat, lorsque le rapport de travail manque; cela est si vrai, que nous les retrouvons même dans les associations autorisées des employés de l'État et des institutions publiques, que la loi soustrait au régime du contrat collectif.

L'encadrement syndical est un moyen de l'organisation corporative, et comme celle-ci tendait à restaurer la profession comme organisme et comme société, il fallait, dès le début, établir une distinction entre les physionomies et les caractères des catégories professionnelles.

Mais l'on ne pouvait pas distinguer jusqu'à l'infini, jusqu'à arriver à un atomisme dangereux. On ne pouvait pas surtout, à force de distinctions et de sous-distinctions, risquer de disperser en ruisseaux et ruisselets, l'exercice de l'autorité, qui exige des groupements organiques par l'affinité et la concordance des intérêts et des fonctions. C'est pourquoi, souvent, la fonction sociale et nationale exige l'union de catégories dont les intérêts particuliers ne correspondent pas complètement. Les grandes Confédération ont, dans ce domaine, des tâches d'une extrême importance. En réunissant dans leur sein de nombreuses catégories, elles doivent diriger et non pas éteindre les mouvements de ces dernière. Elles doivent, et c'est là leur plus haute fonction, agir de sorte que, dans l'autonomie combinée de tous, chacun puisse apporter sa contribution tout entière à la reconstruction sociale et économique du pays.

<h3 style="text-align:center">1. — ENCADREMENT DES INDIVIDUS
DANS LES ASSOCIATIONS PROFESSIONNELLES.</h3>

A) EMPLOYEURS ET TRAVAILLEURS.

La première règle pour « l'encadrement syndical », selon la loi, c'est la distinction nette et constante entre patrons et ouvriers. Les associations ne peuvent comprendre que des employeurs ou que des travailleurs.

En conséquence, la reconnaissance de syndicats mixtes d'employeurs et de travailleurs est exclue.

B) TRAVAIL INDÉPENDANT.

La distinction exposée ci-dessus suffit pour déterminer l'encadrement dans la plupart des cas. Il y en a cependant où l'on ne peut pas dire avec précision s'il s'agit d'ouvriers ou de patrons.

Cela arrive, par exemple, pour les artisans qui font pour leur propre compte un travail indépendant (ce ne sont donc pas des ouvriers), et qui, généralement, n'emploient pas le travail d'autrui (ce ne sont donc pas des patrons).

Selon la loi, ceux-ci doivent constituer leurs associations séparées propres, qui, ensuite, sont réunies dans la « Fédération fasciste autonome des communautés artisanes d'Italie », et cela à côté de la Confédération nationale fasciste de l'industrie.

Il en est de même pour les petits commerçants (en général pour les détaillants qui n'ont pas de sous-ordres pour exploiter leur commerce), pour ceux que l'on appelle les auxiliaires du commerce (tels que les médiateurs, les commissionnaires et les agents), que l'on ne peut pas dire employés, bien qu'ils n'aient pas de personnel, de même que pour les propriétaires et fermiers de fonds ruraux, qui cultivent eux-mêmes leur terre. Pour ces derniers, également, la loi établit l'encadrement en associations distinctes des associations de patrons et d'ouvriers.

C) PERSONNES EXERÇANT DES PROFESSIONS LIBÉRALES ET ARTISTIQUES.

Ceux qui exercent une profession libérale ou un art (avocats, médecins, ingénieurs, peintres, sculpteurs, musiciens, écrivains et autres) participent également à l'encadrement syndical.

Ils ne sont ni patrons, ni ouvriers, même s'ils peuvent avoir à leur dépendance du personnel de service ou des collaborateurs (comme les clercs d'étude, les secrétaires, les infirmiers, les assistants) ou si d'autres se servent de leur travail contre rétribution (comme l'éditeur à l'égard de l'écrivain, le constructeur de maisons d'habitation à l'égard de l'architecte, etc.), parce que leur activité productrice s'exerce en dehors et au-dessus de ces rapports, comme une émanation d'une personnalité professionnelle.

Mais dans l'organisation professionnelle intégrale de la société italienne, on ne pouvait pas négliger les forces intellectuelles. Un des principes de la révolution fasciste, c'est la mise en valeur des classes moyennes et la reconnaissance de l'apport précieux des professions libérales à la vie sociale, économique et morale du pays, à la protection des intérêts de l'art, de la science et des lettres, au perfectionnement de la production et à l'accomplissment des fins morales de la nation.

En conséquence, la loi syndicale a admis à s'organiser les personnes exerçant des professions libérales, naturellement en associations autonomes. Ces personnes sont, en effet, encadrées dans la Confédération nationale des syndicats fascistes des intellectuels, à côté des autres Confédérations nationales des syndicats fascistes des travailleurs.

D) Travailleurs intellectuels et travailleurs manuels.

Les personnes qui exercent une profession libérale ou un art doivent être distinguées des travailleurs intellectuels (employés, agents, etc.).

Toutefois, la loi a voulu que l'on distinguât les travailleurs intellectuels des travailleurs manuels: Même s'ils sont employés dans le même type ou la même catégorie d'entreprise, ils ne peuvent pas faire partie de la même association et doivent s'encadrer dans des associations distinctes.

En effet, la condition des employés proprement dits et celle des ouvriers diffèrent considérablement, même dans le même établissement, soit par les conditions du contrat de travail, soit par la nature des rapports avec le patron.

E) Employés techniques et employés administratifs.

Mais la loi a voulu que l'encadrement syndical fût encore plus méticuleux en ce qui concerne les distinctions qui, dans les entreprises modernes, sont non seulement traditionnelles, mais aussi nécessaires, entre les diverses catégories de personnel. Elle a donc prescrit que les employés techniques et les employés administratifs, bien que pouvant être réunis dans la même association, doivent, toutefois, constituer dans le sein de celle-ci des sections séparées avec une représentation propre.

F) Dirigeants des entreprises.

Il en est de même pour les directeurs techniques et administratifs, pour les chefs de bureaux et pour les chefs de service ayant des fonctions analogues à celles des directeurs techniques et administratifs, pour les agents généraux, représentants stables de commerce, fondés de pouvoirs des banques, etc., et, en général, pour les employés munis de procuration, pour qui la loi a prévu l'encadrement en associations séparées de celles des autres employés, même s'ils appartiennent au même type et à la même catégorie d'entreprise.

Il s'agit là, en effet, d'un personnel qui apporte à la direction des entreprises le même esprit que celui du patron effectif, et qui souvent, bien que n'étant pas propriétaire de l'entreprise, participe aux bénéfices, et qui, par conséquent, ne peut pas être confondu avec les simples employés salariés. Ces producteurs ont donc été encadrés en associations séparées qui adhèrent aux associations supérieures correspondantes des patrons.

G) Propriétaires de terrains donnés à bail.

La loi admet aussi dans les associations professionnelles les propriétaires de fonds ruraux qui ont donné ces fonds à bail.

Ils sont encadrés dans les associations des employeurs agricoles, mais ils doivent être groupés en sections séparées et être représentés à part dans les organes de direction de l'association.

Il s'agit de personnes qui n'ont pas d'ouvriers à leur dépendance, mais qui ne travaillent pas non plus elles-mêmes leurs terres et qui se bornent à percevoir le prix de la location. L'encadrement syndical de celles-ci est toutefois justifié par la grande influence que les rapports de location agricole exercent sur la production agricole du pays, dont ils constituent une des forces de la plus haute importance.

H) Propriétaires de fonds bâtis.

L'Etat a également reconnu une Fédération des propriétaires d'immeubles, laquelle, considérant la propriété comme une fonction sociale, se propose des tâches d'intérêt général, c'est-à-dire se rapportant à la solution des problèmes économiques, syndicaux et sociaux de la propriété bâtie et à l'amélioration de cette dernière. La Fédération adhère à la Confédération générale de l'Industrie.

I) Entreprises coopératives.

Pour les entreprises coopératives, il est encore plus difficile de dire si l'on se trouve devant des employeurs ou devant des travailleurs, et cela aussi bien en ce qui concerne l'entreprise elle-même qu'en ce qui concerne ses membres. En effet, dans les coopératives, ce sont les membres eux-mêmes qui, outre qu'ils se partagent les bénéfices, assurent le travail.

En toute logique, en raison de la position tout à fait spéciale qu'occupent les coopératives, la loi a prescrit qu'elles doivent constituer des associations séparées, distinctes aussi bien des associations des entreprises capitalistes similaires que des associations des travailleurs de ces entreprises.

*   *   *

L'encadrement de ces catégories économiques spéciales — propriétaires de fonds ruraux, personnes exerçant des professions libérales, artisans, petits commerçants, auxiliaires du commerce, propriétaires et locataires cultivateurs directs de la terre, propriétaires d'immeubles, entreprises coopératives — montre que l'organisation syndicale ne tend pas seulement à la réglementation des rapports du travail, mais bien aussi à préparer l'organisation corporative de l'Etat.

Dans ces cas-là, il n'y a pas la possibilité de conflits entre employeurs et travailleurs, pour la bonne raison qu'il n'y a ni employeurs ni travailleurs. Par conséquent, l'encadrement pour de simples fins « syndicales » serait superflu. Il n'apparaît toutefois pas superflu aux fins « corporatives ». L'Etat veut que toutes les forces de la production soient encadrées dans les hiérarchies syndicales, pour pouvoir ensuite, par l'intermédiaire des organes centraux de liaison entre les associations, réaliser la collaboration de ces forces pour améliorer la production nationale. Et, dans ce cas, l'activité du petit commerçant, du paysan, du propriétaire cultivateur et du propriétaire d'immeubles, de celui qui exerce une profession libérale, de l'agent de commerce, a, elle aussi, sa valeur dans le grand édifice corporatif, parce qu'elle représente des zones importantes d'intérêts économiques et qu'aucune force ne doit rester désorganisée ou dispersée.

2. — ENCADREMENT MULTIPLE.

Un principe caractéristique — qui s'accorde avec le but de la réforme qui est d'organiser tous les intérêts sans exception — prévoit le cas qu'une même personne, du fait de son activité, appartient de façon stable et continue et simultanément à diverses catégories d'employeurs et de travailleurs. Par exemple, un ingénieur qui fait des projets pour les autres et qui construit également pour son propre compte dans le but de revendre.

La loi prescrit que, dans ces cas, on peut faire partie de plusieurs associations syndicales.

Il est donc parfaitement admis que l'on puisse être inscrit simultanément à une association d'employeurs et à une association de travailleurs, car le cas particulier peut aussi se présenter, par exemple, d'un ingénieur qui serait employé dans une maison de construction (travailleur) et qui, pendant ses heures libres, dirigerait lui-même (patron) une petite entreprise de construction avec un personnel dépendant de lui.

3. — PERSONNES ET INSTITUTIONS EXCLUES DE L'ENCADREMENT SYNDICAL.

A). — Personnes se bornant à percevoir un revenu.

Pour participer au système syndical, il est nécessaire de déployer dans la société une activité qui contribue à la production nationale. Il est nécessaire d'être un « producteur », même dans le sens le plus large du mot, et en comprenant aussi dans ce dernier, par exemple, l'activité intellectuelle, artistique, scientifique, littéraire, etc., qui ne crée pas un « produit » au sens économique, mais qui, cependant, contribue efficacement au perfectionnement du milieu où la grande machine sociale accomplit son effort de production.

Mais, quelque vaste que soit la conception corporative de la production, elle n'est pas suffisante pour inclure toute forme de vie dans le nombre des activités syndicales. Il n'y a pas de place, dans le système syndical, pour qui, par exemple, vit exclusivement de l'argent déposé dans une banque ou placé en titres portant intérêts, et pour qui, d'une façon générale, vit sans exercer une activité productive quelconque.

Cette exclusion est une confirmation d'un des principes énergiquement affirmés par la Révolution fasciste, qui est que le travail est un devoir social. On n'a nullement entendu par là méconnaître la fonction de l'épargne, au contraire, mais il faut qu'elle soit accompagnée d'une autre fonction productive, ce qui arrive, d'ailleurs, dans la plupart des cas.

B) — Institutions publiques et leurs dépendants.

Les institutions publiques et les travailleurs qui en dépendent sont placés hors du système syndical.

La loi n'admet pas dans les associations professionnelles les personnes dépendant *a)* de l'administration de l'Etat; *b)* de celle des provinces; *c)* de celle des communes; *d)* de celle des institutions publiques de bienfaisance; *e)* de l'Entreprise autonome des chemins de fer de l'Etat; *f)* de celle des postes, des télégraphes et des téléphones; *g)* de la Caisse des dépôts et prêts; *h)* de l'Institut d'émission (Banque d'Italie); *i)* de la Banque de Naples; *l)* de la Banque de Sicile; *m)* des instituts ou institutions placés sous le contrôle de l'Etat, c'est à dire qui déploient une activité d'intérêt public et qui sont placés sous la surveillance ou la protection de l'Etat; *n)* des Caisses d'épargne et des Monts de Piété.

Cette règle générale doit être interprétée dans son sens le plus large, et embrasser toutes les institutions publiques, même celles qui ne sont pas comprises dans la liste ci-dessus, laquelle n'est pas limitative.

Les motifs de cette disposition particulière sont évidents. En ce qui concerne les rapports collectifs de travail, l'organisation s'adapterait mal aux rapports entre l'Etat et ses dépendants, et, quant à l'organisation corporative générale, l'encadrement de ces formes d'activité serait encore plus inutile. Elles sont, en effet, déjà dirigées et contrôlées de façon différente et plus efficace par l'Etat, et même elles constituent une des activités de l'État. Leur collaboration à la la production nationale est sûre et mécanique, et s'exerce par l'engrenage des différents organes de l'administration publique.

4. — ENCADREMENT DES ASSOCIATIONS DANS L'ORGANISATION SYNDICALE NATIONALE.

La réforme italienne a estimé que l'organisation syndicale resterait imparfaite et n'atteindrait pas ses buts, si elle se limitait à grouper les diverses catégories d'employeurs et de travailleurs en plusieurs associations professionnelles, et ne se préoccupait pas ensuite de grouper verticalement les associations entre elles, selon une hiérarchie qui réduisît graduellement l'atomisme des associations unitaires, en constituant quelques groupes, capables d'assurer la force de l'organisation dans chaque catégorie professionnelle.

Cela répond à une nécessité d'ordre vis-à-vis de l'Etat, mais aussi à une plus grande efficacité pour la défense même des intérêts des catégories, sans que l'on veuille soutenir par là que le groupement doive être poussé à l'extrême, par exemple à ce que l'on peut appeler le « Bloc » des travailleurs d'une part et à celui des employeurs, d'autre part, ce qui est d'ailleurs exclu par le système italien des différentes corporations.

Du reste, une tendance fédérative progressive des associations est évidente, surtout depuis que l'organisation professionnelle a commencé à se développer. Dans les pays à syndicalisme libre, mais développé, prévalent les grands syndicats complexes, les vastes organismes confédéraux, où peu d'hommes représentent et dirigent les masses avec simplicité et facilité de commandement.

La fédération des associations était encore plus nécessaire pour le système italien, qui n'a pas seulement des buts syndicaux, mais qui doit réaliser cette organisation corporative de l'État, par laquelle toutes les forces de la production, toutes les classes sociales et toutes les catégories du travail, d'industrie et de commerce de toutes les zones du pays, par l'entremise de leurs représentants syndicaux, doivent participer activement à la vie sociale, économique et politique de la nation. Cela est possible seulement moyennant un groupement graduel des associations en associations toujours plus importantes, qui amènent au sein des Corporations et dans les autres organismes d'État les représentants de quelques groupes complexes, expression véritable de chaque catégorie. De là une organisation verticale des associations professionnelles, réalisée comme base de la réforme italienne.

5. — DEGRÉS DES ASSOCIATIONS PROFESSIONNELLES.

L'organisation italienne comprend deux catégories d'associations syndicales:

    a) Associations de premier degré ou unitaires;
    b) Associations de degré supérieur.

A). — ASSOCIATIONS DE PREMIER DEGRÉ OU UNITAIRES. — LEUR JURIDICTION TERRITORIALE.

Les associations de premier degré peuvent être communales ou d'arrondissements, provinciales, régionales, interrégionales ou enfin nationales, suivant qu'elles groupent les employeurs ou les travailleurs d'une certaine catégorie professionnelle existant dans une commune ou un arrondissement, dans une province, une région, un groupe de régions, ou enfin dans tout le pays.

Pratiquement, ce sera le nombre des membres appartenant à une certaine catégorie professionnelle qui réglera l'extension à donner à l'association reconnue. En pratique, par exemple, étant donnée la diffusion des catégories professionnelles dans l'agriculture pour tout le pays, l'organisation syndicale de l'agriculture a été réalisée sur une base provinciale; elle a donc, tant pour les employeurs que pour les travailleurs, les syndicats provinciaux comme associations de premier degré. Par contre, l'organisation de l'industrie des trasports maritimes, qui est le propre de quelques zones seulement du pays, se base sur quelques fédérations interrégionales et sur les associations syndicales des gens de mer.

La loi ne prescrit aucune règle, aux fins de la constitution des associations de premier degré, visant la distinction entre catégories et catégories professionnelles. Seule la pratique permettra cette distinction, selon l'importance que chacune des innombrables catégories, où se reflètent dans l'économie moderne les intérêts économiques, peut avoir pour l'organisation syndicale, et spécialement en tenant compte du nombre des personnos ou des associations qui y appartiennent.

B) Associations de degré supérieur.

Sous cette qualification, on entend toutes les associations qui résultent du groupement, non des employeurs ou des travailleurs, mais des associations syndicales dans lesquelles ceux-ci sont déjà réunis.

A leur tour, les associations de degré supérieur sont normalement de second degré, quand elles sont constituées directement par plusieurs associations unitaires ou de premier degré (elles sont plutôt considérées comme Fédérations pour les distinguer de celles de degré tout à fait supérieur qui sont des Confédérations); de troisième degré, quand elles sont constituées par plusieurs associations de second degré; de quatrième degré, quand elles sont constituées par plusieurs associations de troisième degré, et ainsi de suite.

a) Extension territoriale des associations de degré supérieur.

Tant les Fédérations que les Confédérations peuvent être
a) nationales, quand elles réunissent des associations unitaires ou des associations supérieures de tont le pays;
b) locales, lorqu'elles ont une circonscription inférieure (régionale, interrégionale, provinciale, etc.).

b) *Extension par catégorie des associations de degré supérieur.*

Quant à la catégorie, c'est aussi la technique syndicale qui conseillera le groupement des associations en associations de degré supérieur. Il s'agit, en d'autres termes, de délimiter l'ampleur des branches de la production.

La loi s'est toutefois préoccupée d'établir une règle pour la constitution des « Confédérations nationales », pour que la distinction entre les différentes branches de la production soit faite selon un critérium rationnel. Elle a établi que l'on peut reconnaître:

a) six Confédérations nationales pour les employeurs: 1) industriels; 2) agriculteurs; 3) commerçants; 4) entreprises de transports maritimes et aériens; 5) entreprises de transports terrestres et de navigation intérieure; 6) banques;

b) six Confédération nationales pour les travailleurs: 1) employés et ouvriers de l'industrie; 2) employés et ouvriers de l'agriculture; 3) employés et ouvriers du commerce; 4) employés et ouvriers des transports maritimes et aériens; 5) employés et ouvriers des transports terrestres et des entreprises de navigation intérieure; 6) employés des banques.

c) una Confédération nationale des personnes exerçant les professions libérales, des artistes et des personnes ayant une activité libre.

Confédérations générales. — La loi prévoit enfin la possibilité de constituer deux Confédérations générales, une pour les employeurs et une pour les travailleurs et les personnes exerçant librement leur activité. Chaque Confédération générale devrait grouper dans son sein les employeurs et les travailleurs de toutes les catégories de la production nationale; elles constituent les associations du degré le plus élevé, celles qui sont au sommet de l'échelle des hiérachies syndicales.

Jusqu'ici, ces deux Confédérations générales n'existent pas.

Associations de caractère spécial. — Le processus de fédération des associations syndicales n'était ni simple ni facile. Il pouvait surgir des doutes sur la manière d'encadrer les associations de caractère tout à fait spécial ou autonome, relativement à celles des employeurs et des travailleurs.

Le doute a surgi pour les directeurs techniques et administratifs, pour les autres chefs de bureau ou de service ayant des fonctions analogues, et, en général, pour les agents et les employés fondés de pouvoirs.

6.

La loi elle-même dispose que les associations autonomes constituées par ces personnes doivent adhérer aux fédérations d'associations d'employeurs, avec lesquelles elles ont de plus grandes affinités qu'avec les travailleurs.

Le même état de choses a été établi par la loi pour les associations d'artisans de petits commerçants, d'employés de commerce, de propriétaires et de fermiers cultivateurs directs; celles-ci aussi doivent adhérer aux fédérations d'employeurs.

Les organisations libres de métayers doivent adhérer par contre aux associations de degré supérieur des travailleurs.

Associations d'entreprises coopératives. — Quant aux associations libres d'entreprises coopératives, la loi dispose que celles-ci constituent des fédérations nationales particulières selon la branche de production à laquelle elles appartiennent, et indépendantes, par conséquent, des fédérations d'employeurs et de travailleurs.

Ces fédérations, au contraire, ne pourront pas constituer à leur tour des confédérations propres et autonomes, mais devront adhérer:

a) quant à la règlementation juridique du contrat de travail, aux Confédérations nationales d'employeurs ou de travailleurs, selon leur nature et le mode de fonctionnement des coopératives affiliées. La différence qu'il peut y avoir entre les coopératives de production pour la construction de maisons, etc., et les petites coopératives de consommation, est bien claire. Les premières et non les secondes peuvent en effet, être reconnues comme entreprises ayant le caractère d'employeurs, ce qui est indispensable, en raison de la nette distinction exigée par l'organisation des associations de premier degré;

b) relativement aux autres devoirs que la loi assigne aux syndicats, c'est-à-dire au devoir d'assistance, d'enseignement et d'éducation, d'encouragement et perfectionnement de la production, les coopératives dépendent de l'« Ente nazionale per la cooperazione » (institut créé justement pour l'encouragement et la protection du mouvement coopératif dans le pays), qui aura vis-à-vis d'elles tous les pouvoirs et toutes les fonctions que la loi syndicale assigne aux Confédérations à l'égard des fédérations syndicales adhérentes.

Associations des professions libérales. — Enfin, ceux qui exercent des professions libérales, et dont l'encadrement doit avoir lieu en associations séparées, trouvent dans l'organisation syndicale une hiérarchie propre, indépendante des employeurs et des travailleurs et ayant pour organe le plus haut la Fédération nationale des professions libérales et artistiques.

c) *La reconnaissance légale des associations de degré supérieur.*

Les associations syndicales de degré supérieur aussi – Fédérations locales et nationales, Confédérations locales et nationales, Confédérations générales – doivent, comme les associations de premier degré, être reconnues par l'Etat et cette reconnaissance constitue une condition essentielle pour leur existence juridique. Elles sont donc des personnes juridiques comme les associations de premier degré.

La reconnaissance d'une association de degré supérieur produit aussi mécaniquement la reconnaissance de toutes les associations de degré inférieur qu'elle groupe, sans que l'État doive reconnaître individuellement ces dernières.

d) *Vie intérieure des associations de degré supérieur.*

L'organisation et l'administration des associations de degré supérieur doivent obéir aux règles exposées ci-dessus pour l'organisation et l'administration des associations unitaires.

La seule différence, c'est que, tandis que celles-ci groupent des individus ou des organisations particulières, les associations de degré supérieur groupent d'autres associations et n'ont aucun pouvoir sur les organisations constituant le noyau de ces associations.

Pour les associations de degré supérieur, les règles pour la gestion et les pouvoirs des Conseils directeurs sont déterminées aussi par les Statuts; le Conseil directeur est présidé par le Président ou le Secrétaire, qui a la direction et la représentation de l'association.

Pour celles-ci sont aussi obligatoires les dépenses pour l'organisation syndicale, pour l'assistance économique et sociale, pour l'assistance morale et religieuse, pour l'éducation nationale et pour l'enseignement professionnel. Cette action incombe d'ailleurs aux associations dépendantes.

La constitution du fonds de garantie pour les obligations assumées par les associations et découlant de contrats collectifs de travail stipulées par elles, est aussi obligatoire.

Comme personnes juridiques, les associations de degré supérieur aussi peuvent posséder des biens, qui constituent leur patrimoine et peuvent succéder dans les biens d'associations auxquelles elles se sont substituées, par l'entrée chez elles de la majorité des membres des associations supprimées.

Cependant, à la différence des associations de premier degré, celles de degré supérieur ne peuvent pas imposer directement, des contributions aux employeurs et aux travailleurs; mais les associations (unitaires ou de degré inférieur) qui appartiennent à l'association de degré plus élevé, doivent à celle-ci une quote-part, fixée par le Ministère des Corporations, des contributions à elles versées par les travailleurs et les employeurs inscrits. En outre les statuts peuvent prescrire des contributions supplémentaires à la charge des associations adhérentes en faveur des associations de degré supérieur.

Aucune contribution n'est due, par contre, à l'État par les associations de degré supérieur.

En cas de dissolution ou de révocation d'une association, l'autorité publique nomme, comme pour les associations unitaires, un liquidateur qui pourvoit à la réalisation de l'actif et à l'extinction du passif. Le patrimoine net, résultant de la liquidation, est dévolu à l'association de degré supérieur dont dépend l'association dissoute, et, à défaut de cette dernière, à des œuvres d'assistance, d'enseignement et d'éducation au bénéfice des catégories d'employeurs et de travailleurs par qui l'association était constituée.

e) *Pouvoirs des associations de degré supérieur.*

Les associations de degré supérieur ont naturellement, elles aussi, les pouvoirs propres aux associations reconnues:

1) *Pouvoirs d'édicter des règles sur les conditions du travail.* Ces pouvoirs s'exercent en particulier :

a) par la stipulation directe de contrats collectifs de travail, lorsqu'il s'agit de contrats qui lient des catégories d'employeurs ou de travailleurs plus larges que celles qui constituent les différentes associations adhérentes de degré inférieur;

b) par l'autorisation préalable à la stipulation, de la part des associations dépendantes, de contrats collectifs de travail de la compétence de ces dernières, et, en général, par le contrôle et par la surveillance des associations dépendantes, ainsi que par les directives à leur donner dans la conclusion de contrats de travail;

c) éventuellement, et plus précisément avec le consentement des associations de premier degré qui y sont inscrites, les associations de degré supérieur des employeurs peuvent intervenir dans la gestion administrative, technique et commerciale des entreprises qui dépendent de ces dernières, dans le but de réglementer la production selon les directives des organes centraux de liaison, c'est-à-dire des Corporations. Cela peut se produire, par exemple, lorsqu'il est nécessaire, pour l'amélioration de telle ou telle industrie, d'introduire et de répandre dans les exploitations qui s'y consacrent, les systèmes de l'organisation scientifique du travail;

d) par la conciliation des différends collectifs du travail qui intéressent les associations dépendantes. En effet, le recours à la Magistrature du Travail n'est pas possible si, auparavant, la Fédération ou la Confédération dont les associations en litige dépendent (ou bien la Corporation compétente), n'ont pas tenté de composer amicalement le litige et que cette tentative n'ait pas réussi;

2) *Pouvoirs en matière tributaire.* — Ces pouvoirs peuvent être exercés seulement à la charge des associations de degré inférieur et non des différents producteurs syndiqués.

3) *Pouvoirs en matière de discipline.* — Les associations de degré supérieur ont pour tâche de maintenir la discipline syndicale dans les associations qui en dépendent, mais elles n'ont pas des pouvoirs analogues sur les travailleurs ou employeurs. Ces pouvoirs reviennent exclusivement aux associations de premier degré. Ces dernières sont cependant responsables vis-à-vis des associations de degré supérieur de la façon dont elles exercent ces pouvoirs.

4) *Pouvoirs de contrôle administratif.* — Ces pouvoirs sont caractéristiques des associations de degré supérieur. La loi prévoit en effet que le Gouvernement peut leur déléguer, en tout ou en partie, l'exercice de la protection et de la vigilance qui incombe au gouvernement lui-même, en ce qui concerne les associations de premier degré.

5) *Pouvoirs politiques.* — Les associations reconnues concourent à la formation du Parlement national en proposant des candidats. Ces propositions sont faites par les associations du degré le plus élevé.

f) *Contrôle de l'État*

Les associations de degré supérieur sont soumises, de la même manière que celles de premier degré, à la vigilance et à la protection de la part du Préfet ou du Ministère des Corporation, selon qu'elles ont une juridiction sur la Province ou sur une zone plus étendue, sans exclure aucune des règles qui, dans la même matière, régissent les associations unitaires.

6. — LES RÉSULTATS DE L'ENCADREMENT SYNDICAL.

L'application des règles exposées ici de façon succincte a eu jusqu'aujourd'hui pour résultat une intense activité syndicale, spécialement dans le but de couler dans le moule des lois toute la matière sociale en incandescence dès différentes catégories du travail, c'est-à-dire toute la vie de la Nation. Il s'agissait non pas de créer un pesant ensemble de syndicats en lutte avec les exigences réelles de l'économie italienne, mais bien de faire en sorte qu'un syndicat reconnu légalement correspondît à une force vive et reconnue de la production. On peut dire que ce but est atteint. La structure juridique de l'organisation syndicale embrasse donc bien toutes les activités des différentes catégories de la production, définies quant à leur matière et délimitées quant à leur importance. On peut être sûr de la sorte que la voix authentique et vraie du travail italien, en désignant par là l'ensemble des travailleurs réunis dans l'effort de la production sans division de classe, se fera entendre dans toute sa puissance, moyennant l'organisation légale des syndicats et des Confédérations.

Des forces imposantes, ainsi qu'il résulte des tableaux annexés à ce volume, sont déjà entrées dans les organisations et y entrent chaque jour davantage. Soit dans les grandes Confédérations des employeurs et dans les associations de degré inférieur adhérentes à la Confédération, pour les grandes branches de production (industrie, agriculture, commerce, transports, banques), soit dans les Confédérations des travailleurs (travailleurs de l'industrie, de l'agriculture, du commerce, des transports, des employés de banque et des intellectuels), ainsi que dans les syndicats provinciaux de catégorie, on a déjà un ensemble statutaire presque complet, qui organise toutes les activités du travail sans exception.

A côté de l'encadrement syndical proprement dit, on a la série des associations autorisées, c'est-à-dire des associations nationales fascistes du personnel dépendant de l'Etat (cheminots, employés des postes, télégraphes et téléphones, receveurs postaux et agents ruraux, école primaire, encaisseurs et receveurs des impôts, receveurs de l'octroi, employés publics, personnes appartenant à des entreprises industrielles de l'Etat, et ainsi de suite).

L'encadrement de la population active de l'Italie dans les diverses associations professionnelles est achevé. Ce sont là plus de vingt millions de producteurs que l'encadrement syndical comprend, soit directement, en tant qu'inscrits dans les syndicats juridiquement reconnus, soit indirectement, par le fait que ces syndicats représentent légalement toute la catégorie, y compris les personnes non inscrites au syndicat reconnu.

La proportion d'un dixième par les membres inscrits aux différentes catégories des employeurs ou des travailleurs a été dépassée pour une bonne partie de ces dernières. Parfois même l'unanimité a été réalisée. La situation syndicale en Italie offre un spectacle de forces qui se disciplinent toujours davantage.

Et cela, même s'il peut y avoir quelque doute en ce qui concerne le degré de développement atteint par les différentes organisations syndicales dans cette première période de réalisation de la loi sur la réglementation juridique des rapports collectifs du travail et même si l'on peut faire quelques réserves sur l'intensité et la profondeur spirituelles qui animent les particuliers et les masses dans leur adhésion au système syndical.

L'afflux des éléments de la production et du travail des différentes associations syndicales n'a pas un rythme uniforme dans toute la Péninsule; d'autre part, il n'est pas typiquement différencié en vastes zones. Il semble plutôt subir l'influence de tendances professionnelles ou de situations plus particulièrement locales; les unes ont leur source dans des raisons constitutionnelles de caractère économique et social, les autres dans des phénomènes contingents de la vie locale et dans la capacité d'organisation. Il n'est pas douteux que, dans le domaine industriel, soit pour les employeurs, soit pour les travailleurs, les tendances à s'associer sont beaucoup plus développées que dans les autres domaines de la production, c'est-à-dire dans l'agriculture et dans le commerce. Ainsi, l'on contate une facilité plus grande à adhérer aux organisations syndicales chez les populations du Nord que chez celles du Midi, moins avancées au point de vue industriel.

On peut cependant affirmer que l'assiette corporative une fois consolidée et que les organes de représentation fonctionnant avec efficacité au sein des différentes organisations, les associations syndicales deviendront ce qu'elles doivent être, l'expression authentique des intérêts sociaux italiens et des centres de vie organisée. La puissance de cohésion du système s'est pleinement révélée, et ce système semble répondre aux exigences de la vaste et profonde réforme italienne.

NOTES.

I. — Pour donner un exemple de la façon *dont les associations syndicales entendent accomplir leurs devoirs, non seulement de défense des intérêts des catégories, mais de protection et d'accroissement de l'économie en général,* rappelons les règles principales imposées par la Confédération générale de l'Industrie aux Fédérations de catégorie qui dépendent d'elle.

Comme prémisses à ces règles, les associations de degré supérieur rappellent aux associations dépendantes que l'activité des Fédérations industrielles nationales doit essentiellement se déployer dans le domaine économique, les questions de caractère syndical étant, en grande partie, réservées aux Unions territoriales de la Confédération générale. C'est pourquoi les Confédérations nationales doivent se vouer plus particulièrement aux autres innombrables problèmes qui sont propres à chaque branche de l'industrie et dans lesquels elles peuvent, sans étouffer l'initiative industrielle, mais au contraire en la stimulant et en la mettant en valeur, accomplir une œuvre très importante d'orientation et d'encouragement. Il faut que les Fédérations se rappellent sans cesse qu'elles ont une fonction très importante à remplir pour aider au développement et au perfectionnement des industries que chacune d'elles représente. Elles doivent, par conséquent, devenir des centres d'attraction et de collaboration des industriels et ne pas se limiter à examiner et à résoudre les problèmes qui leur sont soumis, mais travailler activement à signaler aux industriels les autres problèmes d'ordre technique et d'organisation qui les regardent directement, et dont la solution dépend de leur initiative et de leur compétence particulières.

Voici les tâches principales réservées aux Fédérations de catégories:

1) Les Fédérations nationales doivent se tenir au courant, à tout moment, de l'importance et de la situation de l'industrie ou des industries qui dépendent d'elles, moyennant l'établissement d'une liste complète des entreprises contrôlées, et l'institution et la mise à jour périodique d'un fichier des producteurs nationaux, en faisant des recherches statistiques sur la marche des différentes industries, selon les dispositions données dans ce but par la Confédération, en suivant les manifestations les plus saillantes de la vie de chaque industrie (constitution de nouvelles maisons, transformations, fusions, liquidations, faillites des maisons existantes, constructions et agrandissements d'installations, fermeture d'établissements industriels, variations dans le nombre des ouvriers occupés, marche des importations de matières premières et des exportations de produits manufacturés, etc.). Par des contacts utiles pour obtenir des renseignements, ainsi que par correspondance avec les principales personnalités de l'industrie, afin de se rendre compte de façon concrète de ce que les données statistiques ne révèlent pas ou ne révèlent pas à temps, elles pourront avoir la sensation de l'approche d'un changement de la situation générale, que cette dernière devienne moins bonne ou meilleure et, en même temps, acquérir la connaissance des situations particulières et des problèmes spéciaux qui mériteraient d'être pris en considération, en vue d'un jugement sur la situation de chaque industrie.

2) Une autre tâche fondamentale à laquelle les Fédérations nationales doivent consacrer leur activité, c'est l'étude des problèmes qui con-

cernent l'industrie ou les industries de leur compétence, dans le domaine douanier, fiscal, des transports, du crédit et de la législation industrielle.

3) Les Fédérations nationales industrielles doivent vouer une attention particulière à tout ce qui concerne la situation de l'industrie par rapport aux industries étrangères concurrentes, aussi bien sur le marché intérieur que sur le marché international. Pour cela, elles doivent non seulement suivre la marche des échanges commerciaux avec l'extérieur des produits intéressant la ou les activités de leur compétence, mais aussi s'outiller de façon à pouvoir suivre le développement des industries étrangères similaires de même que leur organisation technique, commerciale et financière, et signaler, le cas échéant, les dangers qui se dessinent à l'horizon, et susceptibles d'affecter la position de notre industrie sur le marché intérieur et sur les principaux marchés étrangers, ainsi que les possibilités qui s'ouvrent devant elle, pour une activité féconde particulièrement dans le domaine de l'exportation.

Il faut, à ce propos, que les Fédérations industrielles étudient avec un intérêt particulier l'état de l'organisation de la production et du commerce dans l'industrie italienne, spécialement en ce qui concerne l'exportation, dans le but d'en faire ressortir les défauts ainsi que de suggérer les remèdes possibles, en se servant, le cas échéant, de l'expérience des principaux pays industriels.

Elles doivent également contribuer à la solution du problème extrêmement important de la réduction des prix de revient en étudiant aussi avec soin la possibilité d'accords entre les diverses entreprises industrielles, dans le but de réaliser une meilleure coordination et une plus grande spécialisation des différentes activités productrices, et une organisation meilleure et plus économique dans le domaine commercial, surtout aux fins de l'exportation.

4) En cas de conflits d'intérêts ou de points de vue entre les diverses catégories qui composent une même Fédération nationale, cette dernière s'emploiera à les résoudre à l'amiable, dans l'intérêt supérieur de la production et de l'économie générale du pays.

Dans le même but, lorsque naîtront des conflits d'intérêts entre les industries faisant partie de Fédérations différentes, ces dernières auront soin d'en aviser la Confédération qui établira les contacts nécessaires pour examiner la possibilité d'arriver à un accord.

Les tâches énumérées ci-dessus n'épuisent pas entièrement l'activité des Fédérations nationales, mais ce sont celles auxquelles les Fédérations doivent en ce moment consacrer avant tout leur activité.

Dans l'accomplissement de leurs tâches, les Fédérations doivent toujours se souvenir que leur action sera d'autant plus efficace et appréciée qu'elles auront une organisation plus souple et, par conséquent, plus éloignée de toute déformation bureaucratique.

* * *

II. — Nous donnerons maintenant un exemple de *statut syndical*. C'est le projet approuvé en décembre 1928 par les Confédérations des syndicats des travailleurs de l'agriculture, de l'industrie, du commerce, de la banque, des transports maritimes et des transports terrestres, ainsi que par la Confédération des syndicats des personnes exerçant des professions libérales et des artistes.

Constitution et buts. — Le siège de chaque Confédération est à Rome. Chaque Confédération nationale de syndicats fascistes de travailleurs est constituée par les organisations syndicales de chaque catégorie et activité manuelle, technique et administrative. Le nombre de ces organisations syndicales sera établi par le Directoire de chaque Confédération. Les délibérations devront être approuvées par le Ministère des Corporations. Chaque catégorie peut être organisée en syndicats communaux, provinciaux, interprovinciaux et nationaux distincts. Les diverses associations sont reliées entre elles de la manière que le Directoire jugera opportune aux fins de l'encadrement syndical, et avec l'approbation du Ministère des Corporations. Chaque Confédération est régie par un Directoire composé de représentants des organisations nationales de la catégorie et d'un représentant de l'Association nationale des mutilés et invalides de guerre. Chaque Confédération se propose: *a*) d'utiliser le mieux possible la main-d'œuvre et les capacités professionnelles en se conformant naturellement aux dispositions légales sur la réglementation nationale de la demande et de l'offre de travail; de procurer du travail aux chômeurs, en considérant le chômage comme un problème à résoudre par des moyens techniques et par les migrations intérieures; *b*) d'assurer aux travailleurs une rétribution équitable moyennant des contrats collectifs de travail; *c*) d'assister les travailleurs dans les différends qui naissent entre eux et les employeurs et qui, de l'opinion des organes syndicaux, doivent être résolus selon l'équité; *d*) de préconiser le développement et de seconder l'application des lois sur le travail et sur la prévoyance; *e*) de répandre parmi les travailleurs l'enseignement technique et général par des conférences, des écoles professionnelles, l'utilisation des loisirs, etc.; *f*) de recommander aux travailleurs la constitution de coopératives et d'entreprises auxquelles prendre part, lorsqu'elles se présentent comme un moyen d'amélioration morale dans l'intérêt de la production et de la consommation et comme écoles de capacité productrice.

Les contrats collectifs de travail stipulés par les associations de degré inférieur doivent être préalablement autorisés par les Confédérations qui pourront, en tout moment, s'attribuer de plein droit, l'examen des questions syndicales en discussion auprès des associations dépendantes, et qui, à leur avis, ont une importance particulière pour l'intérêt général. Dans tous les cas, les contrats stipulés par les associations de degré inférieur devront, pour être valables, être ratifiés par la Confédération.

Les fonctions spécifiques des Confédérations, comme organes de direction de toutes les catégories organisées qui la composent, sont: *a*) la propagande des principes fondamentaux du syndicalisme fasciste; *b*) la conciliation des intérêts des diverses catégories; *c*) la solution des différends qui naissent entre les organes syndicaux adhérents; *d*) le contrôle sur la constitution, le fonctionnement et l'action des organes dépendants.

Les organes des Confédérations. — Sont organes des Confédérations: *a*) le Congrès national; *b*) le Directoire national; *c*) la Présidence.

Le Congrès national est constitué par les délégués des organismes de catégorie, provinciaux et interprovinciaux, désignés par chaque Congrès, à proportion du nombre des représentants de chaque association et conformément aux prescriptions des Statuts des associations elles-mêmes. Participent de droit au Congrès, le Président, les membres du Directoire national de la Confédération et les dirigeants des Unions et des Syndicats nationaux.

Dans la règle, le Congrès sera convoqué tous les trois ans, mais dans des cas extraordinaires, il pourra être convoqué avant l'échéance de ce délai lorsque le Directoire, d'accord avec la Présidence, l'estiment nécessaire ou sur la demande d'un tiers au moins de ses membres.

La convocation du Congrès est faite par le Directoire national, d'accord avec la Présidence. Les statuts établissent aussi les règles pour les votes et la validité des délibérations: a) les délibérations sur les questions les plus importantes, concernant l'ensemble des rapports entre les différentes catégories, touchant les problèmes de la technique, de la production et des contrats des catégories appartenant à la Confédérations; b) l'approbation des comptes-rendus généraux et financiers et la nomination de cinq reviseurs. Le budget de la Confédération doit être soumis chaque année à l'examen des reviseurs dont les rapports seront communiqués annuellement pour un examen et pour les observations éventuelles aux organisations nationales, interprovinciales et provinciales composant la Confédération; tous les trois ans, ces rapports seront soumis à l'approbation du Congrès national; c) pour la proposition des candidats politiques prévue par la loi sur la représentation nationale.

Le Directoire national est composé des représentants des organisations nationales de catégorie et d'un représentant de l'Association nationale des mutilés et invalides de guerre.

Le Directoire national a pour tâche: a) d'assurer l'exécution des délibérations du Congrès; b) de s'assurer de la réalisation du programme contenu dans le Statut; c) d'arrêter le budget de la Confédération et de régler l'administration de la Confédération et des organismes dépendants; d) de convoquer, d'acord avec le Président, les Congrès nationaux.

Le Président de la Confédération est désigné par le Congrès national sous réserve d'approbation, conformément aux dispositions légales.

Le Président reste en charge trois ans et peut-être réélu. Dans le cas d'un retard dans la convocation du Congrès national, le Président reste en charge jusqu'à la date de la convocation.

Le Président a la représentation de la Confédération vis-à-vis des tiers; il ratifie la nomination des dirigeants faite par les Congrès des organisations provinciales, interprovinciales et nationales de catégories appartenant à la Confédération et désigne les représentants des organisations elles-mêmes, dans tous les corps ou organes où une représentation des travailleurs de la catégorie serait requise.

Le statut de la Confédération des syndicats fascistes des personnes exerçant une profession libérale et des artistes, diffère quelque peu des statuts des autres Confédérations, en ce qui concerne le buts de la Confédération. Ce statut prévoit en effet que la Confédération se propose a) d'utiliser le mieux possible les capacités professionnelles et de procurer du travail aux chômeurs; b) d'assurer à ses membres la défense de leur production artistique et de leur activité professionnelle; c) d'assister ses membres dans les différends qui surgissent dans l'exercice de leur activité et qui, au jugement des organismes syndicaux, doivent être résolus selon l'équité; d) de pourvoir, conformément aux lois en vigueur, à la mise en valeur et à la sauvegarde des titres d'étude relatifs aux professions et aux arts, en étendant cette protection à ceux qui, munis de ces titres et du fait de leur activité, ne seraient pas encadrés dans les syndicats de la Confédération, en prenant, dans ce cas, des accords avec l'association syndicale ou avec l'association autorisée à laquelle ils appartiennent; *e*) de préconiser le développement et de seconder l'application des lois de protection et de prévoyance; *f*) d'améliorer la culture technique et générale par des conférence, des expositions, etc.

CHAPITRE V.

LA RÉGLEMENTATION JURIDIQUE
DU CONTRAT COLLECTIF DE TRAVAIL

C'est le premier corollaire de la réglementation juridique des associations professionnelles. Ce n'est pas sans raison que la législation syndicale italienne s'inspire des rapports collectifs du travail. Ceux-ci sont, par l'ordre logique et chronologique, l'objet principal de la réforme sociale italienne. Il s'agit de remplacer dans les rapports entre capital et travail, l'anarchie et la lutte par l'ordre et la justice. Le principe fondamental de la réforme est, par conséquent, celui du syndicat unique autorisé et représentant légal de toute la catégorie professionnelle, qui seul peut assurer l'unité de la stipulation de contrats dans toutes les circonscriptions territoriales. Cette unité ne pourrait pas être réalisée dans un régime d'anarchie syndicale ou seulement de pluralité des syndicats reconnus.

1. — FONCTIONS SOCIALES ET ÉCONOMIQUES
DU CONTRAT COLLECTIF DANS LE SYSTÈME ITALIEN.

Dans l'esprit de la réforme italienne, le contrat collectif est l'expression de la solidarité entre les divers éléments de la production. C'est l'instrument de la justice distributive. Partant de positions en antagonisme dans la lutte des classes, il transforme cet antagonisme en accords légaux.

Un réseau extrêmement serré de contrats collectifs règlemente tous les types de rapports de travail, créant partout et définitivement l'accord, là où précédemment dominait le conflit.

Cette force est la plus grande conquête qu'ait réalisée l'idée syndicale: chaque « profession » doit aujourd'hui, en Italie, se donner, elle-même, par les contrats collectifs, sa propre loi et la faire observer. C'est dans cette force que réside la garantie de l'ordre, de la discipline et de l'harmonie des rapports entre capital et travail. Les rapports entre patrons et ouvriers ne sont plus abandonnés à l'arbitraire du plus fort, et ils ne trouvent plus l'individu isolé et sans défense, mais ils acquièrent, grâce aux contrats collectifs de travail, une réglementation constante et minutieuse, non pas imposée, mais discutée, établie et rendue inviolable par les intéressés eux-mêmes.

La réforme sociale italienne *rend obligatoire la stipulation de contrats collectifs de travail*, pour toutes les branches de l'activité économique de la nation; elle exige par ces contrats un minimum de garanties pour la protection de la main d'œuvre; elle étend cette garantie à des groupes qui, s'ils étaient abandonnés à eux-mêmes, en seraient exclus. Faisant du contrat collectif une véritable loi professionnelle obligatoire, elle en renforce et généralise le contenu, jadis limité aux résultats partiels d'une lutte syndicale inégale.

Le contrat collectif de travail est un instrument d'élévation sociale et de progrès économique. Il soustrait l'ouvrier à l'arbitraire du patron et à l'exploitation des intermédiaires. Il lui assure des garanties qui l'élèvent spirituellement et socialement, en lui donnant la certitude de ses droits et de ses devoir. Tout contrat collectif de travail, selon le système italien, doit contenir, sous peine de nullité, des règles précises sur les rapports disciplinaires, sur la période d'essai, sur la mesure et sur le paiement du salaire, sur l'horaire de travail, etc.

Bien plus, selon le principe de la Révolution fasciste, le contrat collectif est le gage de la collaboration et de la participation consciente du travailleur à la vie de la production. Il en est d'autant plus stimulant pour l'initiative des producteurs et pour l'amélioration technique de la production.

La proclamation du caractère juridique obligatoire général du contrat de travail équivaut, spécialement pour l'Italie, où le mouvement syndical était arriéré et inégal, à une profonde transformation sociale. Il constitue un des principaux postulats du mouvement syndical à l'étranger.

Jadis en Italie, comme aujourd'hui encore presque partout, les rares contrats de travail étaient le résultats de longues luttes syndicales, de grèves hargneuses et même de violences. Il était naturellement difficile de faire respecter ces compromis conclus avec des réserves mentales et avec l'espoir inavoué d'une revanche. Bien plus, ces contrats concernaient cette catégorie restreinte, ce petit groupe ouvrier du grand centre industriel du Nord, où la lutte s'était engagée.

Aujourd'hui, au contraire, l'organisation nationale étant juridiquement reconnue, la stipulation du contrat collectif étant rendue obligatoire, ce contrat ayant la valeur d'une loi professionnelle, les meilleures conditions de travail et le meilleur traitement du travailleur se généralisent dans le sens horizontal et dans le sens vertical. C'est là une chose de grande importance économique, parce qu'elle réalise l'uniformité du traitement du travail et parce que, du fait de son caractère obligatoire à l'égard des tiers, elle obtient l'important résultat de supprimer la concurrence au préjudice des offres de main-d'œuvre et au préjudice également de l'entreprise. Mais c'est aussi une chose d'une immense portée politique et sociale pour l'élévation des grandes masses de la population, surtout de celles du Midi de l'Italie. Même un contrat d'engagement des bergers, qui exercent une activité économique véritablement primitive, s'est étendu récemment du Latium et des Abruzzes à toutes les régions de l'Italie, y compris celles du Midi.

L'importance sociale du contrat collectif de travail dans le système fasciste réside précisément dans cette extension *ex lege* du contrat à toute une catégorie professionnelle, pour toute une zone extrêmement vaste, nationale ou régionale. Elle réside dans l'*obligation* de réglementer les rapports de travail entre les catégories productives par des contrats collectifs, obligatoires également pour les tiers, avec la garantie que seront conciliés - ce qui ne peut se faire que par le contrat collectif de travail − les intérêts opposés des patrons et des travailleurs et qu'ils seront subordonnés aux intérêts supérieur de la production.

Dans un régime de syndicalisme pur, l'organisateur cherche, dans la stipulation des contrats, à faire triompher les besoins particuliers de la masse qu'il représente. Or, si un syndicat compte mille ouvriers, il en existe d'autres milliers en dehors du syndicat. Ceux-ci ont également le droit d'être protégés, comme doivent être protégés les intérêts de la production en général. Et voilà qu'alors le contrat collectif ne représente plus une volonté exprimée par les seuls membres d'un syndicat, mais bien une volonté qui est dans la substance même d'une catégorie professionnelle, et un intérêt qui est de toute une branche de la production.

Aucune législation n'a osé, comme la législation italienne, établir l'extension obligatoire, de par la loi, du contrat collectif aux tiers. De ce fait, dans le système italien, le contrat collectif déborde de la sphère du droit privé et entre dans le domaine du droit public spécial.

2. — NATURE DU CONTRAT COLLECTIF DE TRAVAIL SELON LA RÉFORME ITALIENNE.

Le caractère distinctif de la réglementation italienne des contrats de travail réside dans le fait qu'elle est courageusement allée au delà même de cette conquête extrême que représente, dans le monde du travail, le remplacement lent, graduel, conquis de haute lutte, du simple contrat individuel par le contrat collectif considéré comme règle professionnelle générale.

Ainsi qu'on le sait, le contrat de travail peut intervenir entre un seul travailleur et un seul employeur et l'on dit alors qu'il y a contrat de travail individuel; il peut, au contraire, intervenir entre un groupe de travailleurs et un groupe d'employeurs et l'on dit alors qu'il s'agit d'un contrat de travail collectif. Mais, dans un cas comme dans l'autre, il contient l'obligation réciproque des contractants, pour les uns, de fournir le travail, et, pour les autres, de le rétribuer. Nous n'en sommes donc pas encore au véritable contrat collectif de travail. Celui-ci est, au contraire, l'accord entre une association de travailleurs et une association d'employeurs (ou un employeur unique) sur les conditions auxquelles on doit modeler les contrats de travail particuliers stipulés ou à stipuler entre ceux qui appartiennent aux catégories représentées par les associations stipulantes.

Dans le contrat collectif ainsi conçu, l'engagement de la part des contractants de fournir et de rétribuer le travail fait défaut; ceux qui le stipulent peuvent s'abstenir de l'échange, puisqu'ils n'y sont pas encore obligés; cette obligation ne résulte que des «contrats de travail» particuliers proprement dits, qui devront observer les conditions établies par le contrat collectif. Donc, plus qu'un contrat de travail, le contrat collectif est l'ensemble des règles générales auxquelles – par un accord entre les parties – doit se conformer toute une catégorie professionnelle dans la stipulation des contrats de travail. C'est presque une loi professionelle conclue par les contractants, qui établit les modalités et les conditions auxquelles les contractants eux-mêmes et ceux qui appartiennent aux catégories par eux représentées, pourront réciproquement conclure la prestation du travail sans possibilité de dérogation.

Cette conception du contrat collectif de travail est tout à fait récente, et n'est pas acceptée partout par la législation, à cause de la résistance qu'y opposent les forces patronales.

Tant que les patrons employaient de petits groupes d'ouvriers qui vivaient en contact constant avec eux et dans une atmosphère de collaboration, le besoin d'établir des règles obligatoires générales pour les contrats de travail ne pouvait pas se faire sentir. Mais, lorsque les entreprises prirent d'énormes proportions, que leur personnel représenta de véritables masses, et que la main d'œuvre commença à surabonder, les travailleurs se trouvèrent dans une condition d'infériorité vis-à-vis des employeurs poussés par la concurrence à profiter de leur supériorité et à imposer au travail, considéré comme une marchandise, des conditions vexatoires.

Devant la résistance croissante des masses ouvrières, on chercha à éliminer l'infériorité où le travailleur se trouvait vis-à-vis de l'employeur, au moment de fixer les conditions de travail. C'est alors que l'on pensa à un système qui obligerait les contractants à s'inspirer pour leurs contrats de la justice et de l'équité.

Les premières tentatives du genres furent des concordats de tarif et de fabrique, dans lesquels on établissait des conditions de travail communes à tous ceux qui étaient employés dans telle ou telle entreprise déterminée et à tous ceux qui, même par la suite, y travailleraient.

On en était déjà ainsi au « contrat collectif de travail ». Mais il fallait amplifier la portée des ententes particulières au delà du domaine de l'entreprise particulière, pour l'étendre à toute une catégorie professionnelle. En effet, étant donné que ces contrats ne pouvaient pas, dans la détermination des conditions de travail, ne pas tenir compte de la situation spéciale de l'entreprise, il s'ensuivait des inégalités de traitement entre travailleurs et travailleurs employés à la même branche de production, selon qu'ils appartenaient à telle ou telle entreprise. Si l'entreprise prospère pouvait rétribuer son personnel par de hauts salaires, cela était impossible aux autres entreprise moins fortes. Ce n'est pas tout: la protection des ententes de tarif ne s'exerçait qu'en faveur des travailleurs employés dans les établissements pour lesquels l'entente existait; les autres restaient abandonnés à eux-mêmes.

De la sorte, on en arriva rapidement à la conclusion de contrats collectifs qui déterminaient les conditions de travail pour toutes les exploitations de la même espèce existant dans une zone donnée. L'extension des conventions collectives de travail à une sphère territoriale plus vaste fut du reste notablement favorisée par les employeurs eux-mêmes, afin de rendre uniforme pour toutes les fabriques le coût de la main d'œuvre, et pour éliminer ainsi un des éléments les plus importants de la concurrence.

Aujourd'hui, le contrat collectif de travail domine les rapports entre employeurs et travailleurs et, presque dans tous les pays, il est à la base des conventions qui règlent les conditions du travail dans la plus grande partie de la production.

Un contrat d'une telle importance sociale et économique ne pouvait pas rester longtemps ignoré de la législation des pays modernes, et cela d'autant plus que les règles valables pour le contrat de travail individuel ne tardèrent pas à démontrer qu'elles étaient plus propres à réduire l'efficacité du contrat collectif qu'à l'aider dans son application.

En effet, le régime juridique des contrats en général, quels qu'ils soient, visant le travail ou d'autres objets, limite leur efficacité aux personnes qui les ont stipulés, et pour qu'ils puissent s'étendre à d'autres, il faut que ces dernières aient confié aux stipulants la tâche précise de contracter pour leur compte. C'est là un principe fondamental du régime juridique contractuel.

D'autre part, le contrat collectif de travail, pour qu'il puisse atteindre pleinement les buts pour lesquels il a été créé, doit pouvoir étendre son efficacité à toute une catégorie professionnelle, c'est-à-dire, à une masse de personnes qui, non seulement pour la plupart n'interviennent pas dans la stipulation, mais dont on ne peut même pas dire qu'elles aient ou qu'elles puissent avoir chargé les stipulants de contracter pour elles.

L'intervention législative, qui modifie, pour les contrats collectifs de travail, les règles du droit commun, est donc absolument nécessaire et, depuis longtemps, quelques pays y ont pourvu. Mais dans le plus grand nombre des cas, ils sont encore loin de la disposition législative propre à assurer à ces contrats la plénitude de l'efficacité qu'ils doivent nécessairement posséder, c'est-à-dire l'efficacité qui lie toute la catégorie professionnelle.

En définitive, le problème se confond avec celui de la représentation des associations professionnelles. C'est à elles qu'il appartient de stipuler les contrats collectifs de travail, mais tant qu'elles ne seront pas en mesure de pouvoir représenter toute la catégorie professionnelle et de la représenter au point de pouvoir obliger tous ses membres, qu'ils soient ou non inscrits au syndicat, à observer les clauses du contrat collectif, le problème ne sera pas résolu.

C'est pourquoi la législation italienne sur la réglementation des associations professionnelles constitue la base la plus logique et le gage le plus sûr de la plus grande extension de la réglementation du contrat collectif de travail. Elle a pu, non seulement donner

7.

aux associations professionnelles reconnues la représentation légale exclusive des intérêts de toute une catégorie professionnelle, mais elle a donné à celle-ci le pouvoir également exclusif de stipuler des contrats collectifs liant « tous ceux qui appartiennent à la même catégorie ». Toute difficulté et toute incertitude ont donc été définitivement éliminées par la loi italienne, et l'on peut désormais dire *que le contrat de travail constitue, dans le système italien, la loi des conditions du travail pour les diverses catégories professionnelles.*

Le contrat collectif de travail institué par le système italien a déjà réalisé son organisation juridique et fonctionne pleinement.

Nous indiquerons brièvement ci-dessous les règles juridiques de cette forme de contrat.

3. — FORMATION DU CONTRAT COLLECTIF.

A) LA CAUSE.

Le contrat collectif de travail est caractérisé par le fait que, par son institution, on veut établir la règlementation d'un rapport collectif du travail. Il faut prendre en considération, non pas tant la portée du mot « collectif » (qui a donné lieu à de subtiles distinctions de doctrine, tandis, que, dans la pratique, *il s'explique dans l'effet obligatoire du contrat par rapport à toute une catégorie*), que l'objet du rapport lui-même: la prestation du travail. Le rapport de travail correspond au louage de travail du Code civil. On doit même plus proprement admettre que, par rapport de travail, on entend communément la *locatio operarum* par opposition à la *locatio operis*, c'est-à-dire que le contrat lie, pendant un temps et pour une entreprise déterminés, les employés et les ouvriers à leur employeur, par opposition au rapport qui existe entre l'artisan libre ou la personne exerçant une profession libérale et son commettant ou client, pour la prestation d'un travail déterminé. Mais une distinction exacte entre les éléments intrinsèques des deux rapports n'est pas toujours possible, de telle sorte que, dans l'appréciation, il faut faire prévaloir la substance sur la forme.

En effet, tandis que, par exemple, un élément matériellement distinctif de la *locatio operarum* est constitué par le fait que le travailleur d'ordinaire prête son propre travail dans l'usine ou dans l'atelier de l'entrepreneur, la Charte du travail, se conformant plus intimement à la réalité juridique, a prévu, à la déclaration XXI, *que le contrat collectif de travail peut étendre ses bénéfices et sa réglementation également aux travailleurs à domicile.*

Le contrat collectif est nul, s'il a une cause illicite, c'est-à-dire contraire à la loi, aux bonnes mœurs ou à l'ordre public.

B) Le sujet et le consentement.

Il découle des principes du système italien concernant l'unité de la représentation, que les contrats collectifs de travail, pour exercer tout leur effet vis-à-vis de tous les employeurs et travailleurs de la catégorie auxquels ils se réfèrent, doivent être stipulés par des associations professionnelles légalement reconnues. Celles-ci représentent, conformément à l'article 5 de la loi, les catégories professionnelles intéressées, en comprenant dans ces dernières, les personnes inscrites et les non-inscrites, de telle sorte que l'effet obligatoire s'étend automatiquement à l'entière catégorie représentée, dans les limites territoriales préalablement établies; d'autre part, le contrat ne limite pas expressément ses effets à une ou plusieurs entreprises déterminées (*contrats d'entreprises*). Manquent de ce caractère obligatoire général essentiel tous les contrats conclus entre deux associations de fait – c'est-à-dire ne possédant pas la représentation légale – ou entre un syndicat légalement reconnu et une association de fait, ou, enfin, entre une association légalement reconnue et un établissement particulier.

La validité et l'efficacité des contrats collectifs est subordonnée à l'existence de certaines formalités essentielles. Ces formalités concernent: 1) le consentement; 2) le contenu; 3) les formes; 4) l'approbation par l'État; 5) la publicité.

Pour la validité des contrats collectifs, il est nécessaire que les représentants des associations professionnelles intéressées à la conclusion desdits contrats donnent leur libre consentement à la stipulation et la soussignent. La personne physique qui contracte en représentation de l'association professionnelle devra être munie de pouvoirs à cet effet.

Si l'efficacité du contrat est subordonnée à l'approbation ultérieure des associations de degré supérieur, il ne sera valable que pour autant que cette approbation sera donnée. Egalement inopérant serait le contrat, si le statut d'une association de premier degré prévoyait que cette association doit obtenir préalablement l'autorisation de le stipuler et que cette autorisation manquât. Toutefois, le droit de stipuler des contrats généraux de travail appartient pleinement aux associations professionnelles de premier degré et, par conséquent, l'association intéressée pourrait obtenir du Préfet ou du Ministre des Corporations l'autorisation, qui serait refusée par les association de second degré.

C) Contenu et forme.

La loi contient plusieurs règles pour éviter que le contenu du contrat collectif soit en opposition avec sa fonction sociale. Ces règles peuvent consister en une interdiction de réglementer, par un contrat collectif, des rapports de travail déterminés (règles négatives), ou elles peuvent consister à soumettre la validité du contrat à l'existence de clauses déterminées (règles positives).

1) Les règles de caractère *négatif* sont:

a) l'interdiction de stipuler des contrats collectifs pour réglementer les rapports du travail qui sont déjà réglementés par des actes de l'autorité publique. Par exemple, les conditions des contrats de travail des ouvriers employés à des travaux donnés en adjudication par l'État sont réglés par l'administration même de l'État dans les contrats d'adjudication avec les adjudicataires de l'ouvrage;

b) l'interdiction de stipuler des contrats collectifs pour réglementer les rapports de travail concernant des services de caractère personnel et domestique. Ce seraient, par exemple, les rapports de travail existant avec les domestiques, avec les précepteurs et autres du même genre; ce sont des rapports dans lesquels dominent le caractère familial, la confiance réciproque, la sympathie personnelle et qu'un règlement général dérangerait au lieu de faciliter;

c) l'interdiction de comprendre dans le contrat collectif, des clauses qui seraient en opposition avec les dispositions de la loi pour lesquelles aucune dérogation n'est admise, c'est-à-dire avec des dispositions qui tiennent ce caractère de la législation économique et du travail, par exemple, sur la journée légale, sur le travail des enfants et des femmes, etc.;

d) les limites mêmes apportées par la loi à l'activité d'ordre général du syndicat, et qui correspondent à des prescriptions de caractère négatif:

interdiction d'ingérence dans la gestion administrative, technique et commerciale des entreprises, lorsque le consentement de ces dernières fait défaut;

interdiction d'édicter pour les non membres des règles obligatoires en dehors des rapports de travail;

interdiction d'exercer le commerce.

Ces interdictions sont également valables dans le domaine du contrat collectif.

2) Les prescriptions de caractère *positif* sont:

a) l'obligation de stipuler dans le contrat la durée de sa validité;

b) l'obligation de régler dans le contrat, selon les prescriptions de la Charte du travail: 1) les rapports disciplinaires; 2) la période d'essai; 3) la mesure et le paiement de la rétribution; 4) l'horaire de travail; 5) le repos hebdomadaire; 6) les vacances annuelles; 7) le cas de renvoi sans qu'il y ait faute du travailleur et la cas de mort; 8) le cas de passage de l'établissement d'un employeur à un autre, en ce qui concerne le personnel employé; 9) le traitement du travailleur en cas de maladie; 10) le cas d'appel du travailleur sous les armes.

Toutefois, les parties sont exemptes de l'obligation de réglementer les conditions de travail indiquées, lorsque les garanties minima de la Charte sont contenues dans les lois en vigueur, par exemple, dans la loi sur le contrat d'emploi privé, dans celle qui concernent l'horaire de travail ou encore dans celle qui vise le repos hebdomadaire. La validité de ces lois reste entière vis-à-vis du contrat collectif, sauf les clauses ultérieures devenues nécessaires dans les limites fixées par la loi elle-même. Dans ces cas le silence du contrat équivaut à l'adoption des règles législatives en vigueur, dont la répétition pourrait même, parfois, être non seulement superflue, mais nuisible;

c) enfin l'obligation générale de concilier, par le contrat collectif, les intérêts opposés des patrons et des travailleurs, de façon à ne pas nuire par cet accord aux intérêts supérieurs de la production nationale.

Pour être valables, les contrats collectifs de travail doivent, sous peine de nullité, être rédigés par écrit. Cette prescription formelle est pleinement justifiée par la nécessité que ces contrats, qui visent des intérêts importants et qui se rapportent à des catégories extrêmement vastes de personnes, soient connus de façon précise et sûre. En outre, la pondération nécessaire pour traduire par écrit les clauses du contrat donne la garantie que celles-ci sont l'expression de délibérations prises après un examen sérieux et approfondi de tous les éléments.

D) Approbation par l'État et publicité.

Le contrat collectif crée de nouveaux rapports économiques, juridiques, sociaux et moraux entre les diverses catégories de la production, et par conséquent, entre leurs membres. Il dépasse de beaucoup le point de vue individuel pour constituer et modifier les droits d'énormes masses de producteurs. Ses répercussions, dans la sphère des intérêts de la production et partant de l'Etat, sont parfois plus marquées que celles d'une disposition légale. Cela explique pourquoi, vu la nécessité d'une garantie politique, il a été établi que le contrat ne sera valable que pour autant qu'il aura été publié, sous réserve d'autorisation préalable de l'Etat.

La loi du 3 avril 1926 et le Règlement du 1er juillet 1926 établissent que les contrats collectifs de travail n'ont aucun effet, s'ils ne sont pas déposés et publiés. Selon certaine jurisprudence, si la publication manquait, ils auraient effet comme rapport de droit commun entre les contractants, mais jamais à l'égard des tiers. Mais cette publication est soumise à la condition que le contrat soit approuvé par l'organe gouvernemental compétent pour le recevoir en dépôt. (Préfet ou Ministère des Corporations, selon qu'il s'agit de contrats provinciaux, régionaux ou nationaux).

Le contrôle que les organes compétents de l'Etat devront exercer sur les contrats collectifs vise la forme et le fond: 1) il doit s'assurer que le contrat contient toutes les prescriptions formelles indispensables à sa constitution, par exemple celles qui sont relatives à la capacité de ceux qui l'ont stipulé; 2) il doit s'assurer que le contenu des clauses du contrat n'est pas en opposition avec les principes positifs et négatifs rappelés plus haut.

La garantie contre l'arbitraire possible des organes de l'Etat, qui, par erreur, refuseraient la publication d'un contrat collectif, réside dans le recours à la Magistrature du Travail compétente quant au territoire, qui doit statuer sur la légitimité du refus, pour le ratifier éventuellement ou le révoquer s'il est injuste.

La nécessité que l'existence d'un contrat collectif et son contenu soient connus avec certitude, non seulement par les personnes inscrites aux associations professionnelles contractantes, mais aussi par celles qui, en vertu du pouvoir de représentation exercé par celles-ci, se trouvent liés par le contrat, c'est-à-dire, par tous ceux qui appartiennent à la même catégorie, est satisfaite par le dépôt et la publication obligatoires de tous les contrats collectifs, selon les modes habituels prescrits par la loi, et à teneur desquels lesdits contrats ne sont valables que pour autant que cette formalité a été observée.

Des règles précises ont été édictées en cette matière essentielle par un Décret royal du 6 mai 1928, pour l'application de la Charte du travail.

Ce décret confirme le principe que le dépôt et la publication des contrats collectifs constituent le moyen le meilleur pour permettre une surveillance consciencieuse sur la protection du travail et des intérêts supérieurs de la production, ainsi que pour en donner connaissance à tous les intéressés.

Le dépôt et la publication doivent comprendre, outre le texte du contrat, également les approbations, autorisations ou ratifications réservées dans le contrat ou exigées par les statuts; les actes de renouvellement ou de prorogation des contrats échus doivent également être publiés.

L'obligation d'effectuer le dépôt incombe aux deux associations contractantes: la partie la plus diligente peut réclamer à l'autre le remboursement de la moitié des frais.

Des délais précis sont fixés pour le dépôt et des pénalités sont prévues pour toute personne qui, obligée de par ses fonctions à y procéder, omet de faire le nécessaire pour que le contrat soit publié dans les délais prescrits.

Les contrats provinciaux doivent être déposés près les Préfectures; les contrats interprovinciaux et nationaux près le Ministère des Corporations; ce dernier seul est compétent pour ordonner ou refuser la publication des contrats. Il a aussi le contrôle technique, en ce qui concerne l'application des lois en vigueur en matière de protection du travail. Il l'exerce par les organes techniques qui en dépendent (Inspecteurs corporatifs).

Une disposition très importante du règlement donne une sanction législative concrète à cet ensemble de principes qui sont recueillis dans la Charte du travail, sous le titre de « Garanties minima du travail ». Par cette disposition, en effet, on affirme le principe que l'on ne pourra pas publier les contrats collectifs de travail qui ne contiennent pas des dispositions précises sur tous les points énoncés dans ce paragraphe de la Charte du travail, sauf si le règlement de ces conditions ne fait pas déjà l'objet de dispositions législatives en vigueur, ou si le règlement en question n'en est pas réservé à des contrats à conclure dans un délai déterminé. L'importance politique et sociale de cette disposition se passe d'explications.

Les dispositions pour la publication et le dépôt sont aussi applicables aux règles générales édictées par les organes corporatifs pour la dénonciation des contrats collectifs à échoir, pour les sentences de la Magistrature du travail, qui établissent de nouvelles conditions ainsi que pour les prononcés arbitraux.

E) EXTENSION DE L'EFFICACITÉ DES CONTRATS COLLECTIFS.

Une des innovations les plus importantes de la loi syndicale italienne, c'est celle qui établit la sphère d'application des contrats collectifs.

Tout d'abord dans l'espace. Du fait que les associations professionnelles ne représentent pas seulement les intérêts des seuls individus qui y adhèrent, mais aussi ceux de toute une catégorie professionnelle déterminée, il découle qu'un contrat collectif, qui a été stipulé par les organes compétents d'une association professionnelle, doit être respecté par ceux qui sont juridiquement représentés par elle.

Les contrats collectifs auront, par conséquent, force impérative pour tous les individus qui résident sur le territoire auquel s'étend le syndicat qui l'a stipulé. L'ampleur de la sphère d'application des conventions générales est égale à la sphère de la compétence territoriale qui revient aux associations contractantes. Les associations contractantes peuvent cependant établir que le contrat général concerne seulement une entreprise déterminée, et que son efficacité est contenue dans ces limites.

Le contrat d'entreprise ou contrat collectif de fabrique est aussi assujetti aux dispositions de la loi syndicale. Cependant, pour que le contrat d'entreprise reste dans la sphère des contrats collectifs, il faut qu'il soit stipulé non par l'entreprise ou par les différentes entreprises directement intéressées, mais, conformément à l'art. 47 du Règlement du 1er juillet 1926, par le syndicat qui les représente, de même que, dans la même mesure, il faut qu'il regarde toute une catégorie de travailleurs vis-à-vis de telle ou telle entreprise déterminée et non des particuliers ou des groupes de particuliers, même larges; dans ce cas, le rapport resterait encore toujours intrinsèquement individuel.

L'extension territoriale plus grande a pour conséquence une extension plus grande de l'*efficacité normative* des contrats collectifs.

Là où existe un contrat collectif de travail, il crée une obligation générale à la charge de tous les employeurs et de tous les travailleurs de la catégorie à laquelle le contrat se réfère. Cette obligation est de ne pas déroger, par des ententes individuelles, aux conditions établies par le contrat collectif. Il y a lieu d'ajouter que le contrat ne s'étend pas nécessairement à toutes les personnes représentées de l'association syndicale contractante, mais qu'il a une efficacité obligatoire pour tous les intéressés à l'entreprise ou aux catégories d'entreprises et de travailleurs indiquées dans le contrat. Cependant, vis-à-vis de ces derniers, et tout en permettant les spécialisations nécessaires à l'intérieur de chaque catégorie par groupes différenciés pour des raisons objectives de production et de travail, il ne peut avoir que des effets généraux.

En conséquence, n'importe quelle obligation assumée antérieurement ou postérieurement, en opposition à une clause du contrat collectif, a le caractère d'une prestation juridiquement impossible, et la clause sur laquelle on se fonde pour exiger cette prestation est remplacée de droit par celles du contrat collectif.

Une *seule exception* est consentie *au principe d'impossibilité de déroger aux contrats collectifs, c'est lorsque le contrat individuel fixe des conditions plus favorables à l'ouvrier que celles qui sont contenues dans le contrat collectif.* C'est là une dérogation qui est conseillée par des motifs de défense du contractant plus faible, l'ouvrier, qui doit pouvoir améliorer ses propres conditions générales et aussi se faire mieux payer une capacité de rendement plus grande.

Cette exception répond d'avance à la critique que les économistes libéraux font au contrat collectif de travail, qui est que, par ses conséquences forcément niveleuses, il entrave la force montante des bons et fait empirer les conditions des plus humbles, et aussi qu'il établit, dans la rétribution du travail, un nuisible prix-type uniforme et durable; ce sont là des inconvénients qui, certes, existent, mais qui sont largement compensés par les bienfaits économiques et sociaux du contrat collectif.

Le contrat collectif peut régler les rapports de travail pour la *durée* que l'on estime la plus opportune, mais l'indication de la durée est essentielle, sous peine de nullité.

Le contrat collectif conserve naturellement son efficacité pour toute sa durée. Cependant dans le cas où, avant son échéance, survient un changement notable dans les conditions de fait sur la base desquelles il a été stipulé, on peut en demander la modification à la Magistrature du Travail.

A l'échéance d'un contrat collectif, il y a lieu de pourvoir à la stipulation d'une nouvelle convention; à défaut de cette dernière, le contrat échu est considéré comme renouvelé pour une période de temps égale à celle pour laquelle il a été établi originairement. Il en est de même, lorsque, avant la nouvelle échéance, une des associations contractantes ne déclare pas à l'autre qu'elle n'entend pas reconnaître la tacite reconduction du contrat.

Cette dénonciation du contrat doit être notifiée à l'autre association contractante, et doit être publiée comme le contrat lui-même.

F) Violation du contrat collectif et sanctions.

Pour que le contrat collectif puisse vraiment répondre à sa fonction sociale très utile de réglementation des rapports entre capital et travail, il faut non seulement qu'il puisse obliger tous les individus appartenant à la catégorie professionnelle pour laquelle il est stipulé, mais spécialement qu'il dispose des sanctions en cas de violation.

Dans le cas où l'inexécution du contrat collectif viendrait à produire les simples conséquences que produit la violation d'un autre contrat quelconque, c'est-à-dire la condamnation, après un procès long et coûteux, de la personne fautive, au paiement des dommages causés par cette violation, l'efficacité du contrat collectif serait, pour ainsi dire, annulée. La poursuite de la responsabilité civile commune dans le cas de rapports collectifs de travail serait particulièrement difficile. Elle serait même parfois impossible, au détriment du travailleur, qui est exposé à l'accord contraire arraché par l'entrepreneur aux ouvriers chômeurs, ou même à ses ouvriers déjà occupés, sous menace de renvoi.

En outre, les violations du contrat collectif de travail revêtiraient une importante particulière à l'égard des associations syndicales qui l'ont stipulé. Elles ne pourraient même pas être appelées à répondre des dommages qui sont la conséquence de ces violations, car ce ne sont pas les associations, mais bien les particuliers qui sont coupables.

En réalité, dans tous les pays, et ce sont les plus nombreux, où manquent des sanctions spéciales pour la violation du contrat collectif, de travail, ce dernier vit d'une vie misérable, et se réduit souvent à n'être qu'un « chiffon de papier », justement lorsque la lutte entre employeurs et travailleurs devient aiguë et que le contrat devrait déployer toute sa force de réglementation.

La réforme fasciste a, par contre, vigoureusement affronté ce que l'on a, à juste titre, défini le problème central du contrat collectif et de nombreuses sanctions en garantissent l'efficacité.

La loi italienne, ici aussi, innove profondément. Le droit à prétendre à une indemnité que, dans le droit commun, possède la seule partie lésée, est exercé par l'association à laquelle cette partie lésée appartient (qu'elle y soit inscrite ou non). En outre, l'individu coupable de la violation du contrat collectif n'encourt pas seulement une responsabilité à l'égard de l'autre partie contractante, mais aussi à l'égard de sa propre association par qui il est représenté. Cela aussi découle du caractère public de l'association reconnue et des contrats stipulés par elle.

Si l'employeur ou le travailleur isolé viole les règles établies dans le contrat collectif pour la catégorie professionnelle à laquelle il appartient, il est appelé par la loi syndicale

a) à répondre pénalement de la violation, par une amende de 100 à 5000 lires;

b) à répondre civilement et à verser une indemnité pour les dommages causés:

1) à l'autre contractant;

2) à l'association syndicale qui a stipulé le contrat collectif.

Plus encore, l'association syndicale à laquelle appartient celui qui a violé le contrat de travail peut être appelée à répondre des dommages, précisément lorsque

a) il y a violation des obligations que l'association s'est assumées pour son propre compte;

b) cette dernière a omis de faire tout ce qui était en son pouvoir pour que les particuliers observent le contrat;

c) elle a garanti l'exécution du contrat.

Les règles exposées concernant le dépôt et la publication des contrats et celles que nous exposerons sur la juridiction pour les différends individuels du travail ont permis de contrôler et de poursuivre plus facilement les cas de violation des contrats.

4. — LA PRATIQUE DE LA RÉGLEMENTATION COLLECTIVE DU TRAVAIL.

La réglementation pratique des rapports de travail par les contrats collectifs se complète et se perfectionne conformément aux principes de la réforme fasciste.

Les grandes organisations des employeurs et des travailleurs ont incessamment poursuivi la conclusion de contrats collectifs toujours plus complets et plus amples.

En suivant la procédure du dépôt et de la publication des contrats collectifs de travail, on voit facilement ce qu'ont été deux années d'activité des organisations syndicales fascistes dans le domaine des contrats collectifs et de ce qu'elle sera certainement à l'avenir. Plus de 150 contrats de portée nationale et interprovinciale, réglant les conditions de travail de catégories très disparates de travailleurs — des employés du commerce aux ouvriers métallurgistes, chimistes, des arts graphique et du ciment; des artistes dramatiques et lyriques aux journalistes; des employés de banque aux ouvriers des fabriques d'automobiles — et, à leur suite une masse de contrats moins importants ou connexes, qui dépassent largement le nombre de 3000, constituent un budget syndical que ne présente peut-être aucun autre pays. Tout cela s'est produit en une période de peu supérieure à deux années, à partir de la promulgation des premières lois syndicales.

De tout ce tableau de l'activité des associations syndicales en matière de contrat de travail, il résulte que la réglementation collective de tous les rapports de travail est déjà très avancée, et que cette réglementation procède dans une atmosphère de collaboration cordiale, parce que l'efficacité du contrat collectif de travail, au point de vue social, n'a pas été confiée seulement à la réglementation législative formelle, mais aussi, et dans une mesure encore beaucoup plus grande, à la discipline spirituelle des masses organisées et des individus.

C'est pourquoi le phénomène de la violation des contrats a une grande importance politique et mérite la plus grande attention. La constater dans ses manifestations quantitatives et qualitatives, dans ses motifs essentiels et concurrents, dans ses possibilités de développement plus ou moins grandes, représente le point nécessaire de départ pour toute action destinée à l'éliminer et à le contenir.

On peut, en vérité, affirmer dès maintenant que le phénomène de la violation des contrats de travail ne s'est pas manifesté, de façon importante, dans les rapports entre associations syndicales ayant conclu des contrats collectifs de travail. Plus fréquemment, mais toujours sous une forme et dans une mesure telle que cela ne constitue pas, au sens vrai du mot, une résistance délibérée, ce phénomène s'est manifesté dans la sphère de l'application individuelle.

Quelques-uns des contrats stipulés jusqu'aujourd'hui s'en tiennent au type du règlement de fabrique, d'autres au type du règlement général. Il y a cependant une tendance, particulièrement dans le domaine des syndicats ouvriers, d'étendre, dans toute la mesure du possible, le domaine de l'application du contrat soit en déplaçant de bas en haut de la hiérarchie l'activité en matière de contrat, soit en pénétrant dans le domaine d'autres rapports juridiques réglés auparavant par des contrats individuels, par les usages ou par le coutume.

Cette dernière tendance s'est manifestée dans la réglementation collective des rapports de travail pour les employés de l'industrie, dans l'extension du règlement collectif au métayage, au colonat et au petit fermage, que la loi avait explicitement exclus du domaine du contrat de travail, et, enfin, dans la requête qu'ont présentée certaines catégories d'être encadrées dans les syndicats.

La tendance dont nous avons parlé tout d'abord est plus forte. Elle peut répondre au principe de l'équité sociale de l'uniformité des conditions de travail et de la péréquation des salaires, mais elle provoque des objection de la part de ceux qui croient que le contrat doit, pour être efficace et utile aux intérêts généraux et particuliers, être approprié aux exigences des lieux et des entreprises.

On connaît l'objection que, spécialement au point de vue économique, on fait à l'extension toujours plus grande du contrat collectif. Le contrat qui lie une profession tout entière dans le domaine régional ou national, comprend et intéresse nécessairement des entreprises dont la situation économique et financière diffère profondément. Il peut arriver que les entreprises trop éprouvées par une convention uniforme ne puissent la supporter, ou se refusent à l'observer, ou enfin courent le danger de ne pouvoir résister à la concurrence.

La pratique italienne prévient cet inconvénient en adoptant et en conseillant la prudence nécessaire quant à l'extension d'une convention collective dans l'espace, en recommandant que l'on établisse des conditions spéciales pour des sous-groupes d'entreprises et aussi pour certaines entreprises isolées, et, surtout, en sériant la multiplicité des intérêts, grâce à une minutieuse organisation fondée sur une classification détaillée des éléments sociaux.

La réglementation du contrat collectif de travail comme institution, peut être considérée comme complète. Son fondement se précise toujours davantage. Elle appartient directement, comme rapport juridique, aux catégories professionnelles, *qui sont de nouveaux sujets de droit, représentés par les syndicats, ayant des buts et des intérêts distincts de ceux des individus qui les composent, et qui dominent les intérêts individuels.*

Son champ d'application s'étend aussi toujours davantage. Par exemple, une mesure récente étend la réglementation du contrat collectif de travail à tous les contrats, conventions, accords et ententes stipulés par les associations professionnelles pour régler les rapports de participation aux fruits, dans le domaine de la production agricole et dans les contrats accessoires, ainsi qu'aux contrats de petit fermage, avec redevance variable ou fixe, en nature ou en espèces, lorsqu'il s'agit d'un petit fermier qui cultive surtout par son propre travail et par celui de sa famille.

Chaque jour, le réseau de ces souples « lois professionnelles » s'agrandit, se resserre, embrasse de nouveaux sujets; chaque jour, un petit groupe ou une large catégorie de travailleurs conquiert son statut professionnel; chaque jour une autre zone du pays préfère le contrat à la lutte d'une classe contre l'autre, si bien qu'un jour, qui n'est désormais pas éloigné, il n'y aura plus ni catégorie ni région qui n'aura son contrat de collaboration entre capital et travail, et la grande utopie du syndicalisme théorique sera devenue une réalité.

Il faut ajouter encore que dans le régime corporatif italien, contrat collectif veut dire aussi subordination des intérêts des catégories aux intérêts supérieurs de la Nation. Ce n'est donc pas à tort que les hommes politiques fondent sur ce massif patrimoine de règlements professionnels en élaboration, l'avenir de l'économie italienne.

L'activité des syndicats en matière de contrats, précisément en vertu du fait qu'ils engagent les catégories représentées, constitue la phase préliminaire de l'ordre corporatif. Donner la plus grande vigueur à cette activité en matière de contrats, en vainquant par la persuasion et l'éducation la résistance des intérêts contraires, et la surveiller en même temps, dans ses développements les plus spontanés, cela signifie aider à la consolidation économique et politique des différentes catégories, en les faisant entrer dans les cadres de l'organisation corporative. En effet, les syndicats ne sont pas, dans la structure fondamentale de la loi et dans la conception politique fasciste - qui a rénové et transformé la valeur de beaucoup de termes en usage - fins en eux-mêmes; ils ne sont pas non plus des instruments au service des intérêts d'une catégorie, mais ils doivent servir aux rapports intersyndicaux, en conciliant les intérêts opposés des catégories dans l'intérêt national.

CHAPITRE VI.

LE RÈGLEMENT DES CONFLITS DU TRAVAIL.

L'institution d'une juridiction d'État spéciale, ayant la compétence obligatoire pour juger les conflits entre capital et travail, répond au principe fondamental essentiel de la réforme italienne. Ayant interdit aux catégories de la production de se faire justice elles-mêmes, ayant repoussé la position traditionnelle du libéralisme, qui, aujourd'hui, est en vérité toujours plus abandonnée, même par les Etats qui aiment à se dire libéraux et démocratiques, position qui consiste à rester le spectateur indifférent des conflits économiques intéressant toute la collectivité et pouvant même en arriver à saper les bases de l'État; ayant déclaré et assumé le devoir d'exercer une action de conciliation et de justice sociale entre les forces économiques en lutte, il était naturel que l'État fasciste sentît l'obligation morale et politique de créer l'organe compétent pour la solution de ces conflits.

Les rapports réciproques de droits et de devoirs entre les éléments de la production une fois fixés dans le contrat obligatoire de travail, sur la base des principes établis par la Charte, on peut facilement arriver à la solution des différends inévitables portant sur l'interprétation ou la modification de ces rapports. La réforme italienne établit que la conciliation incombe à la Corporation d'État, et le jugement proprement dit, dans les cas extrêmes, à la Magistrature spéciale du Travail.

La solution judiciaire obligatoire des conflits du travail constitue vraiment une grande et nouvelle réalisation. La juridiction du travail, comme moyen normal de solution des conflits entre les éléments de la production, représente la substitution de la sentence juste et impartiale du juge à la lutte violente des classes. Elle marque un nouveau pas vers un régime qui supprime la défense des intérêts par eux même et recourt à un jugement d'État. La seule institution de la Magistrature du Travail a déjà l'avantage d'encourager, dans les masses populaires surtout, la formation de cet état d'esprit, signe d'une civilisation supérieure, qui conseille d'invoquer et d'accepter une sentence des juges, plutôt que de recourir aux armes pour livrer bataille.

L'organisation moderne de la production et de la vie sociale exige la paix entre les facteurs de la production. Du maintien de la paix industrielle découle la défense de la légalité et de l'ordre, de la protection des intérêts généraux, de même que des revendications légitimes des classes ouvrières, de l'organisation de l'industrie.

Mais on ne peut pas réglementer le développement des forces syndicales, sans leur donner le moyen de faire valoir, par la voie légale, leurs intérêts particuliers. Il est indispensable que la paix industrielle règne, mais cette paix doit être juste, surtout pour les travailleurs. Il est indispensable que les travailleurs aient la garantie légale d'une justice sociale effective, qui soit garantie de la discipline sociale nécessaire. On ne peut interdire ni la grève ni le *lock-out*, si l'on ne donne pas aux ouvriers et aux patrons le moyen de défendre, à leur point de vue, mais légalement, leurs intérêts, selon une justice qui ne doit avoir d'autres limites que l'intérêt politique et économique de la collectivité. Voilà comment on peut concilier la liberté syndicale avec les exigences de l'organisation sociale, et voilà comment la réforme italienne assure la stabilité économique et la paix industrielle par le droit.

On ne peut plus concevoir, aujourd'hui, l'agnosticisme de l'État en face des conflits sociaux. L'évolution sociale de notre temps a déterminé et confirme toujours davantage une conception de l'État, selon laquelle celui-ci doit toujours veiller à ce que les divergences entre intérêts opposés ne se produisent pas au détriment de la collectivité.

D'autre part, au point de vue technique et économique, indépendamment du point de vue politique, la solution pacifique des conflits du travail est le développement logique de la législation ouvrière. Elle est aujourd'hui, en face de la faillite générale de l'action directe et de la défense des classes par elles-mêmes, l'élément le plus efficace de la protection ouvrière, parce qu'elle affirme le progrès de la justice sociale et défend, en défendant la communauté, des masses d'hommes exposés au jeu de forces économiques qui ne leur sont pas toujours favorables.

Ce problème soulève partout des discussions passionnées. Dans les autres pays, le désir est général d'arriver, même par une méthode différente, à un mécanisme de conciliation et d'arbitrage dans les conflits collectifs du travail. Ce mécanisme est aujourd'hui considéré comme une des parties essentielles de l'organisation politique et sociale, qui trouve à sa base un développement grandiose de l'organisation économique. Mais des méfiances politiques de la part d'organisations ouvrières et patronales, qui ne sont pas encore sûres d'elles-mêmes et qui craignent la partialité de l'État, s'opposent à la réalisation de ce principe. La réforme italienne a pu tenter l'expérience la plus courageuse, en instituant une véritable magistrature obligatoire du travail, tandis que les autres pays s'arrêtent à des formes atténuées, plus ou moins efficaces, de conciliation et d'arbitrage. C'est parce qu'elle a donné au système la base solide et la garantie certaine d'une organisation syndicale générale et obligatoire.

1. — L'ARBITRAGE ET LA MAGISTRATURE DU TRAVAIL.

Seul le système italien, qui se base sur la reconnaissance légale des syndicats et sur le règlement juridique des conflits collectif du travail, pouvait permettre d'aller au delà des diverses tentatives que l'on a faites depuis des années à l'étranger pour la solution des conflits du travail, moyennant le médiocre système de l'arbitrage, pour s'arrêter, courageusement et d'un seul coup, à l'institution d'une véritable juridiction obligatoire d'Etat.

Il est notoire que dans le système de l'arbitrage, auquel on recourt généralement aujourd'hui, les associations syndicales intéressées remettent la solution d'une controverse déterminée à des personnes (arbitres), nommées par les parties en cause. Ces arbitres décident selon l'équité, en s'efforçant de concilier les intérêts des patrons avec ceux des ouvriers.

On sait aussi que l'arbitrage, qui fut au début soustrait à une réglementation législative, mais qui, par la suite, y fut soumis dans presque tous les pays, peut revêtir des formes diverses, qui vont de l'arbitrage facultatif (dont la loi ne s'occupe que pour régler la procédure d'après laquelle le collège arbitral doit être composé et la sentence rendue, en laissant les parties libres de recourir audit collège et d'en observer la sentence), à l'arbitrage semi-obligatoire (dont les décisions sont impératives pour une seule des parties) et à l'arbitrage obligatoire (selon lequel les parties en cause ne sont pas nécessairement contraintes de recourir à l'arbitre, mais, lorsqu'elles l'ont fait, de se soumettre à sa décision; ou bien le recours à l'arbitre est un devoir sans dérogation possible, de même que le devoir de donner exécution à la sentence).

L'expérience a toutefois démontré que le système de l'arbitrage, sous quelque forme que ce soit, présente de graves inconvénients.

8.

L'arbitre est moins que le juge. Parfois, il est même choisi par l'intéressé et, de toutes façons, il représente dans le collège arbitral les intérêts d'une des parties en cause. Cette caractéristique de l'arbitre d'être, en tout ou en partie, une émanation des intéressés, donne au jugement un caractère de transaction et de compromis, un caractère presque contractuel, qui en diminue nécessairement l'autorité. Une décision n'a vraiment de l'autorité et ne s'impose aux parties, que lorsqu'elle émane d'un organe impartial, qui rend la justice, qui donne raison à qui a raison, sans transactions et moyens termes. Ce n'est qu'à contre cœur qu'une partie recourt à un jugement qui, fatalement, lui donnera partiellement tort, et l'on acceptera moins volontiers encore un jugement qui n'est pas une sentence, mais bien un compromis.

Il faut ajouter que, lorsque l'action des associations syndicales est transportée sur le terrain politique, lorsque les conflits collectifs du travail deviennent politiques, ces sentences d'arbitres qui appartiennent souvent à des syndicats ou à des partis politique, perdent toute garantie d'impartialité et correspondent aux vicissitudes de la situation politique, plutôt qu'aux exigences de la justice à rendre aux parties en cause.

De là la préoccupation manifestée par les législations de tous les pays de modifier et de perfectionner le système de la solution des conflits du travail. De là la raison pour laquelle la réforme italienne a cru devoir dépasser le stade intermédiaire et imparfait de l'arbitrage pour arriver à la forme plus complète et plus précise de la véritable juridiction, qui ne peut être exercée que par un magistrat, par un juge impartial, intéressé ni directement ni indirectement au différend. Elle a donc introduit, sans plus, l'institution de la Magistrature du Travail.

2. — LE SYSTÈME DE LA RÉFORME ITALIENNE POUR LES CONFLITS COLLECTIFS.

La nouvelle législation italienne, dans le but de résoudre ce problème de façon décisive, remet la solution des conflits collectifs du travail à deux procédures successives:

a) la tentative de conciliation devant les associations syndicales ou les Corporations;

b) le recours à la Magistrature du Travail.

A) La tentative de conciliation.

La système italien attribue à la tentative de conciliation une efficacité beaucoup plus grande que celle que peuvent avoir des institutions étrangères analogues.

En effet, elle est dévolue, non seulement à des associations syndicales robustes et vigoureusement disciplinées, mais aussi aux Corporations, c'est-à-dire à de véritables organes d'État, qui agissent avec toutes les garanties possibles d'impartialité, et aussi avec une vigueur particulière et en obéissant au principe que la conciliation doit être la règle, et le recours à la Magistrature du Travail, l'exception.

La loi ne prescrit pas de règles précises sur la façon dont la tentative de conciliation doit être faite. Elle est donc soustraite à tout rigorisme de procédure et pourra avoir lieu selon les modalités et formes que l'on estimera les plus opportunes dans chaque cas particulier.

La tentative de conciliation est confiée par la loi à la Fédération ou Confédération ou à la Corporation auxquelles les associations syndicales en cause appartiennent.

Cette tentative de conciliation est obligatoire. La loi établit que l'action judiciaire n'est admise que lorsqu'il est prouvé que la Fédération, Confédération ou la Corporation ont tenté d'arriver à un arrangement à l'amiable et n'y sont pas parvenues. Et cela n'est pas tout. Devant la Magistratre du Travail, le président doit, avant le commencement des débats, chercher à engager les parties à s'arranger à l'amiable et selon l'équité. Cette tentative doit être renouvelée pendant le procès, chaque fois que l'opportunité s'en présente.

Il est de fait que l'esprit et le système de la réforme cherchent à réduire au minimum indispensable le recours à la Magistrature; ils veulent que ce recours soit considéré comme l'*ultima ratio*, à laquelle il ne faut faire appel qu'avec prudence et pondération. Il faut, de toutes façons, chercher à éliminer les différends, plutôt qu'intenter une action judiciaire, dont on ne peut prévoir les conséquences, qui implique un jugement, sans doute difficile à rendre, et qui peut avoir une grande portée économique, vu l'importance des forces en conflit, qui ne représentent pas de simples intérêts individuels. Ceux qui ont élaboré le système ont du reste pensé que le seul fait de l'existence d'une Magistrature du Travail pourra, dans de nombreux cas, agir comme frein sur le désir inconsidéré de soulever des conflits et de les pousser jusqu'à une solution judiciaire.

B) LA MAGISTRATURE DU TRAVAIL.

a) *Composition.*

Si la tentative de conciliation échoue, le différend ne sera plus tranché sous une forme transactionnelle, mais selon la justice et l'équité, par un juge d'État impartial, par une véritable juridiction obligatoire.

C'est dans le caractère obligatoire que réside l'innovation de la loi syndicale italienne par rapport aux principes de droit commun qui, s'ils sont propres à régler les différends individuels, ne le sont pas pour les conflits collectifs entre capital et travail, qui ont toutefois des répercussions sociales et économiques profondes. Ainsi, tandis que le tribunal civil ordinaire ne peut connaître d'un différend que pour autant que l'une des parties intéressées la lui soumet, le tribunal ordinaire du travail doit, par contre, intervenir pour régler les conflits du travail, même si les parties sont portées à se faire justice elles-mêmes.

La volonté de confier à un organe, qui offre la meilleure garantie d'impartialité et d'indépendance, la solution des différends collectifs du travail, a incité le législateur à ne pas instituer une magistrature spéciale, mais à déférer la connaissance de ces différends au magistrat ordinaire qui, comme l'est toujours le juge, est parfaitement indépendant du pouvoir exécutif et exempt de toute influence étrangère. Le jugement est confié à une section de la Cour ordinaire d'appel, fonctionnant comme Magistrature du Travail.

Cette section spéciale est constituée par trois magistrats, à qui sont adjoints, selon la nature du jugement, deux techniciens des problèmes de la production et du travail. Ces derniers sont uniquement des « experts » et non pas des représentants des parties, ainsi que cela se produit dans le système de l'arbitrage. La loi établit même expressément que les personnes inscrites sur les listes d'experts et qui seraient directement ou indirectement intéressés à la controverse, ne peuvent pas participer au collège des juges. Les experts participent, avec les magistrats, à la décision du différend, avec voix délibérative.

Le choix de ces experts est dévolu au premier président de la Cour d'appel, qui les désigne parmi les personnes inscrites sur une liste spéciale.

La formation des listes sur lesquelles on choisit les experts est entourée de toutes les garanties légales. La désignation des experts est faite par les Corporations provinciales, examinée par les organes corporatifs centraux d'État, présentée au premier président de la Cour d'appel, qui, sur préavis du président de la Section de la Magistrature du Travail, arrête définitivement la liste. Outre – ce qui est normal – la nationalité italienne, et les conditions du minimum d'âge de 25 ans, de la bonne conduite morale et politique, il est requis que l'expert soit titulaire d'un diplôme universitaire ou d'un autre titre d'étude équivalent. Le président à la Cour d'appel peut toutefois inclure dans la liste des personnes qui ne possèdent pas un titre d'études, mais qui ont acquis une expérience particulière dans l'exercice de leur activité.

La liste est rendue publique, et l'on examine les réclamations que pourrait présenter telle ou telle association professionnelle contre l'inclusion de personnes qui ne sont pas jugées dignes de ces fonctions, pour raisons de culture ou de moralité. La décision sans appel sur cette réclamation est déférée à la Cour d'appel, qui décide en présence de tous ses membres. La liste est soumise tous les deux ans à une révision.

b) *Compétence de la Magistrature du Travail.*

La Magistrature du Travail a une double sphère de compétence:

1) Elle est appelée à juger tous les différends collectifs qui surgissent, non pas entre les particuliers, mais entre les catégories professionnelles d'employeurs et de travailleurs, et qui ont pour objet:

a) l'application des règles contenues dans les contrats collectifs du travail (alors que l'une des catégories obligée à se conformer au contrat collectif de travail ne s'y conforme pas, ou lorsque surgit une divergence sur l'interprétation ou sur la manière d'appliquer telle ou telle clause du contrat);

b) l'application d'autres clauses existantes sur les conditions de travail (règlement de fabrique, droits et devoirs de la main-d'œuvre, discipline intérieure, etc.), c'est-à-dire des matières qui ne sont pas envisagées par les contrats collectifs.

2) Elle est en outre appelée à *établir de nouvelles conditions de travail:*

a) soit lorsque fait encore défaut un contrat collectif de travail;

b) soit lorsque les conditions établies par un contrat collectif doivent être modifiées avant l'échéance du contrat, parce qu'il y a eu un changement notable des conditions de fait sur la base desquelles le contrat avait été stipulé.

Ces deux dernier cas d'intervention de la Magistrature du Travail sont particulièrement caractéristiques, en ce qu'ils donnent au magistrat le pouvoir de faire, par une sentence, ce qui appartiendrait au contrat collectif, c'est à dire de déterminer, en se substituant au contrat collectif ou en le modifiant, les règles générales des rapports du travail pour une entière catégorie professionnelle. Du reste, toutes les sentences, soit en statuant en matière de rapports collectifs du travail, soit en fixant de nouvelles conditions de travail, produisent tous les effets du contrat collectif.

La compétence *ratione loci* est réglée par les principes du droit commun: l'action est introduite devant la Cour d'appel de la circonscriptions où ont lieu les rapports de travail auxquels le différend se rapporte.

La Cour d'appel de Rome est compétente pour les conflits concernant des rapports de travail qui se produisent sur le territoire de compétence de plusieurs Cours d'appel.

c) *Les critériums de jugement.*

La magistrature ordinaire d'État pose deux questions fondamentales par son intervention dans les rapports collectifs du travail, lesquels, d'après l'économie libérale, dépendraient des conditions de l'équilibre économique et se prêteraient mal à l'intervention transactionnelle ou délibérative d'un pouvoir ayant la force de contraindre.

La question que l'on se pose avant tout, c'est de savoir si la compétence du juge suffira pour décider des conflits du travail qui sont si complexes et qui touchent sur le vif les rapports sociaux et économiques. Et ensuite, une fois reconnue la compétence du juge dans ces matières, de fixer les critériums qu'il devra observer dans son jugement.

Les Tribunaux du Travail – dit-on – se montreront, dans l'interprétation et dans l'application des contrats collectifs, inférieurs à leur tâche, en raison de la grande complexité des phénomènes économiques. A plus forte raison, ils seront incapables d'établir, en cas de conflit, de nouvelles conditions de travail et, s'ils le font, ils causeront un trouble préjudiciable aux conditions de la production et à la tranquillité sociale. Cela d'autant plus que le jugement de la magistrature ne pourra pas ne pas avoir un caractère très général, qui ne se limitera pas à porter le trouble dans un secteur déterminé de la production, mais contribuera au nivellement des conditions du travail, nivellement qui, peut-être, ne sera pas toujours opportun au point de vue économique.

D'autre part, ajoute-t-on, le juge ne peut pas déterminer le salaire, c'est-à-dire le juste prix du travail, parce que celui-ci est nécessairement l'effet de la rencontre de l'offre et de la demande, et nul facteur étranger aux deux parties intéressées contractantes ne peut intervenir pour attribuer de façon obligatoire un prix déterminé à une prestation déterminée.

La prétendue incapacité technique du juge à connaître de questions économiques n'a aucun fondement. Cette compétence est dans sa fonction de chaque jour, même dans la tâche ordinaire qui lui incombe d'interpréter les lois et les contrats, surtout en matière commerciale, ce qui est fréquent vu le développement complexe des intérêts économiques. Du reste, pour compléter les connaissances techniques et économiques des trois magistrats de carrière, le collège appelé à connaître des questions de travail est renforcé de deux techniciens experts.

Plus sérieuse est l'objection qui porte sur la compétence du juge, lorsqu'il s'agit d'établir le juste prix du travail, car c'est à cela que se réduirait le jugement, qui interpréterait extensivement ou modifierait ou établirait de nouvelles conditions de travail. Mais il ne s'agit pas là d'une nouveauté, les cas de fixation du juste prix par autorité de justice ne manquant pas; le législateur intervient même presque toujours lorsqu'il s'agit d'éléments économiques qui, pour des raisons d'ordre social, ne peuvent pas être considérés comme de simples marchandises dominées par les lois du marché.

Il n'est pas du tout impossible de faire que l'équilibre nécessaire à la vie économique soit établi par l'intervention d'un juge impartial, et cela d'autant plus que, lorsque l'on a mis un frein à l'exercice de la force privée, le libre jeu de la demande et de l'offre reprend automatiquement et, dans les cas normaux, il se manifeste sans obstacle, donnant ainsi au Magistrat du Travail un élément certain de jugement.

Souvent, du reste, le droit civil défère au magistrat la faculté de déterminer le juste prix des choses, ou, en général, d'établir la méthode à employer pour régler les rapports patrimoniaux entre particuliers. Tous les jours, le magistrat doit, dans sa sagesse, régler des rapports juridiques, parce que les lois ne prévoient pas tous les cas et même, la plupart du temps, ne donnent que les règles générales pour la solution des différends, et que, dans la majeure partie des jugements, c'est le magistrat qui crée la règle spéciale valable pour tel ou tel cas concret. L'expérience enseigne que le magistrat accomplit magnifiquement cette tâche, si variée et si difficile qu'elle soit au point de vue technique, et quelle que soit la matière qui lui est soumise. Tous les jours, les tribunaux décident des questions de responsabilité civile, de brevets, d'exécution de contrats, qui demandent des connaissances techniques difficiles, certainement plus difficiles que celles que demande l'évaluation de la capacité d'un industriel à payer un salaire déterminé, et du rapport de ce salaire avec la valeur courante du travail.

Un autre problème extrêmement grave en cette matière, c'est la détermination des critériums selon lesquels le Magistrat du Travail doit juger.

Pour l'interprétation des conditions existantes, qu'elles dérivent de contrats collectifs de travail régulièrement stipulés ou de règles établies par les corporations, ou encore de lois ou de coutumes, ce sont les règles ordinaires sur l'application et l'interprétation des lois et des contrats qu'il y a lieu d'utiliser, car, lorsqu'un contrat a réglé les rapports collectifs du travail, il doit avoir pleine exécution, à moins que l'on n'en demande explicitement la révision, dans les cas où cela est admis. La question est beaucoup plus ardue, au contraire, lorsqu'il y a lieu de déterminer de nouvelles conditions de travail, qu'il s'agisse de rapports déja réglés par contrat ou de rapports non réglés. Lorsque l'on aura tiré de la législation d'exécution de la « Charte du Travail », de la pratique des contrats collectifs et de la jurisprudence de la Magistrature du Travail, les règles précises qui constitueront le nouveau droit du travail, c'est de ces règles que le juge devra déduire les éléments de ses jugements. En attendant, la loi fournit au magistrat quelques critériums qui le guident dans sa décision. Elle fait appel avant tout à l'équité, source d'application et aussi de création du droit. La Magistrature du Travail se présente donc comme une *Magistrature d'équité*, exemple qui n'est nouveau ni dans le droit actuel, ni dans l'histoire des institutions juridiques. La juridiction du préteur romain fut surtout une juridiction d'équité, et c'est d'elle que découle le droit prétorien ou honoraire, qui fut la base du droit romain et le monument le plus insigne de la sagesse juridique de Rome.

Pour mieux déterminer et préciser l'idée déjà contenue dans la formule « juridiction d'équité », la loi ajoute encore que le Magistrat du Travail jugera « en conciliant les intérêts des employeurs avec ceux des travailleurs et en protégeant, en tous cas, les intérêts supérieurs de la production ». Il y a, en effet, dans la décision du Magistrat du Travail, un élément d'intérêt public qu'il ne peut ni ne doit négliger, car le différend entre employeurs et travailleurs n'intéresse pas seulement les parties en cause, mais bien toute la collectivité nationale, en ce qu'il touche à la marche de la production. La société est intéressée à ce que l'on produise, et à ce que l'on produise à des prix permettant à la production nationale de soutenir la concurrence de la production étrangère. De là l'obligation pour le juge de s'élever au dessus de la considération du pur intérêt des parties, et de tenir compte des intérêts supérieurs de la production.

d) *L'exercice de l'action judiciaire.*

L'exercice de l'action judiciaire devant la Magistrature du Travail est exclusivement de la compétence des associations professionnelles légalement reconnues et toujours contre des associations syndicales reconnues, lorsque les unes et les autres existent. Les associations professionnelles ne peuvent l'exercer et elle ne peut être exercée ni contre des particuliers, ni contre des associations syndicales non reconnues.

Cette exclusivité dans la représentation des intérêts des catégories professionnelles de la part des associations reconnues aussi devant la Magistrature du Travail, n'est qu'une conséquence directe de la représentation générale des intérêts des catégories que la loi attribue aux associations reconnues.

Indépendanmment des associations de premier degré, l'action syndicale judiciaire peut être exercée par une association de degré supérieur, qui a aussi le droit d'intervenir dans un différend entre associations dont l'une serait à sa dépendance.

Aussi bien, tant les associations de premier degré que celles de second degré, sont représentées en justice par leur représentant légal (le président ou le secrétaire).

La juridiction de la Magistrature du Travail peut aussi s'étendre à une catégorie professionnelle pour laquelle il n'existe pas d'association légalement reconnue. Dans ce cas, le président de la Magistrature du Travail nomme un curateur à la catégorie professionnelle dépourvue de syndicat reconnu, pour la représenter et pour défendre ses intérêts en justice. L'intervention volontaire des intéressés est alors admise.

Les associations en cause peuvent être assistées par des avocats-conseils.

e) *L'intervention du représentant de la loi.*

Une caractéristique d'importance considérable, c'est l'intervention du Ministère Public dans les jugements devant la Magistrature du Travail, c'est-à-dire du représentant de la loi et de l'intérêt public.

Tant qu'un différend civil a lieu entre particuliers et que seuls les intérêts des parties en cause sont en jeu, l'intervention du Ministère Public est superflue. En effet, selon les lois italiennes, cette intervention n'a pas lieu, sauf de rares exceptions, dans les causes civiles et commerciales.

Mais dans les différends collectifs du travail, l'intérêt général de la nation est en jeu, de telle sorte que l'intervention de l'État, essentielle dans le système italien, se justifie précisément par cet intérêt. C'est donc au Ministère Public qu'est confiée la tâche de s'assurer que soit respectée le principe qui veut que le juge cherche à concilier les intérêts particuliers avec les intérêts supérieurs de la production.

Non seulement le Ministère Public intervient dans les jugements, en exposant ses conclusions, mais il peut en prendre l'initiative, lorsque les associations intéressées n'y pourvoient pas et que l'intérêt public l'exige.

Il pourrait en effet arriver que, malgré l'interdiction de la loi, un partie se mette en grève ou proclame le *lock-out* et que l'autre partie ne fasse pas appel à la Magistrature du Travail. Or, l'intérêt public exige, non seulement que l'on réprime le délit de grève et de *lock-out*, mais aussi que la Magistrature du Travail élimine le différend qui a donné lieu à l'agitation, même si les deux parties ont prouvé par leur attitude qu'elles ne sont pas favorables ou même qu'elles sont contraires à cette intervention.

f) *Efficacité des sentences de la Magistrature du Travail.*

Un problème essentiel pour l'efficacité de tout système d'arbitrage ou de jugement dans les conflits collectifs du travail, c'est d'assurer l'observation de la décision et de la sentence, moyennant des sanctions opportunes.

La législateur italien y a pourvu énergiquement en établissant une véritable responsabilité pénale pour les contrevenants. Si le législateur s'était limité à accorder au Magistrat du Travail le droit d'ordonner simplement l'observation des accords généraux, la sentence n'aurait qu'une valeur platonique, car la partie qui n'exécuterait pas la sentence pourrait refuser de se soumettre aux ordres de l'autorité judiciaire. En abandonnant à l'arbitraire de la partie perdante dans le jugement l'exécution de la sentence du Magistrat du Travail, on en arriverait à compromettre tout le système. C'est pour cette raison que le législateur a ordonné que, lorsque un patron ou un ouvrier refusent d'exécuter les décisions du Magistrat du Travail, ils encourent la peine d'un mois à un an de prison et d'une amende de 100 à 5000 lires.

Dans le système de la loi, comme pour les contrats collectifs, les décisions de la Magistrature du Travail sont également obligatoires pour tous les membres des catégories professionnelles auxquelles elles se réfèrent, qu'elles soient ou non des syndicats.

Le refus, lorsqu'il part des personnes qui ont la direction des associations syndicales, est beaucoup plus grave en raison des conséquences qui dérivent de ce refus; c'est pourquoi la peine prescrite est proportionnellement plus grave. Les dirigeants qui résisteraient à l'observation du jugement de la Magistrature du Travail, sont révoqués de leurs fonctions et peuvent être condamnés à une peine restreignant leur liberté personnelle, pour une durée qui peut aller d'un minimum de six mois à un maximum de deux ans, ainsi qu'à une amende de 2000 à 10.000 lires.

Toutefois, contre les erreurs dans lesquelles peut tomber le Magistrat du Travail, la loi reconnaît aux organisations intéressées et au Ministère Public certains des moyens normaux de la procédure d'appel: la révocation, le recours pour cassation et la révision.

* * *

Certes, la réglementation de la Magistrature du Travail est sévère et rigide. Certes, les critériums de jugement posés par la loi ne sont pas d'une exécution facile, et ils n'éliminent pas les graves difficultés d'un jugement d'État obligatoire dans des conflits qui intéressent toute la production ou de grandes branches de la production du pays, et qui engagent de grandes masses d'hommes et aussi des intérêts vitaux. De là la prudence observée par le législateur, lorsqu'il a institué la Magistrature du Travail comme *ultima ratio* pour les questions les plus ardues et non résolues en conciliation préliminaire.

La Magistrature du Travail, en deux années d'exercice sobre et mesuré de ses délicates fonctions, a pleinement mérité cette confiance du législateur. Cela a permis de constater non seulement que cette confiance était bien placée, mais que les forces de la production étaient prudentes et pondérées. Elle a su rendre justice en donnant satisfaction à de nombreuses phalanges de travailleurs occupés à deux des plus importantes activités économiques du pays: les agriculteurs et les gens de mer.

On peut mettre la plus grande espérance dans la nouvelle institution, qui ne pourra que s'affirmer toujours davantage, ainsi que cela arrive pour toutes les institutions, par la formation d'une nouvelle coutume et d'une nouvelle conscience morale.

3. — LE RÈGLEMENT DES DIFFÉRENDS INDIVIDUELS.

Ces règles minutieuses que nous venons d'exposer se rapportent aux différends collectifs du travail, et non aux différends individuels, parce que les premiers sont ceux qui préoccupent le plus l'homme politique et le législateur. Il était cependant nécessaire, pour des motifs d'ordre politique et juridique, de rendre conforme à ces principes et à ces règles la réglementation des rapports individuels de travail.

C'est pourquoi la Charte du Travail, dans sa Xème Déclaration, avait aussi prévu la compétence de la Magistrature du Travail pour les différends individuels.

Par exécution de cette déclaration, le Décret du 26 février 1928, n. 471, portant réglementation pour les décisions à émettre en matière de différends individuels du travail, a aboli les juridictions spéciales qui existaient encore, comme les Tribunaux de Prud'hommes et les Commissions de l'Emploi privé, et a renvoyé toutes les actions relatives à des différends individuels en matière de travail au magistrat compétent quant à la somme (Préteur ou Tribunal), avec l'assistance, sur requête des parties, de deux experts à choisir, l'un parmi les employeurs, l'autre parmi les travailleurs, et qui doivent être inscrits sur des listes spéciales établies d'après le même système que pour la Magistrature du Travail.

Un règlement de procédure souple, semblable à celui de la Magistrature du Travail, permet que ces différends soient liquidés avec la rapidité voulue, sans pour cela négliger un examen approfondi des droits des parties.

On a déféré au Préteur et au Tribunal, selon leur compétence et conformément aux règles contenues dans le décret:

a) les différends actuellement de la compétence des Tribunaux de Prud'hommes ou des Commissions pour l'Emploi privé;

b) les différends individuels dérivant de rapports réglés par des contrats collectifs de travail, conformément à la loi du 3 avril 1926 et du Décret du 1er juillet 1926;

c) les différents individuels dérivant de contrats individuels de travail ou de règlements de fabrique ou d'entreprise, lesquels doivent être conformes à un contrat collectif, aux termes du décret du 1er juillet 1926;

d) les différends ayant pour but de constater la responsabilité civile que les employeurs et les travailleurs peuvent accourir à l'égard de leurs propres associations, en cas de violation d'un contrat collectif, conformément aux dispositions de l'article 10 de la loi du 3 avril 1926.

La difficulté de trouver des personnes capables, vu la multiplicité des circonscriptions judiciaires, a induit à ne pas imposer obligatoirement l'assistance des experts sous peine de nullité. Les parties peuvent exiger l'assistance de ces experts, lorsqu'elles désignent les deux experts de commun accord. La désignation de concert par les parties démontre que la possibilité de recourir à l'assistance des experts ne manque pas.

Contrairement à ce qui se passe pour la Magistrature du Travail, où les experts ont voix délibérative, on a estimé ne devoir leur accorder qu'une voix consultative dans la solution des différends individuels. La raison de cette différence réside dans la qualité même du juge, spécialement lorsqu'il s'agit du Préteur, et dans la moindre possibilité de choix parmi les experts qui doivent assister les Tribunaux et les Préteurs. Les experts expriment leur avis sur la décision de la cause et peuvent même le rédiger par écrit, afin qu'il reste dans les archives pour le cas où il y aurait appel, mais la décision est prise par le Préteur ou par le Tribunal.

Pour tout le reste, le caractère du jugement est tel qu'il est réglé maintenant dans le Code de procédure civile.

Ces dispositions de caractère général une fois établies, il était nécessaire de régler l'action et la procédure, en tenant compte, avant tout, du but de cette instance, qui est la conciliation. Cette dernière est, en effet, comme nous l'avons vu, une des tâches les plus importantes des associations syndicales. Pour rendre possible la conciliation, il est prescrit que l'action judiciaire ne peut pas être intentée, si l'association légalement reconnue n'a pas prononcé qu'il y avait eu violation d'un droit. L'association qui doit se prononcer est celle de la catégorie à laquelle appartient l'intéressé, même s'il n'est pas membre de l'association elle-même. Et puisque le différend individuel entre les parties peut être connexe à un différend collectif en cours d'examen devant la Magistrature du Travail, il est rendu obligatoire, dans ce cas, de suspendre temporairement tout jugement sur le différend individuel. Les associations ont, dans tous les cas, la faculté d'intervenir dans la discussion des différends individuels.

Pour la compétence territoriale, il est établi que l'action est intentée devant le Préteur ou le Tribunal de la circonscription où se trouvent l'entreprise, l'établissement ou l'exploitation dont dépend le travailleur.

Les règles relatives à la procédure sont modelées sur celles qui visent la procédure devant la Magistrature du Travail.

Peut-on interjeter appel contre le prononcé du Préteur ? Telle est la question qui s'est aussi posée. Si l'on tient compte du fait que la compétence des Préteurs s'étend jusqu'à une somme de 5000 lires, il n'a pas paru admissible que toutes les sentences fussent déclarées sans appel. L'impossibilité de l'appel a été limitée aux différends ne dépassant pas la somme de 2000 lires. L'appel est porté devant la Magistrature du Travail. La déclaration de nullité, la révocation et la cassation sont aussi applicables dans ces cas.

Quant au refus d'exécuter les décisions du Magistrat du Travail, les coupables sont passibles de la détention jusqu'à une année ou d'une amende de cent à cinq mille lires, s'il s'agit d'employeurs ou de travailleurs qui refusent de remplir, de propos délibéré, les conditions établies par les contrats collectifs de travail. Un même motif d'ordre public exige en vérité qu'une même punition soit la sanction tant de la violation des décisions du Magistrat du Travail que de celle des contrats collectifs, puisque les unes et les autres concourent également à la réglementation des rapports de travail. Cette règle représente par conséquent une coordination logique avec les mesures analogues visant les contrats collectifs de travail.

4. — LES DÉLITS COLLECTIFS DU TRAVAIL.

L'institution de la Magistrature du Travail devait avoir pour conséquence l'interdiction de la défense d'une classe par elle-même, de même, d'ailleurs, que cette défense ne pouvait être interdite qu'à la condition d'instituer une organe qui rendît une justice souveraine.

La juridiction des Tribunal du Travail étant devenue obligatoire pour la solution des conflits entre capital et travail, on pouvait et l'on devait nécessairement interdire la grève et la *lock-out*. On comprend que dans un régime d'absolue liberté et de lutte syndicale, lorsque aucune solution juridictionnelle n'est prévue pour ces conflits, la grève et le *lock-out* représentent un moyen toléré de choc et d'équilibre des forces, propre à permettre presque automatiquement une solution. Mais lorsque la loi garantit en général une solution judiciaire des différends du travail, le droit à la grève et au *lock-out* est insoutenable.

Du reste, l'interdiction de se faire justice par soi-même est un principe général fondamental du droit moderne. On a seulement beaucoup de peine et on hésite beaucoup à l'étendre à la grève et au *lock-out*, considérés comme mouvements de masses. Et cependant, il y a une raison de plus, qui est essentielle, en faveur de cette extension; ce sont les intérêts généraux vitaux d'un pays qui sont lésés par la défense sans frein qu'une classe ou une catégorie fait d'elle-même dans les conflits du travail.

On sait en quoi consistent juridiquement ces deux moyens de lutte: en une simple violation du contrat de travail. L'ouvrier qui s'était obligé à travailler pour l'employeur, se refuse par contre à le faire; ou l'employeur, qui [s'était engagé à continuer à donner du travail à un ouvrier, renvoie ce travailleur. Cela est indubitablement illicite, comme n'importe quelle violation des obligations prises par contrat. Mais le coupable encourrait une simple responsabilité civile. Il ne semblerait pas possible que ces violations de contrats pussent prendre la physionomie de délits.

Mais, si l'on considère ces violations dans leur réalité pratique, il semble bien qu'elles ne causent pas seulement des dommages économiques aux parties contractantes, mais qu'elles touchent et lèsent les intérêts de toute la collectivité. Les grèves de la main-d'œuvre ouvrière sont délétères pour tout un pays. Elles entravent la production, créent le chômage, causent la ruine des entreprises et sont des facteurs du désordre social. Plus encore, elles servent aujourd'hui d'instrument de lutte politique contre l'autorité constituée de l'Etat. On peut en dire de même, d'un autre point de vue, dans le cas d'un *lock-out* qui jette sur le pavé de grandes masses de travailleurs. Nous sommes bien loin de la simple violation d'un contrat de caractère privé; c'est l'intérêt public qui est directement lésé dans les deux cas.

C'est pourquoi la conscience juridique et sociale des peuples s'est peu à peu habituée à considérér la grève, le *lock-out* et les formes analogues de résistance, comme de véritables délits, qui doivent être punis comme tous les autres délits. Il était cependant naturel que les associations syndicales et les partis politiques intéressés, dans une régime de liberté syndicale absolue, fissent tous leurs efforts pour empêcher cette intervention de la loi pénale, qui, à défaut d'un système légal de juridiction, diminue bien la possibilité de conflits, mais aboutit à des résultats injustes, en empêchant toute possibilité de défense de tout intérêt, même juste et fondé.

Le problème consiste bien à interdire la défense d'une classe ou d'une catégorie par elle-même, mais aussi à assurer cette défense par les soins d'une véritable magistrature impartiale. Le réforme sociale italienne résoud intégralement ce problème. La loi du 3 avril 1926, après avoir institué la Magistrature du Travail, proclame que la grève et le *lock-out* et toutes les formes analogues de coaction dans les conflits de travail sont interdits et punis comme des délits.

La défense d'une classe ou d'une catégorie par elle-même s'étend naturellement dans la mesure où s'étend la juridiction du Magistrat du Travail. Elle est donc applicable dans tous les cas où cette juridiction est obligatoire.

a) *Le lock-out.*

On sait que le *lock-out* est le fait d'un ou plusieurs employeurs qui, sans un motif valable et dans le but d'obtenir de leurs dépendants des modifications aux conditions de travail en vigueur ou pour d'autres buts illicites, suspendent le travail dans leurs établissements, entreprises et bureaux.

Selon la doctrine et la jurisprudence, le *lock-out* consiste dans la fermeture matérielle des établissements sans motif plausible; le délit se concrétise dans la suspension, même transitoire, de l'activité productrice de l'exploitation. Cette suspension peut aussi porter sur une partie seulement de l'entreprise.

L'employeur qui ferme les battants de son entreprise doit être considéré comme coupable du délit de *lock-out*, soit qu'en agissant de la sorte il veuille obtenir des ouvriers une modification des contrats de travail, soit qu'il tende à des buts différents, mais non légitimes.

Une clôture de l'établissement, de l'entreprise ou du bureau peut être due à la cessation de l'industrie ou être conseillée par la transformation des méthodes de travail. Dans cette hypothèse, il n'y a pas lieu de parler d'intention délictueuse et, par conséquent, cet acte n'est passible d'aucune sanction. Seule l'*absence d'un juste motif* peut faire un délit de la fermeture d'une entreprise.

Seule une équivoque a pu faire croire à des critiques superficiels que la loi sanctionne une inégalité entre employeurs et travailleurs, en permettant seulement pour le *lock-out* et non pour la grève, la discrimination du juste motif. C'est une erreur. Le principe de la loi italienne est, par contre, celui d'établir une parfaite égalité dans la punition du *lock-out* comme dans celle de la grève. En effet, la grève exige une entente préalable qui présuppose l'intention de nuire, tandis que le fait de l'entrepreneur isolé qui ferme sa fabrique suffit à constituer un délit, si bien qu'il est nécessaire de démontrer l'absence des justes motifs de caractère privé, pour lesquels tant l'ouvrier que l'employeur doivent être laissés libres, qui d'abandonner le travail, qui d'arrêter son industrie.

b) *La grève.*

La grève est un phénomène corrélatif au *lock-out*. Il y a grève — selon le loi italienne — lorsque des employés ou des ouvriers, en un nombre supérieur à trois, après accord préalable, abandonnent leur travail ou travaillent de façon à troubler la continuité et la régularité du travail même, dans le but d'obtenir d'autres conditions de travail ou encore dans d'autres buts.

Le délit de grève ne se manifeste pas seulement par l'abandon du travail, mais aussi par un travail volontairement irrégulier (p. ex. par l'obstructionisme), parce que cette façon d'effectuer le travail entrave la continuité de ce dernier.

Pour la grève, comme pour le *lock-out*, le but auquel visent les auteurs peut être soit d'obtenir de meilleures conditions, soit un autre quelconque.

9.

c) *Les peines.*

L'*employeur*, lorsqu'il commet le délit de *lock-out*, pour chercher à obtenir une modification des conditions de travail fixées par le contrat collectif est passible d'une amende pouvant aller de dix à cent mille lires.

La peine dont est passible le travailleur est moins grave. Le travailleur qui abandonne son travail dans le même but, est passible d'une peine qui va d'un minimum de cent à un maximum de mille lires.

Si le but de la grève ou du *lock-out* n'est pas d'obtenir d'autres conditions de travail, la peine, qui est la même pour l'employeur et pour le travailleur, peut atteindre un maximum de cinq cents lires.

La peine est seulement pécuniaire, si le *lock-out* ou la grève ne sont pas accompagnés d'une contrainte physique ou morale contre les personnes, ou de violences contre les choses. Elle est plus grave et privative de liberté personnelle, lorsque cette contrainte ou cette violence subsistent. Dans ce cas la peine est celle de la prison jusqu'à vingt mois et d'une amende de cent à trois mille lires.

Naturellement, les *organisateurs* et les *promoteurs* d'une grève ou d'un *lock-out* sont passibles d'une peine plus forte. Ils sont passibles de la prison, pour une durée d'une à deux années, indépendamment de l'amende prévue pour les employeurs ou les travailleurs, selon qu'il s'agit d'un lock-out ou d'une grève.

On a constaté souvent que des masses de grévistes ont contraint, par la menace ou la violence, des fonctionnaires ou agents de l'ordre public (maires, huissiers, gendarmes, etc.) d'agir contrairement à leur devoir ou de ne pas accomplir entièrement leur devoir. Quelquefois, les foules excitées ont été jusqu'à rendre impossible aux corps judiciaires, politiques ou administratifs de remplir leurs fonctions, ou cherché à influencer leurs délibérations, ou encore à en empêcher les réunions. Pour ces délits, les peines prévues sont plus graves que pour la grève et le *lock-out*, et plus fortes pour les meneurs que pour les exécuteurs.

d) *La suspension des services publics.*

Aussi en cas de suspension des services publics, on peut avoir la grève ou le *lock-out*, délits que la loi frappe naturellement de façon beaucoup plus grave.

Le *lock-out* peut être commis par ces personnes qui sont à la tête d'entreprises d'intérêt public (télégraphes, chemins de fer, transports automobiles ou maritimes) ou d'utilité publique (éclairage, fourniture du gaz, boulangeries, etc.) qui suspendent le travail sans un motif plausible.

La grève est, dans ce cas, le délit dont se rendent coupables les employés et, en général, les agents de l'Etat, ou de toute autre organisation publique, ainsi que le personnel d'une des entreprises d'utilité ou d'intérêt publics.

Une circonstance aggravante du délit de suspension de cette espèce de services est constituée par le danger auquel sont en conséquence exposées les personnes, danger qui peut être d'ailleurs cause de mort.

Du *lock-out* et de la grève dans les services publics et de nécessité publique, découle un genre spécial de délit, qui est celui dont se rendent responsables tant les personnes exploitant ces services que leurs agents, lorsqu'ils omettent de faire ce qui est en leur pouvoir pour obtenir que le service soit régulièrement continué ou repris. Le devoir de tout fonctionnaire public ou de quiconque dirige un service public ou de nécessité publique ou y travaille, c'est de faire tout ce qui est en son pouvoir pour que le service ne soit pas suspendu ou pour qu'il soit repris immédiatement, lorsqu'il s'agit d'entreprises qui intéressent profondément la vie de la collectivité.

* * *

Tel est le système de sanctions que la réforme italienne établit contre les grèves et les *lock-out*. Sera-t-il efficace ? – demande-t-on de plusieurs côtés. Comment applique-t-on ces sanctions à de grandes masses ? C'est l'objection traditionnelle contre toute législation destinée à réprimer les grèves.

Certes, personne ne pense que des sanctions pénales suffiraient seules à empêcher des *lock-out* et des grèves, si une collaboration spontanée entre les classes et les catégories ne devenait pas d'un usage quotidien, si la conscience publique n'était pas pénétrée de la conviction que toute forme d'action directe pour résoudre les différends professionnels doit faire place désormais à une discussion pacifique entre les parties et, éventuellement, au recours à la juridiction du travail, si n'importe quelle forme de violence individuelle n'apparaissait pas comme une survivance du passé, comme une menace pour l'ordre que l'Etat a établi pour prévenir et résoudre les conflits entre les classes, et que, par conséquent, il est juste de la punir et de la réprimer.

La réforme italienne a fait beaucoup plus qu'établir des sanctions. La force la plus grande des sanctions – ainsi qu'il arrive maintenant – découle du consentement général donné à l'application des principes. La réglementation graduelle des rapports de travail au moyen de contrats collectifs de travail et de règles corporatives, et les discussions, toujours possibles, des intérêts communs ou contraires de la part des organisations d'employeurs ou de travailleurs au sein des organes de conciliation de l'Etat, la formation graduelle d'un nouveau droit du travail, créent déjà cette atmosphère sociale, où les ouvriers et les employeurs acceptent sincèrement la nouvelle organisation juridique des rapports entre les différents facteurs de la production.

CHAPITRE VII.

LA CORPORATION.

1. — L'ESSENCE DE LA CORPORATION.

L'organisation donnée par la Révolution des Chemises Noires aux associations professionnelles et les règles visant les contrats collectifs et la solution des conflits du travail ne représentent pourtant, comme nous l'avons déjà dit, qu'une première phase de la réorganisation fasciste de l'Etat.

Par cette première phase, on a distingué et groupé les diverses forces sociales en associations; on leur a donné un statut et l'on a réglementé l'intervention de l'Etat dans le domaine des rapports collectif du travail, pour qu'ils se développent dans l'ordre et selon la justice.

Mais le Fascisme avait d'autres problèmes plus graves à résoudre: celui de la défense et du développement de la production nationale avec la participation consciente de toutes les forces économiques déjà organisées, et celui de fonder, sur cette base plus large, toute la vie économique, sociale et politique de la nations.

Aujourd'hui le bien-être et l'existence même des nations dépendent principalement des vissicitudes de leur économie; la prospérité et la puissance des peuples reposent plus sur la force des banques, des industries, du commerce, de l'agriculture, sur la force, en somme, de la production nationale, que sur celle des armées. La lutte entre les nations est une lutte de droits de douane et d'accaparrement des marchés de vente. Les Etats modernes ont donc comme préoccupation principale la défense et le développement de la production nationale.

« Les intérêts de la production » ainsi que l'a bien proclamé la VIème déclaration de la Charte du Travail « sont des intérêts nationaux ». Un des buts principaux de la révolution fasciste, c'est d'accroître la puissance et la prospérité nationale par la constitution d'un Etat capable de pacifier les deux facteurs principaux de cette production et de réaliser leur collaboration réciproque.

Si le Fascisme s'était arrêté à la réglementation des rapports et des différends entre employeurs et travailleurs, il n'aurait résolu qu'une partie du grand problème de la société moderne. Il aurait donné un juge aux parties en litige et aurait pris les mesures propres à réduire au minimum les différends, pour les contenir dans l'ordre et dans la discipline. Mais, étant donné que le système syndical se base sur la distinction nette et constante entre employeurs et travailleurs, il n'aurait pas éliminé cette possibilité, cette tendance à la lutte réciproque, ce fossé profond entre les facteurs de la production, qui sont précisément la plus forte préoccupation des nations. Si énergique qui puisse être, en somme, le contrôle de l'Etat, le germe de la lutte de classe serait toujours resté dans la nation, constituant un ferment dangereux pour la production nationale.

Il fallait donc aller aux racines du problème, et préparer les moyens pour convertir cet antagonisme, autrefois inévitable, en une collaboration permanente, sincère et nécessaire des facteurs de la production, aux fins de la prospérité de cette dernière.

C'est à cette nécessité que répond la réunion des diverses forces de la production sous la garantie de l'Etat, dans l'organisation corporative réalisée par la Révolution fasciste. Les associations professionnelles légalement reconnues assurent l'égalité juridique entre employeurs et travailleurs; elles maintiennent en outre la discipline de la production et du travail et tendent à leur perfectionnement. Au dessus d'elles, les Corporations constituent l'organisation complète des forces de la production, dont elles représentent intégralement les intérêts. C'est précisément parce qu'elles assurent cette représentation intégrale des intérêts de la production, qui sont eux-mêmes des intérêts nationaux, que la loi reconnaît les Corporations comme organes d'Etat.

C'est dans ces principes énoncés par la Charte du Travail, qu'est consacrée la différence entre l'organisation syndicale, dont nous nous sommes occupés plus haut, et l'organisation corporative, plus complexe.

L'association professionnelle légalement reconnue – le syndicat – déploie son activité dans les limites de l'intérêt de la catégorie représentée. En dehors de sa propre catégorie, l'association n'a aucun pouvoir ni sur les individus, ni sur leur activité dans le domaine de la production et du travail.

La Corporation, au contraire, a ces pouvoirs, parce qu'elle représente l'organisation centrale des diverses catégories de personnes qui concourent à la production, soit comme employeurs, soit comme travailleurs; elle seule peut représenter intégralement les intérêts communs, de même qu'elle représente les intérêts généraux de la production nationale.

La réforme italienne prévoit la constitution des Corporations comme unions intégrales des forces réunies des employeurs et des travailleurs pour chaque catégorie de la production. Elle prévoit en outre la constitution du Conseil national des Corporations, comme organe suprême de la représentation syndicale et des représentations des diverses administrations centrales de l'Etat, des grandes œuvres nationales (Loisirs ouvriers [« Dopolavoro »], Maternité et Enfance, Balilla).

L'organisation corporative semble presque réglée sur un rythme concentrique. Les individus de groupent automatiquement dans leurs associations respectives de classe; les classes se rangent dans leurs fonctions respectives de catégorie; les diverses fonctions de catégorie se coordonnent dans leurs Corporations; les Corporations ont leur représentation intégrale dans le Conseil national des Corporations, et se fondent dans cette Corporation intégrale qu'est, en substance, l'Etat. De l'individu à l'Etat, c'est toute une suite harmonieuse d'énergies qui ne s'annulent pas, mais qui se mettent en valeur, qui ne s'abaissent pas, mais s'élèvent, qui ne se perdent pas, mais s'orientent vers un but commun.

La Révolution fasciste, conformément à sa doctrine, est ainsi arrivée à remonter de l'analyse syndicale à la synthèse corporative, de l'atomisme des catégories à l'unité des intérêts généraux de la Nation.

2. — ORGANISATION SYNDICALE
ET ORGANISATION CORPORATIVE.

La reconnaissance des associations professionnelles et d'une seule association pour chaque catégorie d'employeurs ou de travailleurs de chaque branche d'activité productrice, et l'attribution aux associations reconnues de la représentation légale et exclusive de toute la catégorie, y compris celle des personnes qui n'y sont pas inscrites, ont constitué le point de départ de l'organisation corporative, laquelle s'est érigée sur deux piliers solides:

1°) d'une part, l'Etat, sans recourir à la contrainte, mais par une simple reconnaissance législative de l'existence du fait syndical, a réalisé la création d'autant d'associations professionnelles d'employeurs et de travailleurs qu'il y a de branches dans la production nationale.

Cette organisation a été réalisée en peu de temps. En commençant par chaque province et souvent par chaque commune, en sectionnant la production nationale en de nombreuses catégories élémentaires; et en groupant ensuite les associations de premier degré en de plus grandes associations provinciales, régionales, nationales et générales, par une échelle de hiérarchies qui les enchaîne les unes aux autres; elle forme un cadre complet de la subdivision des activités de la production et des catégories travailleuses de la nation.

2) mais, dans cette organisation, les deux catégories des employeurs et des travailleurs restent nettement séparées en associations distinctes, car le but de cette organisation est précisément celui de la représentation des intérêts des deux classes dans leurs rapports réciproques et dans les conflits possibles.

Les organisations de classe pour la défense de leurs intérêts de catégories étant créées, il ne fallait pas les laisser dissociées. Le principe de la collaboration obligatoire portait à les grouper et à les coordonner en un organisme unique pour chaque corps de production, chargé de la protection globale de celle-ci. De là, les « organismes centraux de liaison », c'est-à-dire les Corporations.

Chacune des grandes organisations de travail et chacune des grandes organisations d'employeurs envoient leurs propres représentants à des grands organismes centraux d'Etat, les Corporations, qui, présidées par les représentants de l'Etat, prennent possession de la haute direction des diverses branches de la production: industrie, agriculture, commerce, banques, transports, navigation, indépendamment des Corporations spéciales qui peuvent se constituer pour une ou plusieurs catégories d'entreprises. Ces diverses Corporations constituent le Conseil des Corporations qui établit sur des bases encore plus larges le système d'équilibre, en allant de la catégorie et du groupe à l'ensemble de la production.

Les Corporations sont donc les organes par lesquels l'État utilise la collaboration des classes et des catégories de la production, pour réaliser le développement de cette dernière et fonder l'organisation politique sur des bases professionnelles; pour établir, en un [mot, la base d'une direction économique et politique éclairée de la Nation. Dans les Corporations, au point de vue économique, l'Etat trouve réunies ou mises côte à côte, toutes les classes et toutes les catégories qui travaillent et produisent, réparties en grandes branches. Il les stimule et les dirige. Il réalise ainsi la collaboration la plus profitable pour améliorer, perfectionner, développer, encourager telle ou telle branche de la production, et grâce à ces diverses dispositions, il améliore et développe l'ensemble de la production du pays.

Cette idée de réaliser la collaboration des classes et des catégories dans le phénomène de la production a des précédents dans ce que l'on appelle les syndicats mixtes de travailleurs et d'employeurs. Mais les Corporations italiennes en diffèrent profondément, du fait que, dans ces dernières, la liaison entre employeurs et travailleurs n'est pas réalisée par de simples associations, mais bien par des organes d'État, ayant une véritables organisation administrative. C'est donc l'État qui soumet tous les éléments de la production à une réglementation unique. C'est lui qui fait mouvoir et qui utilise les forces opposées et qui encourage et dirige leur collaboration. De cette manière, tout danger et même toute possibilité de conflit sont éliminés. Employeurs et travailleurs n'ont plus de raison de craindre que l'action de l'organe de liaison ne se traduise par la suprématie d'une catégorie sur l'autre.

On trouve aussi, auprès du Ministère des Corporations, le Conseil national des Corporations, destiné à coordonner les fonctions et l'activité des diverses Corporations. Il a une fonction consultative et une fonction délibérative. D'autre part la loi prévoit la constitution de Corporations provinciales, destinées à développer et à représenter, loin du centre, l'activité et les fonctions des organes centraux de liaison.

Alors que, grâce à l'organisation syndicale verticale, les intérêts des diverses classes sociales qui concourent à la production sont séparés et placés en face l'un de l'autre, – dans l'organisation corporative horizontale, au contraire, ces forces sont appelées à collaborer l'une avec l'autre et avec l'Etat, sous le patronage et la direction de ce dernier, pour la protection des intérêts généraux de la production nationale.

Le système corporatif fait en somme que les associations syndicales peuvent évaluer et calculer toutes les conséquences de leur action, et non pas seulement les conséquences immédiates, c'est-à-dire qu'il amplifie et complète la connaissance que le particulier et le groupe professionnel doivent avoir de leur position respective dans la constitution économique du Pays.

Et c'est cette « conscience corporative », que l'organisation corporative cherche à créer chez tous les Italiens, convaincue que sans cette conscience, les formes de la loi restent des corps sans âme.

3. — VALEUR SOCIALE DE LA CORPORATION.

Selon Mussolini, la Corporation doit réaliser les équilibres entre les intérêts et les forces du monde économique et social. Elle doit résoudre le plus grave et le plus important des problèmes contemporains, celui des rapports entre toutes les forces organisées de la production.

La fonction de la Corporation revêt en effet un caractère double: fonction d'assistance et de solidarité sociale, de prévention et de modération des conflits pour la répartition du produit; et fonction de coordination des diverses activités économiques, d'intervention de l'Etat pour surveiller, coordonner, compléter l'œuvre de l'entreprise privée dans l'intérêt de la Nation et des particuliers. L'organisation corporative est le creuset de toutes les forces économiques et sociales du pays, qui trouvent en elle la conciliation au lieu de la lutte, la mise en valeur au lieu de l'élision.

Dans la Corporation, ce qui était une discussion haineuse lorsque la foule des grévistes était aux portes, devient un contact normal entre les intérêts de la production. Et cela non pas seulement pour résoudre les différends en matière de salaire par des solutions approximatives ne tenant compte que des contingences politiques du moment et de la résultante temporaire des diverses forces en lutte. L'examen des différends se base sur des éléments techniques, fournis par les parties, mais surtout contrôlables par les renseignements permanents de l'Etat sur les conditions de la production, ses possibilités de vie, d'expansion, de développement, les prix de revient, le rendement de la main d'œuvre, les salaires et les prix. A la conception de la conquête sur l'adversaire, se substitue la conception de la solution d'un problème d'intérêt commun. De la sorte, le tonus de la collaboration s'élève. Cette dernière n'est ni fictive, ni contrainte, mais est renforcée par la conscience des responsabilités dont bénéficie, par dessus tout, la dignité morale des classes travailleuses.

Le critérium qui a présidé à l'institution de la Corporation italienne va bien au delà des comité mixtes essayés ailleurs. Ce n'est pas un simple contact entre les patrons et les ouvriers pour discuter de la répartition du produit, avec cette conséquence que l'accord peut intervenir aux dépens du consommateur, par l'augmentation simultanée des salaires, des bénéfices et des prix.

Les discussions corporatives, avec l'intervention beaucoup plus active de l'Etat et avec la participation de tous les intérêts, éviteront les malheureux compromis de certaines catégories au détriment d'autres, la course à ces monopoles partiels, grâce auxquels en Italie, des groupes restreints s'assuraient des privilèges aux dépens des autres: industrie lourde contre industrie spécialisée, industrie contre agriculture, producteurs contre consommateurs, et ainsi de suite.

La possibilité doit disparaître de compromis protectionnistes au détriment des consommateurs et, dans l'économie corporative, l'entrepreneur ne pourra pas davantage recourir aux autres expédients typiques, ou encore subir, par faiblesse, l'imposition inconsidérée de requêtes déraisonnables, qui mineraient la vitalité de l'industrie, à laquelle la Nation est directement intéressée. Il ne pourra pas non plus tenter de maintenir son profit intact, en réduisant les salaires. Non. Il est obligé d'organiser l'industrie de façon que l'augmentation et l'améliorations de l'industrie permettent de satisfaire équitablement tous les intérêts, ceux des patrons et ceux des travailleurs, ceux des consommateurs et ceux de la Nation dans son ensemble.

C'est là que réside particulièrement l'importance sociale de la Corporation. Dans l'Etat corporatif, les syndicats sont appelés à participer, avec les pouvoirs publics, au contrôle de l'organisation économique. Ainsi que le dit la Charte du Travail, les syndicats doivent participer à la réglementation de la production, au contrôle de tout le système économique national, et ils doivent, en outre, faire tous leurs efforts pour mieux coordonner et organiser le production. Enfin, les syndicats, par leur action devant la

Magistrature spéciale pour l'interprétation et la modification des contrats de travail, ont le droit de provoquer un certain contrôle également sur leur branche de production et sur l'entreprise particulière.

Aux utopies du contrôle ouvrier se substituent le contrôle général de la production fait au sein de la Corporation par l'Etat et par les syndicats, et la participation de tout le travail aux bénéfices de toute la production. Ce sont là les bases d'une solution rationnelle de la question ouvrière, qu'il appartient aux syndicats eux-même de réaliser.

Le résultat de l'expérience corporative sera donc non seulement de contenir les producteurs dans le rayon d'action de l'Etat, mais de réaliser la justice sociale par une distribution équitable de la richesse.

Par l'organisation corporative, l'État cherche à coordonner, à équilibrer et à modérer, moyennant ses directives inspirées des besoins supérieurs, permanents, vitaux, de la nation organisée, toutes les forces sociales qui, du fait de l'efficacité atteinte par leurs organisations et par l'opposition toujours plus âpre de leurs intérêts, pourraient provoquer, si elles étaient livrées à leurs propres instincts, le plus grand préjudice à elles-mêmes, à tous, et, immanquablement, aux plus faibles.

Mais cette réglementation par la Corporation a un contenu profondément moral. Mussolini a dit qu'il faut constituer l'ordre moral au sein de la société nationale, seule prémisse de l'ordre public; ordre moral en tout et principalement dans l'économie. On estime généralement que le problème de l'économie ne peut pas contenir un problème moral de distribution. Par la Corporation, la réforme italienne replace l'économie dans l'ordre moral, faisant ainsi œuvre essentiellement sociale.

4. — VALEUR ÉCONOMIQUE DE LA CORPORATION.

La Corporation ne s'intéresse pas seulement aux salaires, elle ne s'intéresse pas non plus seulement aux prix de revient et de vente, elle ne discute pas seulement de la répartition, mais aussi de la production, dont la répartition n'est que le corollaire. Pour la première fois, dans la Corporation, tous les producteurs sont appelés à s'intéresser directement aux problèmes généraux de l'organisation de la production, pour son perfectionnement et son expansion, ce qui permet aux problèmes de la production et de la répartition de trouver une solution plus aisée.

C'est pourquoi la loi veut que les associations syndicales ne limitent pas leur activité à la stipulation des contrats collectifs, mais entrent en contact toujours plus étroitement entre elles pour réglementer l'action économique.

La Corporation a pour but de réaliser une organisation économique puissante qui ne tolérera aucune perte de la production, et qui donnera à la Nation des moyens de développement considérables.

Tandis que l'on discute partout de la rationalisation de la production et du travail, l'organisation corporative réalise cet idéal de rationalisation, en améliorant l'organisation économique, spécialement par la coordination des efforts. Grâce à la Corporation, l'État doit contrôler, coordonner et harmoniser les formes d'activité des forces de la production. d'où résulte une augmentation progressive de la prospérité morale et matérielle de la Nation. La conséquence en est que l'organisation de la production ne sera plus une matière laissée à l'arbitre sans frein des employeurs, le résultat de la mesquinerie d'un intérêt contingent et de compromis avec tel ou tel groupe de travailleurs privilégiés. Ce sera, au contraire, une organisation intégrale inspirée par un intérêt général élevé qui résultera de l'influence de l'État et de celle de tous les producteurs intéressés, y compris les travailleurs.

Ce sont les diverses formes d'activité: agricole, industrielle, commerciale, les divers facteurs de la production: capital, technique et travail; les diverses catégories économiques: producteurs, consommateurs, etc., qui, aujourd'hui, partout et toujours davantage, sont étroitement interdépendants, mais qui, en Italie particulièrement pendant la période actuelle de ressources limitées et de marche vers l'expansion, ont besoin d'être coordonnés sur un plan d'ensemble rationnel. La Corporation répond précisément à ce besoin, car ce n'est qu'en elle que peut se constituer l'unité de combat de l'économie nationale, destinée à une expansion toujours plus grande.

L'économie de la nation est un système délicat d'équilibres, d'autant plus délicat lorsqu'elle n'est pas riche de disponibilités et qu'elle doit cependant se développer et s'amplifier. Or, l'organisation économique corporative en Italie a son origine d'abord dans les nécessités d'un régime qui utilise au plus haut point toutes les ressources du pays, non seulement matérielles, mais morales, et qui équilibre et coordonne toutes les forces disponibles en vue de l'accroissement de la richesse et de la puissance nationales. C'est l'organisation de la production, qui se dresse contre le gâchis de la concurrence, en appliquant la loi du plus haut rendement.

C'est pourquoi le règlement de la loi du 3 avril 1926, qui a donné naissance à la Corporation comme organe central de liaison entre les associations syndicales, et ensuite la « Charte du Travail, » assignent aux différentes Corporations la tâche de susciter, d'encourager, d'aider toute initiative ayant pour but d'améliorer et de coordonner l'organisation de la production, de la réglementer, d'en protéger les intérêts et de réduire les prix de revient.

L'accroissement de la capacité de production et du rendement de l'économie générale, grâce à celui de chaque entreprise, et la réduction des prix de revient, moyennant la coordination des efforts et l'organisation rationnelle du travail dans son sens le plus large, tels sont les deux problèmes fondamentaux de l'économie actuelle, qui ne pourraient sans doute être mieux résolus que grâce à la Corporation. Ces problèmes généraux impliquent aussi de nombreux problèmes particuliers d'organisation et de technique qui, eux aussi, peuvent être résolus grâce à la réglementation uniforme de la Corporation. La spécialisation, la sélection, la coordination des entreprises, la rationalisation des produits, l'introduction de nouveaux procédés techniques, la réduction des frais de production, l'organisation des services commerciaux pour l'intérieur et pour l'étranger, l'étude des problèmes douaniers et des tarifs des transports par chemin de fer et par mer, tout cela rentre dans l'activité corporative, qui a pour but de « coordonner et de mieux organiser la production. ». D'autre part, l'activité corporative peut aider à éliminer beaucoup d'autres difficultés du problème économique.

En réalité, toujours et partout, l'État national moderne a entrepris cette œuvre de médiation, de propulsion, de mise au point de l'activité économique privée et de conciliation des intérêts individuels avec les intérêts collectif. La politique économique ainsi entendue a pris depuis quelque temps des développements toujours plus amples. Mais c'est par la Corporation seule que l'on essaie, pour la première fois, de régler, de façon rationnelle, l'intervention de l'État. Cette intervention n'est plus confiée à la volonté changeante de fonctionnaires, mais s'appuie – ce qui a une importance beaucoup plus grande – sur l'expression directe des besoins et des intérêts des catégories productrices, réunies dans la Corporation, sous la direction de l'État.

L'organe corporatif est un organe d'État, mais la collaboration des différentes classes et catégories, aux fins de la distribution et surtout de la production de la richesse, n'est pas imposée arbitrairement par l'État; elle naît du jeu des intérêts en cause. Toutes les classes, toutes les catégories professionnelles sont appelées à examiner, au sein des différentes Corporations, les problèmes de la production et de la distribution, qui sont, il est vrai, d'intérêt public et non seulement privé, mais qui ne peuvent trouver un équilibre durable et non arbitraire que par l'entrée en jeu des libres forces économiques. D'autre part, l'intérêt national entre comme coëfficient d'importance toute spéciale dans les accords intéressant les différentes catégories de producteurs. Il les domine et les gouverne, afin qu'ils ne puissent jamais se dresser contre les intérêts supérieurs de la Nation.

Les Corporations constituent les organisations centrales partielles des forces de la production, et en représentent les intérêts. Au sommet de la pyramide, le Conseil National des Corporations, réalise la discipline uniforme totale, résultat de la pénétration réciproque des intérêts particuliers, ainsi que la coordination de ces derniers avec l'intérêt général de la prospérité du Pays.

CHAPITRE VIII.

L'ORGANISATION CORPORATIVE.

1. — LES ORGANES DU SYSTÈME CORPORATIF.

La première réalisation de la réforme sociale italienne devait nécessairement avoir pour but l'organisation verticale, c'est-à-dire l'encadrement syndical.

Par des expériences graduelles, on a pénétré peu à peu dans le véritable domaine corporatif, celui de l'organisation horizontale.

C'est pour cela que l'organisation corporative n'a été réalisée qu'en partie et qu'elle est encore en voie d'achèvement.

Les organes sur lesquels l'organisation corporative s'appuie, sont au nombre de trois:

1) les Corporations.
2) le Conseil national des Corporations.
3) le Ministère des Corporations.

2. — LES CORPORATIONS.

La loi ne prescrit que des règles de caractère général sur la constitution des Corporations.

La loi du 3 avril 1926 se borne, en effet, à dire que « les associations d'employeurs et celles de travailleurs peuvent être réunies dans des organes centraux de liaison, avec une hiérarchie supérieure commune, étant entendu que la représentation des employeurs restera séparée de celle des travailleurs et, dans le cas où les associations comprennent plusieurs catégories de travailleurs, séparée de chacune de celles-ci ».

Il est opportun de remarquer le soin qu'apporte la loi à tracer une nette distinction entre les fonctions que pourront avoir les organes centraux de liaison, et celles de la représentation des intérêts distincts des employeurs et des travailleurs qui doivent rester aux associations syndicales, nettement séparées. Cette distinction nette et absolue entre organes corporatifs et organes syndicaux, entre organisaton corporative et organisation syndicale, entre fonctions corporatives et fonctions syndicales, constitue la base même du système.

A son tour, le Réglement du 1ᵉʳ juillet 1926, pour l'exécution de la loi syndicale, précise que les organes de liaison « réunissent les organisations syndicales nationales des divers facteurs de la production, employeurs, travailleurs intellectuels et manuels, pour une branche déterminée de la production ou pour une ou plusieurs entreprises déterminées; les organisations ainsi réunies constituent une corporation ».

Il appartiendra au Ministère des Corporations de déterminer quelles Corporations devront se constituer, pour quelles branches de la production, et avec l'intervention de quels représentants.

L'expérience des années prochaines et les développements de l'économie nationale diront le nombre des Corporations qu'il y aura lieu de constituer.

A) CONSTITUTION ET NATURE JURIDIQUE.

La Corporation est constituée par décret du Ministère des Corporations qui en détermine la composition, les attributions, les pouvoirs et l'organisation administrative.

Les caractéristiques juridiques de la Corporation sont au nombre de deux:

1) La Corporation, aux termes même de la loi, n'a pas la personnalité juridique.

2) La Corporation constitue un organe de l'Administration de l'État.

Ces deux caractéristiques complètent la notion de cet organe original.

La Corporation est distincte de l'association syndicale. Elle constitue plutôt un Conseil, c'est-à-dire un organisme où les représentations des forces de la production sont appelées par l'État à collaborer avec lui, pour la sauvegarde des intérêts de l'économie nationale, mais sans qu'au sein de cet organe les associations qui en fournissent la structure soient soumises à des devoirs et à des obligations de hiérarchie, de discipline ou de dépendance.

Elle ne dérive même pas d'une initiative privée à laquelle l'État donnerait son investiture; ce n'est pas davantage un organisme qui doit déployer une action en faveur de groupes déterminés d'intérêts particuliers, comme dans l'organisation syndicale. Toute son action a pour but unique l'intérêt général de la nation, dans lequel se résument et se confondent les intérêts des catégories particulières.

La Corporation n'est en somme qu'un Bureau d'État, un des bureaux de l'Administration de l'État, une section de l'organisation de l'État, comme pourrait l'être un Ministère ou un autre organe public. La seule différence, c'est qu'elle assume la représentation d'intérêts déterminés aux fins d'une collaboration en commun.

De là l'absence d'une personnalité juridique propre. La Corporation participe seulement à la personnalité juridique de l'État, au mécanisme administratif dont elle constitue un rouage. L'État ne pourvoit qu'à ses dépenses, mais cela sur la quote-part des contributions syndicales qui lui revient.

B) Fonctions de la Corporation.

La loi n'établit pas les fonctions de la Corporation. Comme il s'agit d'une expérience de réorganisation de la société économique italienne, la loi a opportunément permis que ces fonctions soient fixées spontanément par les nécessités sociales et économiques, au fur et à mesure que la réforme se réalisera.

La « Charte du Travail » n'a pas voulu non plus faire une énumération des fonctions de la Corporation. Toutefois, dans la loi
comme dans son règlement et dans la Charte elle-même, on trouve
déjà des indications de certaines fonctions déclarées propres à
la Corporation.

Ces fonctions peuvent être appelées *quasi législatives*, si elles
confient aux Corporations le soin d'établir des règles de ce genre;
préjuridictionnelles, si elles leur confient le soin de tenter une
conciliation obligatoire préalable à l'action judiciaire en cas de
conflit du travail; *administratives*, si elles concernent la surveillance de l'application des règles visant la prévention des accidents ou la police du travail; *économiques*, si elles visent la réglementation de l'apprentissage, la surveillance du phénomène de
l'occupation et du chômage ouvriers, ou enfin, une véritable intervention dans la production.

a) *Fonctions quasi législatives — Émanation de règles générales.*

En tant que représentantes des intérêts de la production, les
Corporations peuvent émettre des règles obligatoires concernant
les rapports de travail, de même que la coordination de la production, toutes les fois qu'elles en auront reçu les pouvoirs nécessaires
de la part des associations affiliées.

Ces règles (règles corporatives) engagent tous les employeurs
et tous les travailleurs de la catégorie intéressée.

Elles ont la même valeur que celles qui sont contenues dans un
contrat collectif de travail, puisque la Corporation les édicte en
se substituant aux associations qui peuvent stipuler un contrat
collectif.

Toutefois, on constate la tendance à reconnaître aux Corporations, non seulement des pouvoirs délégués, qui sont d'établir
des conditions de travail lorsqu'elles y sont autorisées par les
catégories professionnelles des associations qui y participent, mais
de véritables pouvoirs propres, autonomes, dérivant directement de
la loi, indépendamment de la délégation des associations intéressées.
Les règles corporatives auraient donc une véritable valeur légale,
de par leur source également. Cette tendance correspond à celle,
qui du reste n'est pas nouvelle, de faire participer les catégories
professionnelles intéressées à l'élaboration des dispositions législatives qui règlent la production et le travail. On aurait ainsi
une source intermédiaire de dispositions réglant le travail, entre
les lois formelles proprement dites d'une part, et le contrat col-

10.

lectif d'autre part. Ce dernier, d'ailleurs, aux yeux de la doctrine juridique, apparaît de moins en moins comme un contrat.

b) *Action préjuridictionnelle – Tentative obligatoire de conciliation.*

Dans les différends collectifs du travail, l'action judiciaire ne peut être intentée si l'organe corporatif, la Corporation de la branche déterminée de la production dans laquelle éclate le conflit, n'a pas, au préalable, recouru à la tentative de conciliation.

Cette tentative de conciliation des différends qui peuvent surgir entre les associations liées entre elles, est donc une fonction obligatoire de la Corporation. C'est même une de ses fonctions les plus importantes, car il est dans l'économie et dans les principes de la Magistrature du Travail de faire en sorte que l'on ne recoure à celle-ci que dans des circonstances exceptionnelles et lorsqu'il s'agit de conflits ardus, qu'il est absolument impossible d'éliminer par l'intervention de la Corporation.

c) *Fonctions administratives – Surveillance de l'application des lois sur la prévention des accidents et la police du travail.*

La « Charte du Travail » assigne aux Corporations la tâche de veiller à ce que les employeurs et les travailleurs appliquent les lois sur la prévention des accidents et sur la police du travail.

C'est là une autre fonction déléguée par l'État, qui est de la plus haute importance. Les lois sur la prévention des accidents et sur la police du travail, par lesquelles l'État fait en sorte que les travailleurs soient protégés physiquement contre les maux et les dangers de l'énervant travail des fabriques, répondent à une des fonctions les plus hautes non seulement du point de vue humanitaire, mais aussi du point de vue économique. C'est la conservation de l'espèce et de la force du travail que l'on défend en défendant les individus.

La fonction de surveillance pour que les lois soient effectivement appliquées est une haute fonction que l'État moderne est appelé à remplir. Le fait qu'on l'a dévolue, en tout ou en partie, aux Corporations, montre l'importance que ces organismes sont appelés à acquérir dans la société nationale, selon la conception de la réforme italienne. Cette fonction provient, du reste de l'antique tradition des Corporations médiévales qui, visaient précisément à protéger les artisans et les ouvriers des métiers.

d) 1. — *Action économique.* — *Réglementation de l'apprentissage.*

Une fonction très délicate a été confiée aux Corporations, lorsqu'on les a chargée de la réglementation de l'apprentissage, c'est-à-dire des conditions selon lesquelles, dans les diverses activités, on doit utiliser les apprentis et les instruire.

Cette fonction répond, elle aussi, aux traditions des Corporations dans la période de leur plus grand éclat, c'est-à-dire au moyen-âge. Les Corporations d'arts et de métiers s'occupaient et se préoccupaient intensément de réglementer ce que l'on appelait le « discepolato », en se constituant presque les tutrices des jeunes ouvriers, et en usant de la plus stricte rigueur dans leur surveillance.

En effet, il est nécessaire d'avoir un contrôle, exercé par des organes autorisés, pour que les jeunes gens ne soient pas exploités lors de leurs premiers pas, par des conditions de travail hygiéniquement, économiquement et aussi moralement nuisibles, et que la jeunesse ne soit pas soumise aux fatigues du travail avant un certain âge. Mais il est également d'un grand intérêt pour la production nationale que l'éducation et l'instruction professionnelles des nouvelles génération, destinées à remplacer, avec le temps, les générations d'aujourd'hui, procèdent de façon à donner à la nation des travailleurs habiles et d'un bon rendement.

d) 2. — *Placement de la main-d'œuvre et contrôle sur le chômage.*

Selon le règlement d'exécution de la loi du 3 avril 1926, et précisément selon l'article 44, lettre c) du Décret Royal du 1er juillet 1926, il rentre dans la compétence des Corporations nationales d'instituer des bureaux de placement avec la faculté d'interdire l'exercice de la médiation libre.

Selon la réforme italienne, le phénomène du chômage et de l'occupation revêt une importance fondamentale pour l'État. Le paragraphe XXII de la «Charte du Travail» s'exprime, en effet, de la façon suivante: «L'État détermine et contrôle le phénomène du chômage et de l'occupation des travailleurs, indice d'ensemble des conditions de la production et du travail ».

Une fois résolu le problème de la justice économique et sociale, par la nouvelle législation du travail, qui atteint sa plus haute expression dans l'institution de la Magistrature du Travail et des autres organes auxquels il appartient de résoudre et de composer les conflits entre capital et travail, il fallait penser aux institutions qui, comme les bureaux de placement, constituent véritablement la partie préventive, la prophylaxie de la lutte de classe.

La « Charte du Travail » ajoute au paragraphe XXIII: « Les bureaux de placement sont constitués sur des bases paritaires sous le contrôle des organes corporatifs de l'État. Les employeurs sont obligés d'engager les travailleurs par l'intermédiaire de ces bureaux ».

Il est évident que la Corporation, telle qu'elle est conçue par la réforme italienne, peut bien résoudre dans sa tâche d'équilibre le problème de la stabilisation de la main-d'œuvre, de même que le problème de la réglementation du travail par la coordination des éléments de la production. En sa qualité d'organe paritaire par essence, sous la garantie de l'État, elle peut, mieux que toute autre organisation économique, appliquer les bonnes règles du placement ouvrier, avec la protection juridique et économique nécessaire pour chacun et pour tous.

C'est par application des dispositions de la « Charte du Travail » qu'ont été rendus le Décret Royal du 29 mars 1928 et les Décrets Royaux du 6 décembre 1928 et du 9 décembre 1929 qui établissent l'organisation juridique des bureaux de placement dans l'ordre suivant: 1) structure des bureaux; 2) contrôle sur leur œuvre; 3) obligations des employeurs et des travailleurs vis-à-vis des bureaux de placement.

Les bureaux de placement, dont le siège se trouve aux syndicats des travailleurs, sont institués par Décret du Ministère des Corporations, sur l'avis des Corporations intéressées.

Disons quelques mots de leur structure. On a institué dans chaque bureau une *Commission administrative*, à laquelle sont confiées, outre les fonctions directives et administratives, d'autres tâches d'importance considérable, ainsi que des « agents de placement » qui, bien entendu sous la direction et la surveillance de la Commission, collaborent avec cette dernière à l'accomplissement des fonctions confiées au bureau. La Commission est composée des représentants syndicaux des employeurs et des travailleurs, en nombre égal, dont la nomination est faite par les syndicats intéressés et ratifiée par les Corporations. Par contre, les agents de placement sont choisis parmi les dirigeants des organisations des travailleurs, sous réserve du principe que l'activité de ces agents de placement doit être strictement surveillée par l'organe paritaire.

La nécessité de soumettre à une surveillance rigoureuse les nouvelles institutions auxquelles sont confiées ces fonctions extrêmement délicates ayant été reconnue, l'exercice de cette vigilance qui est une protection a été confié au Ministère des Corporations et à la Corporation provinciale où sont représentées les associations des employeurs et des travailleurs. Le contrôle effectif et de direction est toutefois exercé plutôt par cette dernière que par le Ministère. Les obligations des employeurs et des travailleurs envers les bureaux de placement sont spécialement les suivantes:

    1) communiquer l'entrée en service;

    2) dénoncer la cessation de service du travailleur.

La coordination régionale et nationale des bureaux de placement, aussi par rapport aux migrations intérieures et à l'émigration à l'extérieur, est réalisée par le Ministère des Corporations, de concert avec le Ministère des Finances, et avec d'autres Ministères éventuellement intéressés et, le cas échéant, après consultation préalable des bureaux centraux des Corporations, là où ils existent.

La médiation, même gratuite, de la part de particuliers, d'associations ou d'organes de quelque nature que ce soit, pour le placement des chômeurs est interdite.

Il est interdit aux employeurs d'engager des chômeurs qui ne sont pas inscrits aux bureaux de placement et autrement que par l'intermédiaire de ces bureaux. Ils gardent toutefois la faculté du choix. A cet effet, ils ont le droit de prendre connaissance des listes et des documents existants dans le bureau et qui concernent l'état professionnel de chaque inscrit.

Les chômeurs doivent s'inscrire selon les modes et dans les termes prescrits par le règlement, sur les listes du bureau de placement de la circonscription où ils ont leur résidence et qui est compétente pour la catégorie professionnelle ou pour le genre de production. L'inscription sur les listes doit être faite par le bureau de placement, selon l'ordre de présentation des requêtes.

Les employeurs doivent, dans les cinq jours qui suivent l'engagement du travailleur, communiquer cet engagement au bureau où le travailleur était inscrit, en indiquant le genre de travail pour lequel il a été embauché. Dans le même délai et dans les mêmes formes, l'ouvrier embauché doit communiquer son engagement au bureau de placement où il était inscrit. Les employeurs doivent, dans les cinq jours, dénoncer les ouvriers qui, pour quelque motif que ce soit, auraient été renvoyés ou auraient cessé le travail, au bureau de placement où ils étaient inscrit, en indiquant le genre d'activité à laquelle ils étaient occupés et la durée du service.

Des sanctions pénales assez graves sont établies pour les violations de ces dispositions.

d) 3. — *L'intervention dans la production.*

Un autre objectif des plus importants de l'action économique des Corporations a été défini par la loi et par la Charte du Travail: la coordination et la meilleure organisation de la production.

Certes, cette formule est vague et son contenu sera en réalité celui que lui donneront les exigences du système corporatif. Mais cette formule indique déjà quelle est l'essence de l'action économique des Corporations dans sa force dynamique.

a) En premier lieu, elle exclut que ces organes puissent devenir des producteurs, c'est-à-dire qu'ils puissent prendre la gestion d'une industrie ou d'un commerce, ou, de quelque façon que ce soit, intervenir comme tels dans la production nationale. Leur action est, au contraire, limitée à coordonner et à améliorer l'organisation des activités privées de la production, auxquelles on laisse l'exclusivité de leur gestion.

Cela est conforme à la politique économique du Fascisme qui, ainsi que le proclame clairement la «Charte du Travail», considère « l'initiative privée dans le domaine de la production comme l'instrument le plus efficace et le plus utile dans l'intérêt de la Nation », et qui repousse les idéologies socialistes de la gestion économique par l'État, en limitant l'intervention de celui-ci aux seuls cas exceptionnels du « manque ou de l'insuffisance de l'initiative privée » ou de « l'intérêt politique de l'État ».

b) En second lieu, la formule législative précise, parmi les diverses formes et modes d'action économique, celle qui revient aux Corporations. Ce n'est pas, par exemple, celle qui appartient à la politique économique traditionnelle de l'État (protection douanière, diplomatique, économique, politique du crédit, etc.). A cette intervention de l'État dans le domaine économique, qui est de caractère technique pourvoient et peuvent contribuer à pourvoir efficacement les autres organes spéciaux de l'Administration de l'État. Il n'y avait donc aucun besoin que les Corporations fussent créées à cette fin, tandis que ce seraient là véritablement des fonctions peu propres à leur caractère, qui découle du groupement des représentations syndicales des diverses catégories de la production.

Les Corporations, au contraire, sont appelées à déployer cette forme d'action économique, qui est précisément en harmonie avec leur composition spéciale et que les autres organes de l'Administration de l'État ne pourraient exercer. Seules peuvent le faire les Corporations, du fait même de leur formation tout à fait nouvelle, moyennant une intervention de caractère spécifique. Cette action a besoin de l'entente directe des intérêts discordants ou concordants, sous la médiation de l'État, et peut être effectuée directement, sans qu'il y ait la nécessité d'une action législative, ne rentrant pas dans la compétence de la politique économique de l'État.

Il est possible qu'il faille, par exemple, agir directement sur les différentes activités et sur les différents processus de la production, qu'il faille stimuler et réaliser la collaboration entre les entreprises, éliminer la concurrence nuisible, rapprocher les entreprises mal organisées de celles qui sont bien organisées, faire connaître et répandre les systèmes de l'organisation moderne, rattacher les unes aux autres les industries régionales similaires, intéresser la classe ouvrière aux difficultés de l'industrie dont elle dépend, coordonner, en somme, la production, en commençant par coordonner les entreprises particulières, puis les diverses zones de production, puis encore les diverses industries et les divers commerces intéressés à chaque branche de la production. Enfin, il faudra, éventuellement, coordonner les mêmes diverses branches de la production nationale, et, comme couronnement, en améliorer l'organisation, particulièrement en utilisant les expériences des établissements ou des industries avancés en faveur des plus arriérés et ainsi de suite. Tout cela, en outre, en cherchant à éviter les conséquences sociales nuisibles de la rationalisation, spécialement en ce qui concerne les conditions de travail et de vie des ouvriers.

Il s'agit, en somme, de pourvoir à cette rationalisation de la vie économique qui, pour être durable et profitable, doit être avant tout l'œuvre des forces intéressées à la production même, avec le stimulant de l'État et la garantie qu'il offre pour que cette nouvelle organisation réponde aux intérêts généraux de la production, qui sont des intérêts nationaux.

D) COORDINATION DES CORPORATIONS.

La loi prévoit que les Corporations seront constituées de façon à correspondre aux diverses branches de la production nationale, et remet au Ministère des Corporations le soin de déterminer leur nombre et la répartition dans leur sein des diverses activités productrices. L'action de chaque Corporation sera, par conséquent, limitée à la défense et à l'amélioration de la branche de la production pour laquelle elle a été constituée.

Or, il est évident que, si elle s'arrêtait là, l'organisation corporative n'attiendrait pas pleinement ses buts.

Il existe une interdépendance très étroite aujourd'hui dans le domaine de l'activité économique. Les diverses branches de la production d'un pays, si différentes soient-elles, sont reliées entre elles par un intérêt commun. Le développement, les vicissitudes, les crises de chaque branche de la production de reflètent inexorablement sur les autres. Ensuite, il y a les problèmes communs à tous, comme ceux de la main d'œuvre, du crédit, etc., qui découlent précisément de causes indépendantes des caractères particuliers de telle ou telle branche de l'activité productrice. Le phénomène de la production doit d'ailleurs être surveillé et facilité dans son ensemble, au delà du domaine de chaque catégorie. Parmi les principes de l'organisation corporative, nous trouvons cette affirmation solennelle de la « Charte du Travail » : « l'ensemble de la production est unitaire au point de vue national ». Pour cette raison, l'organisation corporativea une fonction de synthèse, d'équilibre, de coordination des diverses forces et activités économiques du pays.

Or, pour que l'organisation corporative puisse atteindre ses buts, il faut que les diverses Corporations soient coordonnées en un organe corporatif supérieur, auquel elles aboutissent et par lequel puissent être utilisés tous les intérêts et toutes les compétences de chaque catégorie. Il faut que l'État puisse, en somme, surveiller et aider le phénomène de la production nationale dans ses besoins, qui constituent une unité.

Cette coordination des Corporations a été réalisée par la constitution du Ministère des Corporations et en plaçant à ses côtés le Conseil national des Corporations. Ministère et Conseil sont deux organismes qui se complètent l'un l'autre. Le Ministère « stimule et dirige » l'activité des Corporations particulières; le Conseil national réunit les représentants des différentes Corporations, c'est-à-dire des différentes catégories et des différentes branches de la production, fournit au Ministère le point de vue de l'organisation centrale de toutes les branches de la production, pour qu'il puisse en tirer des directives, en vue d'une synthèse supérieure et d'une action d'ensemble visant à stimuler et a protéger les intérêts de la production.

3. — LE CONSEIL NATIONAL DES CORPORATIONS.

Des Corporations, organes de l'Administration de l'État qui ont, de par la loi, des tâches très importantes, on monte vers le Conseil national des Corporations, la plus haute autorité de l'organisation. Ici l'horizon s'élargit encore.

Dans le Conseil national des Corporations, que l'on est en train de constituer pour le convoquer prochainement, se réalise le contact entre les représentants des différentes administrations centrales de l'État, et les représentants des Confédérations syndicales, des Oeuvres nationales pour les Loisirs ouvriers, pour la Maternité et l'Enfance, pour les Balilla, ainsi que de certaines institutions officielles, des Associations de l'emploi public et de la Direction nationale du Parti fasciste. Par conséquent, bien loin d'être un ensemble d'organisations surtout économiques, le Conseil national des Corporations est la synthèse des motifs les plus variés de la vie nationale. Les forces de l'esprit, qui stimulent les forces les plus intimes du peuple italien, sont liées à celles de la production; le principe éthique se soude au principe économique; l'élément administratif, heureusement traditionnaliste, prend une vie nouvelle au contact des organisations professionnelles autonomes, heureusement innovatrices. C'est, par conséquent, à lui qu'aboutit la représentation de tous les facteurs de la vie nationale, sans plus de distinctions entre classes (comme dans l'organisation syndicale), ni entre catégories (comme dans les Corporations), ni entre bureaux (comme dans l'organisation administrative).

Le Conseil national des Corporations est présidé par le Chef du Gouvernement en personne, qui, directeur suprême de la conduite politique et sociale de la Nation, règle son action.

Le Conseil national des corporations sera aussi assuré de la participation de l'élément technique. L'inclusion d'experts a une importance très grande, parce que, grâce à leur collaboration, les organes compétents auront la possibilité de se tenir au courant des différents aspects des problèmes de caractère syndical et corporatif. C'est pourquoi le Ministre pour les Corporations, a la faculté d'appeler, à chaque fois, à faire partie de cet important organe, des personnalités compétentes dans certaines branches déterminées de la vie économique et syndicale. Le représentant en Italie du Bureau international du Travail sera également appelé à assister aux séances du Conseil.

Le Conseil national des Corporations a des fonctions de *consultation* et de *réglementation*.

A) Son activité en matière de *réglementation*, qui est sans doute la plus importante, peut porter sur toutes les questions qui intéressent le travail, la production, l'assistance et la marche du mouvement syndical. Elle se manifestera par:

1) l'*établissement de tarifs pour les prestations profession- nelles* et de *règlements professionnels* matière de réglementation de la production et du travail;

2) l'*énoncé de règles (a)* sur la *coordination* des efforts faits en matière d'assistance et des *différents modes de réglementation des rapports de travail* découlant de contrats collectifs; *(b)* sur la *réglementation des rapports économiques collectifs* entre les différentes catégories de la production représentées par les associations reconnues.

B) Son activité *consultative* comprendra un grand nombre de tâches *nécessaires* ou *facultatives*, concernant l'activité et les moments les plus importants de la vie syndicale et corporative: des projets de lois et de décrets en matière de production et de travail, aux statuts des associations et aux contributions syndicales, de la surveillance et de la protection à l'assistance.

Le Conseil sera divisé en Sections, les Sections corporatives centrales, formées par la représentation paritaire des organisations représentées au sein du Conseil. Les nombre, titre et compétence des Sections correspondront aux diverses catégories de la production, énumérées par la loi syndicale (industries, agriculture, commerce, transports maritimes, transports terrestres, banques). Ces Sections corporatives et l'Assemblée générale du Conseil se répartiront, en suivant en cela un système rationnel, les fonctions et les attributions. Elles constitueront aussi un organe de coordination des Corporations de catégories qui pourraient être créées par la suite. En outre, un *Comité corporatif central* sera constitué qui, héritant les fonctions de l'actuel *Comité intersyndical*, s'occupera de tous les problèmes de l'organisation corporative et de la production qui impliquent des directives de caractère technique. Il restera en liaison avec les organes de caractère politique par l'intermédiaire du Secrétaire du Parti national fasciste.

A la périphérie se trouveront les Corporations provinciales, qui absorberont les Comités intersyndicaux actuels et les Conseils provinciaux de l'Économie. Elles interviendront dans toutes les questions concernant la production et la réglementation des rapports de travail. Ces organes s'efforceront particulièrement de résoudre, de façon préliminaire, les différends qui surgiront entre employeurs et travailleurs en matière syndicale, et constitueront, avant tout, les centres de coordination des différentes activités de la production dans le rayon de la province.

En outre, on établira une liaison entre ces organismes de la périphérie et le Conseil national des Corporations, afin que celui-ci soit parfaitement informé des différents problèmes qui sont débattus dans la production et dans la vie syndicale, tant au centre que loin du centre.

Le Conseil des Corporations, dans la forme qu'on veut lui donner maintenant, représente une nouvelle transformation constitutionnelle de l'organisation de l'État et représente aussi un nouveau pas très important, précédé de réflexions approfondies, vers la réglementation économique et juridique des rapports du travail et de la production.

Le Conseil sera, avant tout, l'un des plus importants organes constitutionnels de l'État, plus important que les Conseils techniques et économiques que l'on a expérimentés ailleurs. Ce sera un organe technique qui n'empiètera pas sur la compétence politique du Parlement, car il se limitera à régler les rapports économiques, mais il aura une grande importance par ses fonctions de direction dans ce domaine, sous l'impulsion personnelle du Chef du Gouvernement.

En outre, grâce au nouveau Conseil, la Corporation voit ses attributions se développer dans un but de perfectionnement et de coordination du processus de la production. Ceci est en relation avec l'évolution de l'action syndicale, qui a démontré, en ces premières années d'heureuse expérience, une tendance à dépasser les limites de ses premières attributions, réduites aux rapports collectifs de travail, pour entrer dans le domaine de l'activité économique qui leur sont si intimement et indissolublement liés. C'est là une puissance d'expansion, jusqu'ici insoupçonnable, de l'organisation syndicale et corporative italienne.

4. — LE MINISTÈRE DES CORPORATIONS.

Le Ministère des Corporations est, comme l'a dit Mussolini, l'organe grâce auquel, au centre et loin du centre, se réalise la Corporation intégrale, s'établissent les équilibres nécessaires entre les intérêts et les forces du monde économique et social. Cette réalisation est possible sur le terrain de l'État, parce que l'État seul se place au-dessus des intérêts opposés des particuliers et des groupes, pour les coordonner dans un but supérieur.

Le Ministère des Corporations est justement un « organe de liaison » complexe et délicat; un centre qui reçoit, coordonne, discipline et diffuse les énergies sociales qui convergent et s'ordonnent dans les Corporations, pour être accueillies dans l'État, et en recevoir des directives d'action et le prestige de son autorité.

Le Ministère des Corporations est l'organe corporatif suprême. Des syndicats, qui ne sont pas encore des organes de l'État, mais des personnes juridiques de droit public, en passant par les Corporations, organes de l'État, au Ministère, le système ne présente pas de solutions de continuité. Cela provient du fait que dans la fonction du Ministère se résument, se coordonnent, se concentrent, sous la responsabilité politique du Gouvernement, tous les éléments de l'action syndicale et corporative; et cette activité des différentes catégories, dans les diverses classes de la production et du travail, se rencontre avec l'activité juridique et politique suprême des pouvoirs publics.

C'est en somme dans le Ministère des Corporations que se perfectionne et qu'acquiert toute sa puissance, ainsi qu'il est logique et nécessaire, un système qui érige le syndicat, instrument de révolution politique et sociale, à la dignité d'institution publique, organe indirect de l'action de l'État.

Si l'on veut arriver jusqu'à une énumération détaillée des fonctions du Ministère de Corporations, on constatera qu'elles sont multiples.

Il doit, en premier lieu, réaliser toutes les formes les plus variées de l'intervention de l'État à laquelle donne lieu l'organisation syndicale: contrôle sur les associations professionnelles, surveillance sur la stipulation des contrats collectifs de travail, et ainsi de suite.

En ce qui concerne l'organisation corporative, voici quelles sont les fonctions du Ministère:

1) Veiller sur l'activité des Corporations, et, plus précisément:

a) en stimuler et en diriger l'activité en matière de consultation, de direction et d'organisation en général;

b) intervenir dans les tentatives de conciliation des différends collectifs portés devant les Corporations;

c) promulguer les déliberations et ratifier les actes des Corporations;

d) veiller sur l'exécution de ces actes;

e) contrôler les services institués par les Corporations.

2) Coordonner l'action des Corporations entre elles et à l'égard du Conseil national des Corporations.

3) Diriger les services techniques relatifs à la production industrielle, au commerce et au travail, dans le but d'équilibrer les intérêts des différentes catégories et classes dans l'intérêt supérieur de la production.

En résumé, le Ministère des Corporations a la fonction d'un organe suprême de réglementation des rapports de travail (action sociale) et de contrôle et d'aide pour la coordination et pour l'organisation de la production (action économique). Cette fonction épuise les deux formes d'intervention de l'État dans la vie économique et sociale du Pays, qui constituent les deux points fondamentaux du système corporatif.

5. — LA CORPORATION AVANT LA LETTRE.

Le Ministère des Corporations a depuis assez longtemps pris les devants, en ce qui concerne les tâches qui incomberont aux Corporations en train de se constituer. Il a, en effet, relié entre elles les différentes catégories professionnelles aux fins d'une collaboration active. Bien souvent déjà, on a fait recours à la coordination de toutes les forces de la production dans leur ensemble, conformément à l'effort vers l'unité qui domine le système corporatif.

Du fait que les organes naturels de son action de conciliation, les Corporations, ne sont pas encore constitués, le Ministère se trouve, chaque jour, dans la nécessité d'exercer directement par ses bureaux provisoires, une activité de caractère nettement corporatif. Il intervient donc déjà pour réduire au minimum possible les différends syndicaux et pour les composer à l'amiable, en équilibrant équitablement les intérêts opposés. Lorsque l'accord n'est pas possible sur les lieux mêmes, le différend est déféré aux organisations centrales. Dans des cas extrêmes, en vérité assez rares, le Ministère des Corporations intervient directement, et arrive presque toujours à résoudre le conflit. Récemment, par exemple, les organisations locales de Turin ne réussissaient pas à se mettre d'accord sur l'exécution du contrat national, en ce qui concerne le paiement du travail aux pièces. Une tentative de conciliation par les soins du Ministère lui-même était restée sans résultat, tant les thèses opposées étaient éloignées l'une de l'autre. Un délégué du Ministère des Corporations fut envoyé sur les lieux pour vérifier, dans les différentes entreprises, les données en question. L'examen fut long et minutieux, et eut pour conséquence une autre tentative de conciliation qui fut favorable aux ouvriers.

Le Ministère recueille les données concernant tous les accords conclus. La coordination et l'interprétation systématique de ces données permettent de connaître et de suivre les effets concrets de la réforme syndicale. Tous les différends, de n'importe quel caractère, régional ou local, sont méthodiquement signalés au Ministère, si bien qu'il possède un tableau complet des heurts et des rencontres des intérêts organisés. Dans le même but, et d'accord avec l'Institut central de Statistique, on relève les données concernant l'application de la loi syndicale, de même que, d'accord aussi avec l'Institut central de Statistique, on dispose les plans d'exécution des recensements professionnels. Des bureaux spéciaux, qui prennent peu à peu le caractère d'observatoires aménagés et équipés de façon technique en sections organisées pour les différents relevés, recueillent des éléments précieux pour la connaissance de la situation des différentes industries et du système de la production dans les différentes localités, par rapport au chômage et au taux des salaires.

En anticipant sur la constitution des Corporations, on avait constitué dans chaque province des *Comités intersyndicaux* qui réunissaient les dirigeants des associations professionnelles d'employeurs et de travailleurs. Dans le but de coordonner l'action de ces organismes, on a constitué, au centre, un *Comité central interyndical*, dont font partie les représentants des Confédérations des employeurs et des travailleurs, ainsi que le représentant de l'Institut national pour la Coopération. Ce Comité central a été quelquefois présidé par le Chef du Gouvernement lui-même.

Des fonctions corporatives véritables ont été attribuées à ces organismes intersyndicaux et les accords pris par eux sont considérés comme valables, sous réserve de ratification de la part du Ministère des Corporations.

Jusqu'ici, ils ont bien répondu à leur but de constituer les organes de liaison entre les bureaux provinciaux des différentes Confédérations syndicales, de façon à éviter des interférences et à assurer, même au point de vue local et dans les questions locales, le parfait respect des directives syndicales données par les organes centraux. Ils disparaissent peu à peu, à mesure que l'on constitue, au centre et loin du centre, les Conseils des Corporations.

Pour se rendre compte de leur activité, il faut penser que l'esprit qui anime le nouveau système corporatif a précédé les organes et les institutions, et qu'il trouve dans les organes créés et actifs une force déjà en plein mouvement accéléré. Le sens de la réforme accomplie dans l'ordre politique et juridique par le Fascisme consiste à avoir transformé l'association syndicale, qui avait un caractère critique et polémique, en une institution publique, créatrice de nouvelles hiérarchies sociales, organe de collaboration entre les catégories et les classes, dans les buts communs qui se concrétisent et se personnifient dans la Nation et dans l'État. Il y a encore beaucoup de personnes, qui, tout en se rendant compte de la nouveauté du milieu social et politique, voient encore dans le syndicat l'association traditionnelle et non pas un organe qui porte déjà en lui, dès sa naissance, les caractères, les signes, les vertus intimes de ce que le législateur, en l'instituant, a voulu que soit cet organe supérieur, la Corporation.

La loi du 3 avril a donné au système corporatif le premier fondement de son institution. Depuis lors, le principe corporatif a commencé à agir. Mais il a agi davantage encore, lorsque l'encadrement une fois terminé, il y a un certain temps déjà, l'opportunité s'est présentée, à différentes reprises, de provoquer des collaborations et des liaisons des différentes associations de classes et de catégories entre elles et avec les administrations publiques. Au fond, l'action du Ministère a préludé à la Corporation, dans les comités intersyndicaux pour les discussions des contrats de travail, pour la réduction des salaires et des prix, pour la réglementation des rapports entre les différentes catégories économiques, pour la défense de la consommation populaire, pour la réglementation des activités professionnelles en général. Cette action a non seulement préludé à la Corporation, mais elle l'a prévue et préparée.

Elle a été d'autant plus sûre qu'elle ne s'est pas limitée à s'exercer en vue d'une conciliation de caractère général dans les différends du travail. Elle a donné certaines orientations déterminées même à la préparation technique et, par conséquent, à l'établissement des conditions de travail, que les organisations, soit loin du centre, soit au centre, n'arrivaient pas à stipuler. C'est ce qui s'est produit pour la convention nationale métallurgique, qui, après l'accord manqué, sur des points fondamentaux, lors des pourparlers syndicaux, a été conclue grâce à l'intervention du Ministère des Corporations et du Comité inter-syndical et qui représente la première réalisation corporative de portée nationale en matière de contrats de travail.

Soit qu'il ait été sollicité par les parties, soit de sa propre initiative, le Ministère ne s'est pas borné à orienter l'action des syndicats en matière de contrats, mais il est entré dans le vif des rapports économiques qui conditionnaient cette action, ou qui étaient conditionnés par elle. Et c'est là une des preuves les plus remarquables de l'importance de l'œuvre accomplie par lui.

Les expériences rappelées ici ont simplement la valeur d'un commencement ou d'un indice, quels que soient leurs résultats déjà remarquables. On doit les considérer comme les premiers signes concrets du passage des principes de collaboration du domaine de l'idéal dans celui des faits. L'œuvre des Comités inter-syndicaux mérite le même jugement. Ce sont de véritables expériences de Corporations régionales, qui ont en lieu sur le terrain de la bataille économique, dans le double domaine de la fixation des prix de vente des denrées de plus large consommation, et de la détermination des salaires.

Les associations d'employeurs et de travailleurs ont déjà donné leur adhésion, librement et rapidement, à la pratique des contrats collectifs et à l'esprit nouveau qui anime les rapports de travail. C'est là un phénomène d'autant plus important et d'autant plus significatif qu'il s'est produit dans une phase très délicate de l'économie monétaire du pays, au moment où le capital se trouvait dans des conditions particulièrement critiques et où la main — d'œuvre se trouvait dans la nécessité de s'adapter à l'improviste à de nouvelles conditions de vie.

* * *

D'autre part, on a assisté à une large tendance de réglementation corporative des intérêts économiques autres que ceux du travail. L'accord entre les deux grandes Confédérations fascistes, de l'industrie et de la banque, pour une collaboration ayant en vue de réduire le prix des capitaux investis dans l'industrie, a une valeur qui dépasse les buts particuliers, quelque importants qu'ils soient, de l'accord lui-même. Il a été la suite d'une série d'accords moins importants, réalisés entre les organisations syndicales les plus importantes d'employeurs. La convention stipulée entre la Confédération des commerçants et la Fédération de l'industrie de la chaussure, pour la production et la vente de types économiques

de chaussures d'usage commun, la convention analogue entre les
éditeurs de journaux et les industriels du papier, l'accord entre
les organisations de l'industrie de la soie et celle de la teinturerie
pour la réduction des prix de la teinture, l'accord interconfédéral
pour la production et la vente des tissus-type – pour citer les
cas principaux et les plus récents –, sont précisément des épisodes, qui ont une portée particulières lorsqu'on les considère dans
leur ensemble et pour les tendances qu'ils manifestent.

Ils montrent que les organisations syndicales s'acheminent
spontanément à devenir des instruments directs pour réglementer
la production nationale, fonction à laquelle doit pourvoir le système corporatif. Mais cette action des organismes syndicaux
apparaît encore plus importante et significative, si l'on pense
qu'ils agissent sans posséder encore, pour conclure ces accords,
les moyens puissants que la législation syndicale, par contre, offre
pour régler les rapports de travail. Quelques-unes de ces ententes
intersyndicales sont de véritables contrats collectifs entre les différentes catégories de la production, et, cependant, le contrat collectif est limité, pour le moment, dans son efficacité législative,
aux seuls rapports de travail au sens étroit du mot.

Cela signifie que les forces de la production, non seulement
ont confiance en la « méthode corporative » dans les rapports
économiques, mais sont, pour ainsi dire, instinctivement portées
à l'employer, même avant qu'elle ait complété son organisation
législative, et passé du domaine des rapports de travail au domaine
des rapports économique entre les différentes catégories de
producteurs.

Cette confiance naturelle et spontanée des forces de la production à l'égard des méthodes syndicales, c'est la prémisse essentielle de la pleine réalisation de l'ordre corporatif. Le régime
corporatif ne réside pas seulement dans l'action des organes caractéristiques destinés à le réaliser intégralement, mais aussi,
surtout et avant tout, dans la confiance des forces de la production en la « méthode corporative » et dans la capacité qu'ont
montrée les organisations syndicales à la mettre en pratique.

Cette « discipline de la production », qui constituera la tâche
principale et la plus délicate des organes centraux de liaison entre
les organisations syndicales, devra se réaliser sous un régime bien
différent de celui sous lequel sont placés les rapports de travail,
où la réglementation intersyndicale est une obligation catégo-
rique des associations, et qui doit se réaliser, à tout prix et
dans tous les cas.

11.

Elle dépend, en grande partie, des possibilités concrètes et spéciales du milieu économique à pouvoir supporter les différentes formes d'intervention corporative. Elle dépend aussi de la capacité des organisations corporatives à les proposer et à les réaliser. Si la réglementation législative n'est pas encore entrée dans cette deuxième phase de la reconstruction sociale, c'est précisément parce que l'on a voulu s'assurer au préalable de la maturité des organisations et des forces organisées, en face de cet esprit nouveau qui anime les rapports économiques.

A cet égard, les épisodes de recours spontané de la part des classes productrices à la méthode corporative représentent le témoignage le plus sûr de la bonté du système à mettre en vigueur.

* * *

En face de tout cet ensemble de manifestations d'activité dynamique, le chef du Gouvernement avait bien le droit d'affirmer que l'organisation corporative de l'Etat est en plein fonctionnement. En effet, les associations ont désormais tous les instruments législatifs nécessaires pour leur œuvre d'organisation, de stipulation des contrats, de défense de la production et du travail, d'assistance et d'élévation, et, au-dessus d'elles, le Ministère des Corporations affirme de façon pleine et entière sa fonction de modérateur suprême.

Certaines associations professionnelles, et non des moindres, ont encore une conscience corporative insuffisante. Elles cherchent à prévenir et à faire avorter l'œuvre des Corporations, en s'arrogeant l'exercice de fonctions qui devraient être réservées précisément aux Corporations. En réalité, elles sont hostiles aux Corporations qui limiteraient leur liberté d'action et les obligeraient à observer une discipline plus étroite.

Alors, les hostilités se manifestent par un attachement excessif aux principes du libéralisme, en quoi faisant elles cherchent à conjurer ce qui, en définitive, est la donnée fondamentale de la nouvelle organisation, c'est a dire l'intervention de l'Etat, à la fois dans le domaine du travail et dans celui de la production.

Le principe consacré par la Charte du Travail, concernant la responsabilité de l'organisation de la production envers l'Etat, n'est accepté qu'en théorie par certaines groupements. On maudit l'avènement du système corporatif, précisément parce qu'il devrait mettre en pratique l'autre déclaration de la Charte du Travail, relative au caractère unitaire de la production.

C'est dans ce sens que l'Etat fasciste a placé au-dessus de la lutte des classes le principe de la collaboration des classes.

Il ne se fait pas d'illusions sur l'élimination des forces en conflit, engendrées par les lois inéluctables de la vie économique, et qui sont une partie essentielle du développement humain. Il veut rappeler que ces luttes peuvent être plus nuisibles qu'avantageuses. Il veut avertir qu'au-dessus des catégories et des classes, il y a un défenseur des intérêts généraux. Ce défenseur, c'est l'Etat, constitué dans l'intérêt de tous.

Par conséquent, il suffit de s'adresser à lui, de se montrer prêt à faire des sacrifices réciproques, pour qu'il aide à la réalisation d'un équilibre qu'il défendra, et qui offre ce que, dans n'importe quelles conditions économiques, on peut désirer de mieux.

Mais, après avoir fait allusion à cette ombre, qui ne manquera pas de disparaître, on peut et on doit constater la puissance de cohésion du système corporatif, qui s'est déjà révélée en plusieurs occasions, et qui a permis des solutions avantageuses d'âpres conflits économiques. En d'autres temps, on ne serait sans doute arrivé à ces solutions qu'après des grèves douloureuses et des *lock-out* prolongés, propres seulement à causer des dommages évidents à l'économie nationale et à entamer le tissu social du pays.

Seul le système corporatif, grâce à ses grandes organisations et à sa souplesse, pouvait réaliser le miracle de dilater ses règles créatrices d'équilibre sur toute la Péninsule, sans résistances et sans secousses, et de mettre rapidement le tissu social à même de supporter les changements des conditions et des circonstances économiques.

Ne fût ce que pour cela, le système corporatif italien aurait déjà prouvé qu'il répond parfaitement aux buts sociaux et économiques pour lesquels il a été créé.

CHAPITRE IX.

LA RÉFORME DE LA REPRÉSENTATION ET LE SYSTÈME CORPORATIF

Les Corporations sont déjà par elles-mêmes, des organes de représentation, bien que *sui generis*. Mais le système corporatif permet la solution du problème de la représentation, aussi au-delà du groupement des intérêts professionnels économiques dans les Corporations, c'est — à — dire pour ce qui vise l'*activité politique administrative et économique de l'Etat et de ses organes.*

La réforme de la représentation a lieu en faisant passer le principe corporatif du domaine économique dans le domaine politique, en réalisant de la sorte ce principe dans la zone la plus élevée, là où se trouve le point de contact entre l'Etat et la société nationale tout entière, dont les grandes associations professionnelles sont, avec les autres associations constituées dans des buts supérieurs aux intérêts de chaque catégorie, l'expression autenthique.

Tout d'abord, par l'encadrement syndical et corporatif, on a nettement distingué dans l'ensemble de la société, non pas des individus, mais d'entières catégories économiques, et on les a encadrées de façon à leur donner, grâce à la reconnaissance juridique de leurs associations, le moyen d'être représentées juridiquement et socialement dans la Nation; on a ensuite réalisé cette distinction et cette reconstitution de la collectivité selon la distribution des forces économiques, en se fondant sur l'intérêt social; puis la Révolution fasciste s'est mise à construire, avec les catégories encadrées, tout le mécanisme juridique, administratif et politique de la société nationale, en partant de l'Etat pour arriver aux organes qui le composent.

Ce mécanisme reconstitué est aussi politique, par le fait qu'il place les forces groupées et encadrées à la base de la nouvelle représentation nationale.

Ainsi, grâce au système corporatif, la participation de l'individu à la vie de l'Etat ne se résume pas dans la manifestation éphémère du vote, mais elle est durable et féconde. La dignité du citoyen est accrue par le fait que l'on reconnaît sa qualité de producteur.

Immédiatement après la guerre, le problème de la représentation des forces économiques est devenu partout plus grave. On peut rappeler ici toute une série d'institutions et de conseils techniques à base professionnelle, créés en Allemagne, en Espagne, en France, en Russie. Si l'ambition du monde des professions et des métiers d'obtenir dans le Gouvernement de la chose publique une place proportionnée à son importance, est ancienne, en aucune époque elle n'a revêtu un caractère aussi universel et, en même temps, aussi déterminé et aussi précis dans ses buts, que de nos jours. Ainsi, dans les années qui ont suivi la guerre, différentes législations s'empressèrent d'accueillir, dans une mesure différente selon les cas, l'idée de la représentation professionnelle.

Selon le principe de cette réforme, le système de représentation qui attribue aux associations une responsabilité politique les libère des préoccupations exclusives de catégorie, qui, saines en elles-mêmes, dévient lorsqu'elles ne sont pas placées, de façon continue en face d'intérêts supérieurs. On part d'une considération concrète des intérêts, non pour en être l'esclave, mais pour les ordonner et les grouper en des organismes de représentation, lesquels, sans les opprimer, en expriment la puissance constructrice nécessaire aux buts politiques supérieurs de la Nation. *Il ne s'agit donc pas des intérêts pour une représentation d'intérêts, mais des intérêts pour une représentation d'une volonté essentiellement politique.*

Le principe corporatif montre ainsi ses possibilités de développement. Il permet de résoudre le problème qui, dans les années de l'après-guerre, parut immense, domina tous les autres problèmes économiques et politiques, et provoqua de longues et vives discussions. Le problème de ce que l'on a appelé les « conseils techniques », qui auraient dû satisfaire et qui ne purent le faire, à la nécessité constamment affirmée de faire entrer les intérêts – tous les intérêts – et spécialement ceux des ouvriers, dans le gouvernement de l'Etat.

* * *

La représentation des associations professionelles, patronales et ouvrières, comme nous l'entendons ici, a lieu de la façon suivante en Italie:

1) dans des *conseils d'administration économique*, dont nous avons déjà parlé, comme

    a) le Conseil national des Corporations;

    b) les Corporations provinciales.

On peut comprendre dans ce groupe la représentation qui est assurée aux organisations professionnelles

    c) dans les Commissions centrales et locales pour la détermination des nombres-indices du coût de la vie.

Cette représentation est aujourd'hui assurée aussi:

2) dans des *conseils purement administratifs*, comme les Consultes municipales;

3) dans les *conseils politiques* les plus élevés de l'État, soit

    a) au Grand Conseil fasciste;

    b) à la Chambre des Députés, qui est, elle aussi, à base corporative.

1. — REPRÉSENTATION DES INTÉRÊTS PROFESSION-NELS DANS LES CONSEILS ADMINISTRATIFS TECH-NIQUES.

Au point de vue socialiste, on a l'habitude de considérer cette espèce de représentation comme une participation de l'organisation professionnelle à la vie économique du pays.

La réforme italienne assure cette participation, avec une efficacité bien supérieure, grâce à la constitution du système corporatif, c'est-à-dire grâce aux Corporations et aux Conseils des Corporations, qui ont effectivement entre les mains tout le gouvernement direct, au point de vue professionnel, de la vie économique de la nation.

Mais, indépendamment du Ministère des Corporations, organe de coordination et de propulsion de l'activité économique de la Nation, d'autres organes administratifs s'occupent des problèmes économiques à l'aide de Conseils et Commission spéciales.

Après la constitution du régime corporatif, et après que tous les organes vitaux de la Nation en eurent reçu l'empreinte, il était naturel que, pour la constitution de ces organes de l'administration économique de l'Etat, l'on prît comme base aussi le principe corporatif de la représentation professionnelle, complétée par la représentation d'autres intérêts, de la politique, de l'administration, de la science, etc., qui, sous d'autres régimes et à d'autres époques, constituent aussi la base de ces organismes.

De même, le système corporatif de la représentation paritaire des associations professionnelles reconnues a servi de point de départ à une manifestation caractéristique de l'activité administrative économique, qui a une grande importance au point de vue des intérêts du travail. On a créé au sein de l'Institut central de Statistique une *Commission spéciale pour la détermination des nombres-indices du coût de la vie*, conformément à une déclaration de la Charte du Travail, qui se réfère explicitement à cette détermination des nombres-indices pour la politique des salaires.

On a appelé à faire partie de cette Commission, à proportions égales, des représentants des Confédérations des employeurs et des travailleurs. On a appelé des représentants de ces mêmes organisations à faire partie des commissions locales instituées dans le même but.

2. — LES CONSULTES MUNICIPALES.

Le Fascisme a remplacé l'administration autonome des communes par l'administration des *podestà* de nomination royale. Mais dans l'exercice de leur mandat, ces fonctionnaires sont entourés d'un Conseil consultatif, la *Consulte municipale*, composée de 10 à 24 membres dans les communes de moins de 100.000 habitants, et de 10 à 40 membres dans les communes ayant plus de 100.000 habitants.

Dans les communes de la première catégorie, le Préfet, et dans les autres, le Ministère de l'Intérieur, choisissent les membres de la Consulte municipale sur désignation des syndicats et, plus précisément, sur une liste de trois noms pour chaque siège, liste présentée par les associations professionnelles légalement reconnues, qui existent dans la commune.

Les Consultes municipales ont hérité des fonctions des Conseils communaux élus. Le choix de leurs membres sur la désignation des syndicats assure donc à l'administration des communes, de ces cellules de l'organisation politique de l'État, la pleine représentation des intérêts professionnels.

3. — LE REPRÉSENTATION POLITIQUE.

Le représentation des organisations professionnelles figure également dans le plus haut conseil constitutionnel, qui est le Grand Conseil, ainsi qu'à la Chambre des Députés.

A) LE GRAND CONSEIL.

La Révolution fasciste a voulu créer un nouvel ordre politique et social, où les masses ne soient plus abandonnées à elles-mêmes, mais, au contraire, où elles soient rapprochées de l'État et participent non plus seulement de nom, mais de fait, à la vie de l'État. C'est pourquoi elle est allée au peuple. Elle a pénétré parmi les paysans, les ouvriers, les agriculteurs et les petits bourgeois. Elle s'est intéressée aux enfants et aux jeunes gens. Elle s'est faite l'interprète des besoins du peuple, elle l'a éduqué politiquement et moralement; elle l'a organisé, non seulement au point de vue professionnel et économique, mais au point de vue militaire, culturel, éducatif et récréatif.

Une multitude d'institutions ont été ainsi créées, ce qui fait que la vie du Fascisme s'identifie toujours davantage avec la vie de la Nation. A côté de l'organisation strictement politique, le Parti, d'autres organisations se sont formées: — l'organisation militaire: la milice; l'organisation économique: les syndicats; l'organisation récréative: le *Dopolavoro* (loisirs ouvriers); l'organisation féminine; l'organisation de la jeunesse: l'*Opera Nazionale Balilla;* l'organisation sportive, et d'autres encore, que l'inépuisable vitalité du régime a formées ou formera.

Aucun aspect de la vie de la Nation n'échappe à cette discipline, qui fait que l'on peut dire vraiment que le peuple tout entier, et non plus seulement une classe restreinte de politiciens, participe activement à la vie nationale.

Tout ce réseau d'institutions fait aujourd'hui partie du système juridique de l'État; par elles, l'État fasciste s'affirme, non seulement comme un État d'autorité, mais aussi comme un État populaire.

Le régime fasciste, qui comprenait au début seulement des organisations officielles et non officielles librement nées de la pratique de l'organisation fasciste, tend toujours davantage à s'identifier avec l'État, parce qu'il trouve toujours davantage dans le nouvel État fasciste son assiette définitive.

Mais cette identification de l'État avec le régime et cet encadrement progressif dans l'État des multiples institutions créées par le Fascisme, rendaient désormais nécessaire de mettre à sa place, parmi les organes fondamentaux de l'État, aussi ce suprême organe de synthèse et de coordination que le régime avait exprimé de son sein, tout de suite après la Marche sur Rome, et qui fut appelé le Grand Conseil du Fascisme.

C'est ce à quoi a pourvu la loi du 9 décembre 1928. Par cette loi, le Grand Conseil est devenu un organe constitutionnel de l'État.

Le Grand Conseil s'est placé, parmi les autres organes constitutionnels de l'État, dans une situation différente de celle du Gouvernement et de celle du Parlement, mais sur le même pied que ces deux derniers. Conseiller suprême de la Couronne, conseiller ordinaire du Gouvernement en matière politique, le Grand Conseil participe en quelque sorte au pouvoir législatif. Il a, en outre, d'autres très hautes fonctions, comme la formation de la liste des députés désignés à soumettre à l'approbation du Corps électoral, ainsi que la direction suprême de l'activité du Parti national fasciste et des organisations qui en dépendent.

Le Conseil a des fonctions délibératives et consultatives. Par sa nature, c'est un organe de consultation politique pratique.

Dans certains cas, expressément établis par la loi, il a aussi des fonctions délibératives. Ces cas sont: la formation de la liste des députés désignés, l'approbation des statuts, de l'organisation et de l'orientation politique du Parti national fasciste, la nomination et la révocation des hauts dignitaires du Parti. Les fonctions de caractère consultatif confiées au Grand Conseil sont peut-être encore plus importantes et plus nombreuses. Le préavis du Grand Conseil est obligatoire dans toutes les questions qui ont un caractère constitutionnel. Le Grand Conseil n'est donc pas appelé à donner son avis seulement sur les projets de lois de caractère constitutionnel, mais aussi sur les questions constitutionnelles de nature purement politique, parmi lesquelles le système syndical et corporatif doit être expressément mentionné.

Ce sont là les fonctions du nouvel organe constitutionnel. Il est donc de la plus haute importance que l'on appelle à en faire partie, sur la base de la loi qui l'a constitué et selon un principe paritaire, les présidents des plus grandes organisations syndicales de caractère national, patronales ou ouvrières, qui représentent les forces de la production et du travail.

B) La Chambre corporative.

C'est cette haute Assemblée politique législative qui couronne l'État corporatif italien, et qui donne aux forces organisées de la production sa représentation la plus haute.

Selon la loi du 17 mai 1928 sur la réforme de la représentation politique, la large base de cette dernière réside dans les grandes organisations de producteurs. Celui qui ne participe pas, comme travailleur et comme producteur, à la vie de la Nation — avait dit Mussolini — n'a pas le droit de participer au gouvernement de l'État.

Voici en quoi consiste ce premier essai de réforme.

Le nombre des Députés, pour tout le Royaume, est de 400. Tout le Royaume forme un collège national unique.

L'élection des députés a lieu

1) par les propositions que font les organisations syndicales, d'assistance, de culture, etc.;

2) par la désignation du grand Conseil national du Fascisme;

3) par l'approbation du Corps électoral.

La faculté de proposer des candidats revient avant tout aux Confédérations nationales des syndicats légalement reconnus.

Ces dernières proposent un nombre total de candidats égal au double du nombre des candidats à élire, soit 800.

La répartition de ce nombre entre les différentes Confédérations a lieu en proportion des forces réelles qu'elles représentent dans l'économie de la Nation, et, de façon concrète, comme suit:

1) Confédération nationale des agriculteurs, 96 (12 %);

2) Confédération nationale des employés et des travailleurs de l'agriculture, 96 (12 %).

3) Confédération nationale des industriels, 80 (10 %);

4) Confédération nationale des employés et des ouvriers de l'industrie, 80 (10 %);

5) Confédération nationale des commerçants, 48 (6 %);

6) Confédération nationale des employés et des ouvriers du commerce, 48 (6 %);

7) Confédération nationale des entreprises de transports par mer et par air, 40 (5 %);

8) Confédération nationale des employés et des ouvriers des transports par mer et par air, 40 (5 %);

9) Confédération nationale des entreprises de transports par terre et de navigation intérieure, 32 (4 %);

10) Confédération nationale des employés et ouvriers des transports par terre et de navigation intérieure, 32 (4 %);

11) Confédération nationale de la banque, 24 (3 %);

12) Confédération nationale des employés de banque, 24 (3 %);

13) Confédération nationale des personnes exerçant une profession libérale et des artistes, 160 (20 %).

Peuvent, en outre, proposer des candidats les personnes morales légalement reconnues et les associations, existant même de fait seulement, qui ont une importance nationale et poursuivent des buts de culture, d'éducation et d'assistance. La faculté de proposer des candidats est reconnue à ces institutions et à ces organisations par décret royal, sur préavis d'une Commission composée de 5 Sénateurs et de 5 Députés, nommés par les Assemblées dont ils font partie. Le décret qui confère cette faculté est sujet à révision tous les trois ans. Ces institutions peuvent proposer un nombre total de 200 candidats. La première distribution a eu lieu de la façon suivante: Association nationale de l'Emploi public, 28; Cheminots, 5; Association des P. T. T., 2; personnes dépendant des industries de l'État, 2; Universités, 30; Écoles secondaires, 15; Association nationale fasciste de l'école primaire, 10; Académies, 9; Instituts de BeauxArts, 2; Institut fasciste de culture, 3; Société « Dante Alighieri », 2; Anciens combattants, 45; Mutilés de guerre, 30; Centre national italien, 8; Ligue navale, 1; Institut colonial, 1; Institut national pour la coopération, 1; Caisses d'épargne, 1; Sociétés anonymes, 1; Bonification, 1; *Opera Nazionale Dopolavoro* (Organisation pour l'utilisation des loisirs ouvriers), 1; Touring Club Italien, 1; Comité olympique national, 1. Tous ces groupements sont aussi, comme on le voit, l'expression de grands intérêts professionnels.

Le Grand Conseil établit la liste des Députés désignés, en les choisissant librement sur la liste des candidats, et même hors de cette liste, lorsque c'est nécessaire, pour y comprendre aussi des personnes dont la réputation est grande dans les sciences, les lettres et les arts, et qui ne figurent pas déjà sur la liste des candidats.

Le vote de la liste des Députés désignés a lieu le troisième dimanche qui suit la publication de la liste. Ce vote à lieu moyennant des bulletins qui portent la formule: « Approuvez-vous la liste des députés désignés par le Grand Conseil national du Fascisme ? ». Le vote s'exprime en écrivant au pied du bulletin, les mots « oui » ou « non ».

La Cour d'appel de Rome, formée du premier président et de quatre présidents de section, est constituée en Bureau électoral national.

On lui transmet les procès-verbaux des Bureaux des différentes sections où a eu lieu le vote. La Cour d'appel fait la somme des voix favorables et des voix contraires remportées par la liste des Députés désignés; si la moitié des voix plus une sont favorables à la liste, la Cour d'appel la déclare approuvée et proclame élus tous les Députés qui y sont désignés. Si la moitié des voix plus une sont contraires à la liste, la Cour la déclare non approuvée. A égalité de voix, la liste est considérée comme approuvée.

Si la liste des Députés n'est pas approuvée, la Cour d'appel de Rome ordonne, par décret, de nouvelles élections avec des listes concurrentes, et fixe la date du vote à plus de 30 et à moins de 45 jours de la date du décret.

Pour ces nouvelles élections, des listes peuvent être présentées par toutes les Associations et toutes les organisations qui comptent au moins 5000 membres électeurs régulièrement inscrits sur les listes électorales. Les listes des candidats ne peuvent pas comprendre plus des trois-quarts des députés à élire.

Ont droit au vote les citoyens ayant plus de 21 ans, et ceux qui ont moins de 21 ans, mais plus de 18 ans et qui sont mariés et pères de famille. Tous ces électeurs doivent remplir une des conditions suivantes:

a) payer une contribution syndicale, aux termes de la loi du 30 avril 1926, ou être administrateurs ou membres d'une société ou d'une institution payant une contribution syndicale aux termes de la loi;

b) payer au moins 100 lires par an d'impôt à l'État, aux provinces ou aux communes, ou être depuis une année au moins propriétaires ou usufruitiers de titres nominatifs de la Dette publique de l'État ou de titres des emprunts communaux et provinciaux pour la rente de 500 lires;

c) percevoir des appointements, un salaire, une pension ou une autre allocation ayant un caractère de continuité, à charge du budget de l'État, des Provinces, de la Commune ou de toute autre Institution assujettie à la protection de l'État, de la Commune ou de la Province;

d) être membres du clergé catholique régulier ou séculier, ou être ministres d'un autre culte admis par l'État.

* * *

Tel est le système de la réforme de la représentation nationale. Il donne, comme on le voit, la plus grande place à l'organisation des intérêts qui constituent la base de l'État corporatif. Mais, faut-il ajouter, selon de nouveaux critériums qui sont, eux aussi, placés à la base du système corporatif italien et qui diffèrent des formes de représentation politique syndicale préconisées ailleurs.

En réalité, la révolution fasciste a vu tout de suite que le système électoral en vigueur alors ne pouvait pas durer, parce qu'il était surpassé par la nouvelle réalité sociale et politique, dérivant de l'entrée des syndicats dans la vie de l'État, comme de véritables institutions de droit public.

Certains ont pu penser que la logique de la doctrine fasciste devait conduire même à l'abolition de la seconde Chambre et de toute forme d'élection. Cette conséquence ne répond nullement, en vérité, à la conception fasciste de l'État moderne. En combattant la désignation parlementaire et électorale à la base de l'État, en affirmant la nécessité d'un État fort, le Fascisme n'a jamais eu l'intention de restaurer l'ancien régime absolu ou de reconstruire un

État policier sur les ruines de l'État démocratique et libéral. Au contraire, le Fascisme veut créer un régime fondé sur les masses, pour les masses. Cet État a pour mission, moyennant ses multiples organisations, de maintenir le contact avec le peuple, d'en interpréter les besoins, d'en former la conscience civile et morale, de le guider vers son élévation spirituelle et son progrès économique. Personne n'a jamais pensé placer le Gouvernement de la Nation entre les mains d'une oligarchie. On a voulu créer, au contraire, un régime dont la classe dirigeante aille chercher au sein du peuple les hommes nécessaires à son propre renouvellement.

Le Parlement ne peut pas être l'unique moyen par lequel le Gouvernement se met en contact avec les masses, prend connaissance des sentiments qui les agitent et influent sur leur esprit. Mais il n'est pas douteux qu'une assemblée composée d'hommes qui, par leurs origines et la façon dont ils ont été désignés, sont, en même temps, les interprètes de l'idée qui domine dans les différents groupes de la société nationale et les organes conscients des grands intérêts historiques de la Nation, doit trouver sa place parmi les organes constitutionnels de l'État comme collaboratrice très utile du Gouvernement.

Seulement, il est clair que dans le système politique créé par le Fascisme, l'Assemblée élue devait être constituée sur des bases essentiellement différentes de celles qui prédominent encore aujourd'hui, puisque la Chambre des Députés a pour première tâche de collaborer avec le Gouvernement à la confection des lois et d'être l'interprète des nécessités et des sentiments des différents groupes sociaux. Il est clair, par conséquent, qu'un bon système électoral doit s'appuyer avant tout sur le concours des forces organisées du Pays, et doit aussi donner la garantie que les hommes choisis pour former la Chambre ont la pleine conscience des intérêts nationaux et sont des hommes politiques au sens le plus noble du mot. Le système adopté par la réforme italienne découle de ces principes fondamentaux.

La première caractéristique du nouveau mécanisme électoral, c'est l'abandon total de tout critérium étroitement local pour le choix des Députés ainsi que la constitution de tout le Royaume en un Collège national unique.

La seconde caractéristique du système, c'est la valeur notable sinon décisive, que l'on donne à la *présentation* des candidats. Cette *présentation* n'avait juridiquement aucune importance dans les systèmes précédents. Le choix des candidats était abandonné aux partis, et même à un certain nombre d'électeurs qui se constituaient en comité, occasionnellement, au moment de l'élection pour présenter soit les candidats, soit la liste des candidats. Dans la nouvelle loi, par contre, la mission de proposer des candidats revient uniquement aux organisations syndicales légalement reconnues et, en seconde ligne, aux autres organisations permanentes, qui poursuivent des buts de culture, d'éducation et d'assistance. Il s'agit donc d'abord des treize grandes organisations où se trouvent réunies, sur une base nationale, toutes les forces de la production, toutes les catégories des personnes exerçant une profession libérale, et les artistes. On peut dire que tout ce qui, en Italie, est organisé rentre dans ces Confédérations. A côté des treize Confédérations syndicales, la loi admet aussi que d'autres organisations, qui agissent en dehors du domaine professionnel, soient admises à présenter des candidats, pourvu qu'elles aient une importance nationale et des buts d'utilité sociale. De cette façon, on répond à l'objection que la base du nouveau système électoral est exclusivement économique, et que, par conséquent, la représentation nationale qui en découle n'a aucun caractère politique, ce qui est contraire à l'idéal et au caractère de l'État moderne. On doit faire remarquer du reste qu'entre les Confédérations syndicales, il y en a une, la treizième, qui comprend les personnes exerçant une profession libérale et les artistes. Cette organisation ne se propose pas seulement la protection d'intérêts matériels, mais aussi moraux, qui sont en définitive les intérêts de la culture nationale.

Le choix des candidats est, pour la première fois, réglé par la loi. Elle indique de façon précise les institutions auxquelles cette tâche est déférée, et elle établit la façon dont elles doivent procéder. La présentation des candidats prend vraiment la forme d'une élection préparatoire, à laquelle sont appelés à prendre part les Conseils nationaux des treize Confédérations et les organes de direction des autres institutions qui ont la faculté de proposer des candidats. Cette élection préliminaire sera l'œuvre d'un corps électoral très choisi, mais qui comprend déjà les éléments directeurs de la vie économique nationale et aussi de la vie intellectuelle et spirituelle de la Nation. L'élection sera, par conséquent, une désignation véritable et consciente, et non pas l'expression purement formelle d'une volonté inexistante de masses abandonnées à l'influence des démagogues. Employeurs et travailleurs sont placés parfaitement sur le même pied. Les uns et les autres proposent pour chaque branche de l'activité productrice un nombre limité de candidats. C'est seulement pour la Confédération des personnes exerçant une profession libérale et des artistes que l'on ne fait pas cette distinction entre employeurs et travailleurs.

Une autre caractéristique de la réforme, c'est que le droit de vote n'est pas accordé au citoyen comme tel, mais en tant qu'il participe activement à la vie nationale, [surtout comme producteur ou comme contribuable.

Le vote est demandé à l'électeur comme l'expression de son jugement sur l'orientation politique indiquée par le Grand Conseil, et pour que l'on se rende compte de son état d'âme, pour maintenir toujours mieux le contact entre l'État et les masses.

Enfin, la désignation du Grand Conseil enlève aux candidats la caractéristique d'être les représentants des institutions qui les ont proposés. La réforme n'a pas eu pour but de créer une représentation des différentes professions et des différentes catégories, qui ont, ainsi que nous l'avons vu, différents autres organes de représentation. Les organisations qui ont le droit de proposer des candidats, doivent uniquement s'en tenir aux critériums de la capacité des hommes qu'elles choisissent, et réaliser, dans le rayon d'action du Parlement, leur fonction d'organes de l'État et de protecteurs des intérêts généraux de la Nation.

Le fondement juridique du système adopté par la loi réside dans l'importance des forces économiques, politiques et sociales appelées à présenter les candidats et à désigner les Députés. L'importance de ces forces fait légitimement présumer que l'immense majorité des citoyens consent au choix fait de cette façon. Quand on pense que les treize Confédérations syndicales représentent tous les producteurs italiens et, l'on peut dire aussi, toutes les personnes exerçant une profession libérale et tous les artistes, que d'autres forces certainement très notables sont représentées par les autres institutions ayant le droit de proposer des candidatures, que le Grand Conseil comprend aussi des représentants des Confédérations syndicales elles-mêmes, ainsi que des nombreuses grandes organisations de jeunesse, militaires, sportives, récréatives et d'assistance du Parti, qui comptent des milliers d'Italiens — on doit conclure que la liste, établie par le Grand Conseil d'après la procédure exigée par la loi, rencontre *a priori* le consentement de la très grande majorité des citoyens.

Mais si, par hasard, l'épreuve donne une résultat contraire, et si la ratification du corps électoral est refusée, cela veut dire évidemment qu'une crise s'est produite, qui fait que les représentants légaux des forces organisées de la Nation sont en désaccord avec celles-ci. Dans ce cas, la loi prévoit une choix entre tous ceux qui, de façon sérieuse, prétendent représenter les masses, pour décider qui est effectivement l'interprète de leurs sentiments. Dans cette seconde épreuve disparaissent les organisations légales en tant que telles; chaque organisation existe seulement de fait. Pourvu qu'elle soit assez nombreuse pour se donner comme représentant de larges masses sociales, elle a la faculté de présenter des listes de candidats, et le corps électoral décide.

Ainsi la réforme fasciste de la représentation nationale entend conserver intact le principe que l'État moderne ne peut pas ignorer les masses, et que le Gouvernement, s'il ne doit pas dépendre d'elles, doit cependant gouverner avec elles.

Ce principe est l'essence même, hautement sociale et politique, de l'État corporatif italien.

APPENDICE

LOI DU 3 AVRIL 1926, N. 563, CONCERNANT LA RÉGLEMENTATION JURIDIQUE DES RAPPORTS COLLECTIFS DU TRAVAIL

(Gazzetta Ufficiale, n. 87 – 14 avril 1926)

CHAPITRE Ier.

DE LA RECONNAISSANCE JURIDIQUE DES SYNDICATS ET DES CONTRATS COLLECTIFS DE TRAVAIL.

ART. 1er. — Peuvent être légalement reconnues les associations syndicales de patrons et d'ouvriers, intellectuels et manuels, lorsqu'elles fournissent la preuve que les conditions suivantes sont remplies par elles:

1) s'il s'agit d'associations patronales, que les employeurs qui y sont inscrits, par adhésion volontaire, emploient au moins le dixième des ouvriers travaillant dans les entreprises de l'espèce pour laquelle l'association est constituée, et se trouvant dans la circonscription où l'association opère; et s'il s'agit d'associations ouvrières, que les ouvriers qui y sont inscrits, par adhésion volontaire, représentent au moins le dixième des ouvriers de la catégorie pour lesquels l'association est constituée et se trouvant dans la circonscription où l'association opère;

2) que, en sus de la protection des intérêts économiques et moraux de leurs membres, les associations se proposent d'accomplir, et accomplissent effectivement, des fonctions d'assistance, d'instruction et d'éducation morale et patriotique à l'égard desdits membres;

3) que les personnes qui dirigent l'association offrent des garanties de leur capacité, de leur moralité et de leurs solides convictions patriotiques.

ART. 2. — Peuvent être légalement reconnues, lorsqu'elles réunissent les conditions prescrites par l'article précédent, les associations d'individus exerçant librement un métier ou une profession.

Les ordres, collèges et associations de personnes exerçant une profession libérale, qui existent déjà et sont reconnus légalement, continueront d'être assujétis aux lois et règlements en vigueur. Toutefois, par décret royal, le conseil des ministres entendu, ces lois et règlements seront soumis à une revision pour les coordonner avec les dispositions de la présente loi.

Seront également soumis à une revision pour les mettre en harmonie avec les dispositions de la présente loi, les statuts d'associations d'artistes et de personnes exerçant des professions libérales, constituées en organes jouissant de la personnalité civile avant la promulgation de la présente loi.

Art. 3. — Les associations dont s'agit aux articles précédents, ne peuvent comprendre que des patrons seulement ou seulement des ouvriers.

Les associations de patrons et les associations d'ouvriers peuvent être réunies, au moyen d'organes centraux de liaison, à une hiérarchie supérieure commune, mais en laissant intacte la représentation distincte des patrons et celle des ouvriers, et si les associations comprennent plusieurs catégories d'ouvriers, la représentation de chaque catégorie de ceux-ci.

Art. 4. — La reconnaissance des associations, dont s'agit aux précédents articles, a lieu par décret royal, sur la proposition du ministre compétent, de concert avec le ministre de l'intérieur, le conseil d'Etat entendu. Le même décret approuve les statuts qui sont publiés aux frais de l'association, dans la Gazette Officielle du Royaume.

Les statuts doivent contenir la détermination précise des buts des associations, du mode de nomination des organes sociaux et les conditions d'admission des membres, parmi lesquelles doit figurer la bonne conduite politique, au point de vue national.

Les statuts peuvent établir l'organisation d'écoles professionnelles, d'institutions d'assistance économique et d'éducation morale et nationale ainsi que d'instituts ayant pour but l'accroissement et l'amélioration de la production, de la culture ou de l'art national.

Art. 5. — Les associations reconnues légalement ont la personnalité civile et représentent légalement tous les patrons, ouvriers, artistes et personnes exerçant les professions libérales de la catégorie pour laquelle elles sont constituées, qu'ils y soient inscrits ou non, dans l'étendue de la circonscription territoriale où elles opèrent.

Les associations reconnues légalement ont la faculté d'imposer à tous les patrons, ouvriers, artistes et personnes exerçant une profession libérale qu'elles représentent, que ceux-ci y soient ou non inscrits, une contribution annuelle n'excédant pas, pour les patrons la rétribution d'une journée de travail pour chaque ouvrier employé par eux, et pour les ouvriers, artistes et personnes exerçant une profession libérale, la rétribution d'une journée de travail. Le dixième au moins du produit de ces contributions doit être prélevé chaque année pour constituer un fonds patrimonial ayant pour but de garantir les obligations prises par les associations en conséquence des contrats collectifs stipulés par elles, et qui sera géré conformément aux dispositions qui seront spécifiées dans le règlement.

Les entreprises sont tenues de déclarer aux associations qui les représentent, au plus tard le 31 mars de chaque année, le nombre des personnes dans leur dépendance. Au cas d'omission ou de déclaration fausse ou incomplète, les contrevenants sont punis d'une amende jusqu'à 2000 lires.

Pour le recouvrement de ces contributions, on appliquera les dispositions établies par la loi sur le recouvrement des impôts communaux; les cotes des ouvriers sont encaissées au moyen d'une retenue opérée sur leur salaire ou sur leurs appointements et sont versées à la caisse des associations.

Seuls les membres régulièrement inscrits participent à l'activité de l'association et à l'élection ou à toute autre forme de nomination des organes sociaux.

Les associations légalement constituées peuvent seules désigner les représentants des patrons ou des entrepreneurs dans tous les conseils, organisations dotées de la personnalité civile ou organes où cette représentation est prévue par les lois et les règlements.

Art. 6. — Les associations peuvent être communales, d'arrondissement, provinciales, régionales, interrégionales et nationales.

Peuvent aussi être légalement reconnues, aux conditions prévues par la présente loi, les fédérations ou unions de plusieurs associations et les confédérations de plusieurs fédérations. La reconnaissance de ces fédérations ou confédérations entraîne de plein droit la reconnaissance des associations ou fédérations qui y adhèrent. Aux fédérations ou confédération appartient le pouvoir disciplinaire sur les associations adhérentes et même sur les membres de celles-ci, lequel est exercé conformément aux dispositions des statuts.

Il ne peut être reconnu légalement, pour chaque catégorie de patrons, d'ouvriers, d'artistes ou de personnes exerçant une profession libérale qu'une seule association. De même, il ne peut être reconnu légalement, pour la catégorie ou les catégories de patrons ou d'ouvriers représentées, dans les limites de la circonscription fixée, qu'une seule fédération ou confédération de patrons ou d'ouvriers, ou encore d'artistes ou de personnes exerçant une profession libérale, dont s'agit à l'alinéa précédent.

Si une confédération nationale est reconnue pour toutes les catégories de patrons ou de travailleurs de l'agriculture, de l'industrie ou du commerce, ou bien pour toutes les catégories d'artistes ou de personnes exerçant une profession libérale, la reconnaissance de fédérations ou d'associations qui ne font pas partie de la confédération n'est pas admise.

En aucun cas ne peuvent être reconnues les associations qui, sans l'autorisation du gouvernement, ont de quelque façon des rapports de discipline ou de dépendance avec des associations de caractère international.

Art. 7. — Chaque association doit avoir un président ou un secrétaire qui la dirige, la représente et est responsable de son fonctionnement. Le président ou le secrétaire est nommé ou élu conformément aux dispositions des statuts.

La nomination ou l'élection des présidents ou secrétaires des associations nationales, interrégionales et régionales n'a pas d'effet si elle n'est pas approuvée par décret royal, sur la proposition du ministre compétent, de concert avec le ministre de l'intérieur. L'approbation peut être retirée à tout moment.

Les statuts doivent indiquer l'organe auquel est confié le pouvoir disciplinaire sur les membres et la faculté d'expulser les membres coupables d'indignité morale et politique.

Art. 8. — Les présidents ou secrétaires sont secondés par des conseils de direction élus par les membres inscrits à l'association, conformément aux dispositions établies par les statuts.

Les associations communales, d'arrondissement et provinciales sont assujéties à la surveillance du préfet et au contrôle de la Commission provinciale administrative, qui exercent ces fonctions conformément aux dispositions qui seront établies dans le règlement. Les associations régionales, interrégionales et nationales sont aussujéties à la surveillance et à la protection du ministre compétent.

Le ministre compétent, de concert avec le ministre de l'intérieur, peut dissoudre les conseils de direction des associations et concentrer tous les pouvoirs entre les mains du président ou du secrétaire pendant un laps de temps n'excédant pas un an. Il peut aussi, dans les cas particulièrement graves, confier l'administration extraordinaire à un commissaire nommé par lui.

Quand il s'agit d'associations adhérant à une fédération ou à une confédération, le décret qui reconnaît la fédération ou la confédération et en approuve les statuts peut établir que la surveillance et la protection seront exercées entièrement ou en partie par la fédération ou la confédération.

Art. 9. — De même, pour de graves motifs, et en tout cas lorsque les conditions exigées pour la reconnaissance par les précédents articles viennent à manquer, la reconnaissance peut être retirée par décret royal, sur la proposition du ministre compétent, de concert avec le ministre de l'intérieur, le conseil d'Etat entendu.

Art. 10. — Les contrats collectifs de travail établis par les associations de patrons, d'ouvriers, d'artistes et de personnes exerçant une profession libérale sont valables à l'égard de tous les patrons, travailleurs, artistes et personnes exerçant une profession libérale de la catégorie à laquelle le contrat collectif se réfère et qu'elles représentent en vertu de l'article 5.

Les contrats collectifs de travail doivent être établis par écrit, à peine de nullité. Ils doivent, également à peine de nullité, indiquer la durée pendant laquelle ils seront en vigueur.

Les organes centraux de liaison prévus à l'article 3 peuvent établir, conformément à un accord préalable avec les représentants des patrons et des travailleurs, des règles générales quant aux conditions du travail dans les entreprises considérées. Ces règles sont valables pour tous les patrons et tous les travailleurs de la catégorie à laquelle elles se réfèrent, et que les associations reliées aux organes centraux représentent aux termes de l'article 5.

Une copie des contrats collectifs établis et des règles générales fixées selon les dispositions des alinéas précédents doit être déposée à la préfecture du lieu et publiée dans la feuille des annonces de la province, s'il s'agit d'associations communales, d'arrondissement ou provinciales, et déposée au ministère de l'économie nationale et publiée dans la Gazette Officielle du Royaume, s'il s'agit d'associations régionales, interrégionales ou nationales.

Les patrons et les travailleurs qui n'observent pas les contrats collectifs et les règles générales auxquels ils sont tenus, sont responsables civilement de cette non exécution aussi bien envers l'association patronale qu'envers l'association ouvrière qui ont établi le contrat.

Les autres dispositions relatives à l'établissement et aux effets des contrats collectifs de travail seront édictées par décret royal, sur la proposition du ministre de la justice.

Art. 11. — Les dispositions de la présente loi sur la reconnaissance juridique des associations ne s'appliquent pas aux associations constituées parmi le personnel des administrations de l'Etat, des provinces, des communes et des institutions publiques de bienfaisance qui feront l'objet de dispositions distinctes.

Sont toutefois interdites, sous peine de destitution, perte du grade et de la fonction et autres peines disciplinaires qui seront établies par règlement selon le cas à considérer, les associations du même genre d'officiers, sous-officiers et soldats de l'armée royale et des autres corps armés de l'Etat, des provinces et des communes, les associations de magistrats appartenant à l'ordre judiciaire ou administratif, de professeurs d'établissements d'enseignement supérieur et secondaire, de fonctionnaires, employés et agents dépendant des ministères de l'intérieur, des affaires étrangères et des colonies.

ART. 12. — Les associations de patrons, de travailleurs, d'artistes et de personnes exerçant une profession libérale, qui ne sont pas reconnues légalement, continuent de subsister comme associations de fait, conformément à la législation en vigueur, sous réserve des exceptions spécifiées au second alinéa de l'article précédent.

Les dispositions du décret-loi royal du 24 janvier 1924, n. 64 leur sont applicables.

CHAPITRE II.
DU TRIBUNAL DU TRAVAIL.

ART. 13. — Tous les différends relatifs à la discipline des rapports collectifs de travail qui concernent soit l'application des contrats collectifs ou d'autres dispositions existant déjà, soit la demande de nouvelles conditions de travail, ressortissent aux cours d'appel, remplissant les fonctions de tribunal du travail.

Une tentative de conciliation doit être faite obligatoirement par le président de la cour, avant qu'il ne statue.

Les différends dont s'agit aux précédentes dispositions, peuvent être réglés par arbitrage conformément aux articles 8 et suivants du code de procédure civile.

Il n'est apporté aucune modification à la compétence des conseils de prud'hommes et des commissions arbitrales provinciales de l'emploi privé, telle qu'elle est établie respectivement par la loi du 15 juin 1893, n. 295 et par le décret-loi royal du 2 décembre 1923, n. 2686.

L'appel contre les décisions de ces conseils et commissions et d'autres organes juridictionnels en matière de contrats individuels de travail, pour autant qu'elles sont susceptibles d'appel d'après les lois en vigueur, doit être interjeté devant la cour d'appel remplissant les fonctions de tribunal du travail.

ART. 14. — Pour permettre aux cours d'appel de remplir les fonctions de tribunaux du travail, il est constitué auprès de chacune des seize cours d'appel une section spéciale comprenant trois magistrats, dont un président de section, et deux conseillers de cour d'appel, auxquels sont adjoints, dans chaque cas, deux citoyens versés dans les problèmes de la production et du travail, choisis par le premier président conformément aux dispositions établies à l'article suivant.

Par décret royal, sur la proposition du ministre de la justice, de concert avec le ministre des finances, les modifications nécessaires pour l'application de la présente disposition seront apportées au cadre organique de la magistrature et du personnel des greffes judiciaires.

ART. 15. — Auprès de chaque cour d'appel il est dressé une liste de citoyens versés dans les problèmes de la production et de la main-d'œuvre, rangés par groupes et sous-groupes, selon les différentes espèces d'entreprises existant dans le ressort territorial de la cour. Cette liste est revisée tous les deux ans.

Par décret royal, sur la proposition du ministre de la justice, de concert avec le ministre de l'économie nationale, sont fixées les dispositions présidant à la formation et à la revision des listes susdites, ainsi que les indemnités journalières et autres revenant aux inscrits, lorsqu'ils sont appelés à exercer des fonctions judiciaires.

Chaque année, le premier président désigne, pour chaque groupe et sous-groupe, les inscrits qui seront appelés à remplir les fonctions de conseillers experts dans les différends relatifs aux entreprises qui constituent le groupe ou le sous-groupe. Ne peuvent jamais faire partie du collège appelé à statuer judiciairement ceux qui sont directement ou indirectement intéressés au différend.

ART. 16. — La cour d'appel, remplissant les fonctions de tribunal du travail, statue, s'il s'agit de l'application des accords existants, selon les dispositions légales concernant l'interprétation et l'exécution des contrats et, s'il s'agit de formuler de nouvelles conditions de travail, selon l'équité, en harmonisant les intérêts des patrons et ceux des travailleurs, et en protégeant, dans tous les cas, les intérêts supérieurs de la production.

La spécification des nouvelles conditions du travail est toujours accompagnée de la détermination de la période pendant laquelle elles doivent rester en vigueur, qui sera normalement le laps de temps établi par l'usage pour les accords librement établis.

La décision de la cour, remplissant les fonctions de tribunal du travail, est rendue après avoir entendu les conclusions orales du ministère public.

Contre les décisions de la cour d'appel remplissant les fonctions de tribunal du travail, on peut recourir en cassation pour les motifs indiqués à l'article 517 du code de procédure civile.

Un règlement de procédure qui sera édicté par décret royal, sur la proposition du ministre de la justice, établira les dispositions spéciales de la procédure visant la compétence et l'exécution, même en dérogeant aux règles ordinaire du code de procédure civile.

ART. 17. — Le droit d'intenter une action en matière de différends relatifs aux rapports collectifs du travail, appartient uniquement aux associations légalement reconnues et peut être exercé contre les associations légalement reconnues s'il en existe; dans le cas contraire, contradictoirement à un curateur spécial, nommé par le président de la cour d'appel.

Dans ce dernier cas, l'intervention volontaire dans la cause des individus intéressés est admise.

Quand des associations de patrons ou de travailleurs font partie de fédérations ou de confédérations, ou lorsque des organes centraux de liaison ont été constitués entre les associations de patrons et les associations de travailleurs, l'action judiciaire n'est pas recevable s'il n'est pas prouvé que la fédération ou la confédération, ou bien l'organe central de liaison, a tenté d'arriver à la solution du différend à l'amiable, et que la tentative n'a pas réussi.

Seules les associations légalement reconnues représentent en justice tous les patrons et tous les travailleurs de la catégorie pour laquelle elles sont constituées, dans les limites de la circonscription territoriale qui leur est fixée.

Les décisions rendues à leur égard sont valables pour tous les intéressés et sont publiées s'il s'agit d'associations communales, d'arrondissement et provinciales dans la feuille des annonces judiciaires de la province, et s'il s'agit d'associations régionales, interrégionales ou nationales dans la Gazette Officielle du Royaume.

Tous les actes et documents relatifs à la procédure devant la cour d'appel remplissant les fonctions de tribunal du travail et les dispositions de toute nature édictées par elle sont exempts de droits d'enregistrement et de timbre.

CHAPITRE III.

DU LOCK-OUT ET DE LA GRÈVE.

ART. 18. — Le lock-out et la grève sont interdits.

Les patrons qui, sans motifs justifiés et dans le seul but d'obtenir des personnes dans leur dépendance des modifications aux conditions de travail en vigueur, suspendent le travail dans leurs établissements, entreprises ou bureaux, sont punis d'une amende de dix mille à cent mille lires.

Les employés et ouvriers qui, au nombre de trois ou plus, après s'être concertés, abandonnent le travail, ou le poursuivent de façon à en troubler la continuité ou la régularité, pour obtenir de leurs patrons, des conditions de travail différentes sont punis d'une amende de cent à mille lires. Les dispositions des articles 298 et suivants du code de procédure pénale s'appliquent à la procédure.

Quand les auteurs des délits prévus dans les précédents alinéas sont nombreux, les chefs, les promoteurs et les organisateurs sont punis d'un an à deux ans de détention, en sus de l'amende établie aux alinéas susdits.

ART. 19. — Les personnes appartenant aux administrations de l'Etat et d'autres organes publics ainsi que le personnel des entreprises exerçant un service public ou de nécessité publique qui, au nombre de trois ou plus, après s'être concertés, abandonnent leur travail ou le poursuivent de façon à en troubler la continuité ou la régularité, sont punis de un à six mois de réclusion et de six mois d'interdiction des fonctions publiques.

Les dispositions des articles 298 et suivants du code de procédure pénale s'appliquent à la procédure.

Les chefs, les promoteurs et les organisateurs sont punis de six mois à deux ans de réclusion et de l'interdiction des fonctions publiques pour une période non inférieure à trois ans.

Les personnes exerçant des services publics ou de nécessité publique qui suspendent le travail dans leurs établissements, entreprises ou bureaux sans motif justifié, sont punies de six mois à un an de réclusion et d'une amende de cinq mille à cent mille lires, outre l'interdiction temporaire des fonctions publiques.

Lorsque du fait prévu au présent article, il est résulté un danger pour la vie des personnes la peine portant restriction de la liberté personnelle est d'un an de réclusion au moins. Si le fait susdit a causé la mort d'une ou plusieurs personnes, la peine susdite est au moins de trois ans de réclusion.

ART. 20. — Le personnel des administrations de l'Etat et d'autres organes publics, les personnes exerçant des services publics ou de nécessité publique et leur personnel qui, à l'occasion d'une grève ou d'un lock-out

omettent de faire tout ce qui est en leur pouvoir pour obtenir la continuation régulière ou la reprise d'un service public ou de nécessité publique,
sont punis de un à six mois de détention.

Art. 21. — Quand la suspension du travail par les patrons ou la
prestation irrégulière par les travailleurs a lieu afin d'exercer une contrainte
sur la volonté ou d'influer sur les décisions d'un corps ou collège de l'Etat,
des provinces ou des communes, ou encore d'un officier public, les chefs,
les promoteurs et les organisateurs sont punis de trois à sept ans de réclusion
et de l'interdiction perpétuelle des fonctions publiques, et les autres auteurs
du fait de un an à trois ans de réclusion et de l'interdiction temporaire
des fonctions publiques.

Art. 22. — Sans préjudice de l'application des dispositions de droit
commun sur la responsabilité civile pour non exécution d'obligations con-
tractées, et sur l'exécution des jugements, les patrons et les travailleurs qui
refusent d'exécuter les décisions du tribunal du travail sont punis de un
mois à un an de détention et d'une amende de cent à cinq mille lires.

Les personnes dirigeant les associations légalement reconnues, qui
refusent d'exécuter les décisions du tribunal du travail, sont punies de six
mois à deux ans de détention et d'une amende de deux mille à dix mille
lires, outre la révocation de leurs fonctions.

Si à la non exécution des décisions du tribunal du travail les coupables ajoutent la grève ou le lock-out, on appliquera les dispositions du code
pénal sur le cumul des délits et des peines.

Art. 23. — Toutes les dispositions contraires à la présente loi sont
abrogées.

Le gouvernement du Roi est autorisé à édicter, par décret, les dispositions nécessaires pour l'application de la présente loi et pour la coordonner
avec les dispositions du décret royal du 19 octobre 1923, n. 2311, de la
loi du 15 juin 1893, n. 295, et du décret-loi royal du 2 décembre 1923,
n. 2686, qui seront soumis à la revision nécessaire, ainsi qu'avec toute
autre loi de l'Etat.

DÉCRET ROYAL DU 1ᵉʳ JUILLET 1926 PORTANT RÈGLEMENT D'APPLICATION DE LA LOI DU 3 AVRIL 1906, N. 563, SUR LES RAPPORTS COLLECTIFS DU TRAVAIL

(Gazzetta Ufficiale, n. 155 – 7 juillet 1926)

TITRE I.

DES ASSOCIATIONS SYNDICALES UNITAIRES OU DE PREMIER DEGRÉ.

CHAPITRE I.

*De la constitution des Associations syndicales
et de leur reconnaissance légale.*

ART. 1. — Peuvent appartenir aux Associations syndicales les citoyens italiens des deux sexes, ayant plus de 18 ans, qui ont toujours eu une bonne conduite morale et politique au point de vue national et qui satisfont aux autres conditions requises par la loi et par les statuts des Associations.

Peuvent aussi faire partie des Associations syndicales les sociétés commerciales légalement constituées et les autres personnes civiles de nationalité italienne dont les dirigeants et les administrateurs ont une bonne conduite morale et politique au point de vue national.

ART. 2. — Les étrangers qui résident en Italie depuis dix ans au moins peuvent être admis en qualité de membres dans le Associations syndicales légalement reconnues mais ne peuvent être nommés ou élus à aucune des charges ou des fonctions directives.

ART. 3. — Les Administrations de l'Etat, des provinces, des communes et des institutions publiques de bienfaisance ne peuvent pas faire partie des Associations patronales légalement reconnues aux termes de la loi du 3 avril 1926, n. 563, et ne sont pas assujetties aux dispositions de la dite loi quant aux contrats collectifs et à la juridiction des Tribunaux du travail.

La même disposition est valable pour l'Administration autonome des chemins de fer de l'Etat, pour l'Administration des P. T. T., pour la Caisse des dépôts et prêts, pour l'Institut d'émission, pour la Banque de Naples et la Banque de Sicile, pour les Instituts et organes relevant de l'Etat et pour les Caisses d'épargne.

Les associations constituées par des employés des administrations susdites ne peuvent pas être légalement reconnues.

Les entreprises autonomes municipalisées et le personnel qui en dépend sont assujettis aux dispositions de la loi du 3 avril 1926, n. 563.

ART. 4. — Les associations qui se proposent de sauvegarder les intérêts matériaux ou moraux de leurs membres, si ces derniers ne sont ni des employeurs ni des travailleurs, ne peuvent pas être légalement reconnues aux termes de la loi du 3 avril 1926 et ne sont pas assujetties aux autres dispositions de la dite loi concernant les contrats collectifs de travail et la juridiction des Tribunaux du travail.

Toutefois les propriétaires d'immeubles ruraux qui ont donné en location leurs biens-fonds seront admis à faire partie des associations patronales agricolex légalement reconnues à la condition qu'ils soient encadrés dans une section spéciale ayant sa propre représentation dans les organes directifs de l'association.

Cette représentation ne participe pas à la stipulation des contrats collectifs de travail agricole.

Dans l'établissement des accords collectifs de travail non agricole à exécuter pour le compte des propriétaires, la représentation de la section agira comme représentation d'une association autonome.

ART. 5. — Les artisans exerçant pour leur compte une petite industrie à laquelle ils travaillent personnellement, les petits commerçants et les auxiliaires du commerce, intermédiaires, commissionnaires et agents qui ne bénéficient pas des dispositions de la loi concernant le contrat d'emploi privé, les propriétaires et les fermiers cultivant directement des immeubles ruraux doivent se constituer en associations séparées.

ART. 6. — Ne peuvent pas faire partie de la même association les travailleurs intellectuels et les ouvriers manuels, même s'ils sont employés dans le même type ou la même catégorie d'entreprise.

Les employés techniques et les employés d'administration peuvent au contraire être réunis dans la même association, mais dans des sections séparées ayant chacune sa propre représentation.

Les directeurs techniques et administratifs ainsi que les autres chefs de bureau ou de service remplissant des fonctions analogues, les fondés de pouvoirs et d'une façon générale, les autres employés munis de procuration doivent faire partie d'association séparées.

ART. 7. — Les employeurs et les travailleurs qui, en raison de leur activité, appartiennent en même temps d'une façon stable et suivie à des catégories diverse soit d'employeurs soit d'ouvriers, peuvent faire partie en même temps de différentes Associations syndicales.

Celui qui, dans différents domaines d'activité, d'une façon stable et suivie exerce à la fois les fonction d'employeur et celles d'ouvrier peut faire partie en même temps d'Associations patronales et d'Associations ouvrières.

Les membres des associations légalement reconnues ne peuvent, sous peine d'expulsion, faire en même temps partie d'associations de fait constituées dans un même but syndical, en vertu de l'article 12 de la loi du 3 avril 1926.

ART. 8. — Les entreprises de tous genres exploitées sous la forme coopérative doivent, aux fins de l'organisation syndicale, se constituer en Associations spéciales distinctes des associations groupant des entreprises capitalistes analogues, aussi bien que des Associations de travailleurs des entreprises analogues.

ART. 9. — Contre le refus d'admission dans une association légalemen reconnue et contre l'expulsion ou toute autre forme d'exclusion, le recours au ministre des corporations sera toujours admis en dernière instance, outre les recours prévus par les statuts des associations unitaires et des associations supérieures.

Art. 10. — Les listes de travailleurs résultant des déclarations obligatoires dont s'agit à l'article 5, 3ème alinéa de la loi du 3 avril 1926 font foi de l'existence de la condition prescrite par l'article 1, n. 1 de la dite loi.

Ces listes seront dressées par les Préfets à qui les associations sont tenues de communiquer immédiatement les déclarations qui leur parviennent. Le Préfet procède à l'inscription après avoir entendu le Conseil provincial de l'économie.

Les listes dressées par les préfectures d'après les données fournies par les Communes, font foi en ce qui concerne ceux qui exercent librement un art ou une profession.

Quiconque, dans une Commune, entreprend d'exercer un art ou une profession, est tenu de le déclarer dans les trois mois à la Commune intéressée sous peine d'une amende de cent lires.

Art. 11. — Lorsque pour l'exercice d'un art ou d'une profession déterminés l'inscription dans un rôle dont la formation est confiées par le lois en vigueur à un ordre ou à un collège est requise, une Association syndicale pourra être légalement reconnue à côté de l'ordre ou du collège. Dans ce cas l'Association syndicale est assujettie aux dispositions de la loi du 3 avril 1926.

Les Associations syndicales, mais non les ordres ou les collèges, ont la faculté de remplir les fonctions de sauvegarde des intérêts matériels et moraux des personnes qu'ils représentent ainsi que les fonctions d'assistance, d'instruction et d'éducation prévues par la loi. Elles seules ont la faculté de désigner des représentants dans les corps politiques, administratifs et techniques de l'Etat et des autres organes publics, lorsque cette désignation est prévue par les lois et les règlements.

Les personnes exerçant une profession libérale et les artistes, employés dans les entreprises industrielles, agricoles, commerciales, de transports et de banque doivent, aux effets des contrats collectifs de travail, faire partie des Associations syndicales d'employés. Mais ils peuvent toutefois appartenir, dans une section distincte ayant sa propre représentation, aux associations de personnes exerçant une profession libérale ou d'artistes.

Art. 12. — Les ordres au collèges, existant et légalement reconnus au moment de l'entrée en vigueur de la loi du 3 avril 1926 subsisteront, mais il ne pourra en être reconnu de nouveaux, même si leur constitution est prévue par des lois antérieures.

Lorsque pour l'exercice d'un art ou d'une profession déterminés pour lesquels un ordre ou un collège n'est pas légalement constitué l'inscription dans un rôle est requise, toutes les fonctions inhérentes aux dits ordres ou collèges pour la garde du rôle et la discipline des membres inscrits, seront exercées par les Associations syndicales. Dans le cas où il n'existe pas d'Association syndicale légalement reconnue, ces fonctions sont confiées au président du tribunal.

Art. 13. — La reconnaissance de toute Association syndicale doit être refusée, non seulement lorsque les conditions requises par la loi font défaut, mais aussi lorsque cette reconnaissance n'est pas opportune pour des raisons d'ordre politique, économique ou social.

La reconnaissance peut aussi être subordonnée à l'introduction dans les statuts de certaines modifications.

Art. 14. — Pour obtenir la reconnaissance, les associations doivent joindre aux statuts un rapport concernant leur origine et l'activité déployée depuis leur fondation, ainsi que la liste nominative des membres et des personnes qui remplissent des fonctions directives et autres.

Les statuts doivent indiquer les buts de l'association, la circonscription territoriale dans laquelle elle opère, le lieu où se trouve son siège principal, ses rapports de dépendance et d'union avec d'autres associations, les conditions d'admission et d'exclusion des membres, le mode et les formes établis pour les délibérations des organes sociaux compétentes en ce qui concerne les contributions prévues par l'article 5 de la loi du 3 avril 1926, la composition, le mode d'élection ou de nomination et la compétence des organes directifs et disciplinaires, les motifs d'exclusion de l'association, les règles d'administration des revenus et du patrimoine de l'association et la part des revenus consacrée aux frais obligatoires.

ART. 15. — Le Gouvernement royal a toujours le droit de demander et s'il le faut de décréter d'office la revision des statuts des associations légalement reconnues.

CHAPITRE II.

Organisation et administration des Associations syndicales.

ART. 16. — Les attributions des Conseils de direction des associations prévues par l'article 8 de la loi du 3 avril 1926, sont établies par les statuts.

Le Conseil de direction est présidé par le président ou le secrétaire, qui dirige et représente l'association.

ART. 17. — Les mêmes qualités morales et politiques exigées des dirigeants de l'association sont requises des employés des associations légalement reconnues.

ART. 18. — Les dépenses des Associations syndicales légalement reconnues se divisent en dépenses obligatoires et dépenses facultatives.

Sont obligatoires les dépenses inhérentes à l'organisation syndicale, à l'assistance économique et sociale, à l'assistance morale et religieuse, à l'éducation nationale et à l'instruction professionnelle.

Sont en outre obligatoires: la contribution à l'Oeuvre nationale des loisirs ouvriers, à l'Oeuvre nationale de la maternité et de l'enfance, a l'Oeuvre nationale du Balilla, au Patronage national reconnu par décret du ministre de l'economie nationale du 26 juin 1925, dans la mesure fixée par décret du Ministre des corporations, après avoir entendu l'avis des Associations supérieures, légalement reconnues, dont l'association dépend.

Est enfin obligatoire la constitution du fonds de garantie prévu par l'article 5 de la loi du 3 avril 1926. Les sommes destinées à cet effet seront placées en titres de la dette publique · non aliénables. Tous les autres frais sont facultatifs.

ART. 19. — Les dispositions concernant la coordination de l'activité des Associations syndicales avec celle de l'Oeuvre nationale des loisirs ouvriers, de l'Oeuvre nationale de la maternité et de l'enfance, de l'Oeuvre nationale du Balilla et du Patronage national, seront établies par décret royal.

ART. 20. — En cas de dissolution d'une association ou de retrait de la reconnaissance accordée à celle-ci, un liquidateur nommé par le Préfet s'il s'agit d'associations opérant dans les limites de la province, ou par le Ministre des corporations, s'il s'agit d'associations qui opèrent dans deux ou un plus grand nombre de provinces, réalise l'actif et rembourse le passif.

Le patrimoine net résultant de la liquidation sera dévolu par décret Royal à l'association supérieure légalement reconnue dont l'association dépend et, a son défaut, ce patrimoine sera consacré à des œuvres d'assistance, d'instruction et d'éducation en faveur des catégories d'employeurs et de travailleurs pour lesquelles l'association avait été constituée.

Art. 21. — Les biens qui reviennent à l'Association syndicale avant qu'elle soit reconnue, quelle que soit la personne qui les détienne ou les administre pour le compte de l'association, viennent de plein droit faire partie du patrimoine de l'association légalement reconnue.

Les biens qui reviennent de quelque façon que ce soit à des associations constituées entièrement ou en partie dans le but prévu par la loi du 3 avril 1926, sont dévolus de droit aux associations constituées dans le même but en faveur des mêmes catégories d'employeurs ou de travailleurs, chaque fois que la majorité des membres de l'association préexistante est entrée dans l'association légalement reconnue.

Avant même de reconnaître l'Association syndicale, le Préfet peut ordonner, par arrêté, que les biens dont s'agit aux deux précédents alinéas, soient remis à un commissaire nommé par lui. L'arrêté préfectoral est immédiatement exécutoire. Aussitôt que l'association est légalement reconnue, lesdits biens sont remis entre les mains des représentants légaux de cette association. Au cas où, dans les six mois qui suivent la publication de l'arrêté, la reconnaissance n'aurait pas eu lieu, les biens sont restitués à celui qui les détenait ou les administrait.

Art. 22. — Les Associations syndicales ne peuvent exercer, en dehors des relations de travail, aucune ingérence dans la gestion administrative, technique et commerciale des entreprises de leurs membres, sans le consentement de ces derniers.

En aucun cas, les Associations syndicales ne peuvent établir des dispositions obligatoires pour les non participants, en dehors du domaine des rapports de travail.

Les Associations syndicales ne peuvent exercer le commerce.

CHAPITRE III.

Des contributions.

Art. 23. — Les délibérations en vertu desquelles les contributions prévues à l'article 5 de la loi du 3 avril 1926 sont imposées, doivent être approuvées par le Conseil provincial administratif, s'il s'agit d'associations qui opèrent dans les limites de la province, et par le Ministre des corporations s'il s'agit d'associations qui opèrent dans deux provinces ou plus.

Les délibérations approuvées seront publiées, aux frais des associations, dans le premier cas dans la feuille d'avis de la province et dans la *Gazzetta Ufficiale* dans le second cas.

Le recours au Gouvernement royal contre la décision du Conseil provincial administratif ou le décret du Ministre peut être fait par tout intéressé dans les quinze jours de la publication de la décision.

Art. 24. — Le Ministre des corporations établit les dispositions applicables en matière de contributions, même dans le cas où, par suite de la nature du travail ou du caractère de l'entreprise, il n'est pas possible de les déterminer en prenant pour base la rétribution d'une journée de travail.

ART. 25. — Les listes matricules des contribuables, répartis par commune de résidence, sont dressées par chaque association.

Elles doivent rester affichées pendant un mois au moins, à partir de la date du décret, au tableau d'affichage de la Commune.

Dans le mois suivant chaque contribuable a le droit de réclamer contre son inscription devant le Conseil provincial administratif, s'il s'agit d'associations qui opèrent dans les limites de la province, et devant le Ministre des corporations s'il s'agit d'associations qui opèrent dans deux provinces ou plus.

Les décisions du Conseil provincial administratif et du Ministre sont définitives. Le recours à l'autorité judiciaire est toutefois autorisé dans les cas et aux conditions admis en matière d'impôts.

Les rôles sont dressés d'après les inscriptions non contestées et définies. Ils deviennent exécutoires par arrêté du Préfet. Le recours au Préfet n'est admis que pour cause d'erreur matérielle.

ART. 26. — Le recouvrement des contributions est confié aux percepteurs des impôts, avec les privilèges fiscaux et l'obligation de verser la totalité des sommes inscrites au rôle des recouvrements.

Dans les délais et modalités fixés par l'article 80 du texte unifié des lois relatives au recouvrement des impôts directs, approuvé par décret Royal du 17 octobre 1922, n. 1401, les percepteurs versent le montant des rôles au compte courant spécial de la préfecture, à la section du trésor de la province.

Le Préfet à son tour en ordonne le payement à l'association unitaire et aux associations supérieures dont elle dépend, dans la proportion qu'établira pour chacune d'elles le Ministre des corporations, par voie de décret, sur la proposition de la plus importante organisation supérieure dont dépend l'association unitaire.

Dans tous les cas, on prélève au bénéfice de l'Etat sur les sommes recouvrées le dix pour cent, qui est versé au compte courant spécial du Ministère des corporations à la section de la trésorerie provinciale de Rome.

ART. 27. — Les statuts peuvent établir des contributions supplémentaires pour les membres de l'association seulement, et en déterminer le montant.

Les contributions supplémentaires sont recouvrées par les soins des associations.

ART. 28. — Le Ministre des corporations, peut par décret, établir, que le recouvrement des contributions obligatoires sera fait lui aussi par les soins des associations, l'obligation de la répartition spécifiée aux deux derniers alinéas de l'articles 26 restant inchangée.

CHAPITRE IV.

De la surveillance et du contrôle.

ART. 29. — Le Préfet, s'il s'agit d'associations qui opèrent dans les limites de la province, et le Ministre s'il s'agit d'associations qui opèrent dans deux provinces ou plus, peuvent demander des documents et des renseignements et ordonner des inspections et des recherches sur l'activité des associations.

Le Ministre des corporations peut en tout temps sur dénonciation ou d'office, annuler les délibérations des organes des Associations syndicales légalement reconnues, lorsque ces délibérations sont contraires aux lois, aux règlements, aux statuts et aux-objets essentiels de ces institutions.

Art. 30. — Sont assujétis à l'approbation du Conseil provincial administratifs, et dans des cas déterminés, du Ministre des corporations:

a) les bilans;

b) les actes qui impliquent des mutations patrimoniales;

c) les dépenses qui grèvent le bilan pour une période supérieure à 5 ans;

d) les règlements et les cadres organiques du personnel;

e) les règlements pour la perception des contributions;

f) les payements ordonnés sur le fonds de garantie constitué selon l'article 5 de la loi du 3 avril 1926.

Si les organes délibératifs ou exécutifs de l'association omettent de faire ce à quoi ils sont tenus par la loi, le règlement ou les statuts, ou pour atteindre les buts essentiels de l'association, le Préfet, ou dans les cas opportuns le Ministre peuvent ordonner l'exécution de ces actes y compris l'inscription des dépenses au bilan et l'émission des mandats.

Contre les décisions du Conseil provincial administratif, du Préfet ou du Ministre est admis le recours au Gouvernement du Roi dans les 15 jours.

Art. 31. — Le Conseil provincial administratifs, quand il remplit ses fonctions d'organe de contrôle des Associations syndicales, comprend le Préfet, qui en est le président, deux conseillers de préfecture et quatre membres désignés tous les deux ans par le Conseil provincial de l'economie.

TITRE II.

ASSOCIATIONS SYNDICALES SUPÉRIEURES.

(FÉDÉRATIONS ET CONFÉDÉRATIONS).

Art. 32. — Les Associations syndicales supérieures (Fédérations et Confédérations) légalement reconnues ont la personnalité civile.

Art. 33. — Contre le refus d'admettre une association inférieure dans une association supérieure, en sus des recours prévus par les statuts, en dernière instance le recours au Ministre des corporations sera toujours admis.

Est également admis le recours au Ministre contre l'exclusion des associations inférieures des associations supérieures quelle que soit la forme dans laquelle cette exclusion a été prononcée.

Art. 34. — Les Associations syndicales de directeurs techniques et administratifs, d'autres chefs de Bureaux ou de services ayant des fonctions analogues, de fondés de pouvoirs et d'une façon générale d'employés munis de procuration, doivent adhérer aux Fédérations des Associations patronales.

Les associations d'entreprises coopératives doivent adhérer aux Associations syndicales supérieures, soit patronales, soit ouvrières, selon leur nature et leur mode de fonctionnement.

13.

Elles peuvent légalement adhérer à un Bureau central ou à une autre institution légalement reconnue ayant pour but le développement et le progrès de la coopération. Cette adhésion n'implique aucune ingérence dans la gestion administrative, technique et commerciale des entreprises coopératives qui font partie de l'association, sauf dans les cas où cette ingérence appartient de droit à l'association en question et à condition qu'existe une déclaration spéciale à ce propos dans l'acte d'adhésion.

Les associations séparées d'artisans, petits commerçants, auxiliaires du commerce, propriétaires et fermiers exploitant directement les terres, constituées en vertu de l'article 5, doivent adhérer aux Associations syndicales patronales supérieures.

Les associations séparées de métayers, constituées en vertu de l'article 5, doivent adhérer aux associations syndicales supérieures de travailleurs agricoles.

ART. 35. — Les ordres et collèges de personnes exerçant une profession libérale, maintenus en vertu de l'article 2, deuxième alinéa, de la loi du 3 avril 1926 ne peuvent constituer ni fédérations ni autres organisations d'un degré supérieur, ni adhérer à d'autres associations supérieures.

ART. 36. — Toutes les dispositions concernant la reconnaissance des associations unitaires, contenues dans les articles 13, 14 et 15 du titre I, sont applicables à la reconnaissance des associations supérieures (Fédérations et Confédérations), avec les modifications suivantes:

Pour obtenir la reconnaissance, les associations supérieures doivent présenter, en sus de leurs statuts et du rapport dont s'agit à l'article 14, une liste de toutes les Associations syndicales inférieures ainsi que des autres associations et autres institutions constituées dans le but indiqué à l'article 4, dernier alinéa, de la loi du 3 avril 1926, qui leur ont donné leur adhésion, avec une copie authentique de l'acte d'adhésion, des statuts de chacune de ces associations affiliées, et un certificat de la préfecture de la province dans laquelle chaque Association unitaire a son siège, attestant que les formalités requises par les articles 1 et 2 de la loi du 3 avril 1926 ont été accomplies, à moins qu'il ne s'agisse d'associations nationales, auquel cas la constatation est faite directement par le Ministère des corporations.

Avec les statuts de l'association supérieure sera approuvée la liste de toutes les Associations syndicales inférieures, ainsi que de toutes les autres associations et institutions adhérentes. Les changements ultérieurs dans la liste en question doivent être approuvés par décret Royal.

Le décret qui reconnaît l'Association syndicale supérieure entraîne en même temps la reconnaissance de toutes les associations de degré inférieur y adhérentes. Il entraîne aussi la reconnaissance des autres associations et des autres institutions constituées dans le but dont s'agit à l'article 4, dernier alinéa, de la loi du 3 avril 1926, qui y adhèrent: grâce à cette reconnaissance, les organes reconnus acquièrent la personnalité civile. Lorsque l'adhésion est postérieure à la reconnaissance légale de l'association supérieure, la reconnaissance des associations inférieures et des organes susdits a lieu par décret spécial, sur la demande de l'association supérieure reconnue.

ART. 37. — Lorsque le décret Royal qui approuve les statuts d'une Association syndicale supérieure (Fédération ou Confédération) établit que la surveillance et le contrôle des associations inférieures qui en font partie, sera exercée par l'organisation supérieure, à celle-ci appartiennent toutes les facultés conférées par la loi et le règlement au Préfet, au Conseil provincial administratif et au Ministre, sauf celles qui sont expressément exceptées.

La délégation de ces facultés peut être en tout temps révoquée par décret Royal, le Conseil d'Etat entendu.

Malgré la délégation, le Ministre des corporations et, dans les limites de la province le préfet, ont toujours faculté de demander directement aux associations assujéties au contrôle de l'organisation supérieure, des actes et des informations, et de faire exécuter directement des enquêtes et des inspections chaque fois que les demandes faites à l'organisation supérieure sont restées vaines.

ART. 38. — Toutes les dispositions des articles 16, 17, 18, premier, deuxième, quatrième et cinquième alinéa, 19, 20, 21 et 22 du titre Ier, sont aussi applicables aux Associations syndicales supérieures (Fédérations et Confédérations).

Les associations supérieures ne peuvent exercer aucune ingérence dans la gestion administrative, technique et commerciale des entreprises des membres des associations unitaires ou de premier degré sauf dans le cas, dans les limites et dans les formes consentis par ces dernières associations.

ART. 39. — Les Associations syndicales supérieures ne peuvent pas imposer de contributions individuelles aux patrons et aux ouvriers.

Les statuts peuvent établir des contributions supplémentaires à la charge des associations inférieures adhérentes, en plus du tantième fixé par le Ministre des corporations, conformément à l'article 26, et les statuts en peuvent établir le montant.

ART. 40. — Toutes les dispositions relatives à la surveillance et au contrôle dont s'agit aux articles 29, 30 et 31 du titre Ier, s'appliquent aux Associations syndicales supérieures (Fédérations et Confédérations).

Ces dispositions sont aussi applicables aux associations et institutions constituées dans le but dont s'agit à l'article 4, dernier alinéa, de la loi 3 avril 1926.

A ces associations et à ces institutions sont d'autre part applicables les dispositions concernant la réforme administrative et la transformation de leur objet, contenues dans la loi du 17 juin 1890, n. 6972, et dans les lois postérieures qui modifient ces dispositions.

ART. 41. — Peuvent être reconnues les confédérations nationales suivantes, comprenant plusieurs fédérations nationales ou plusieurs associations nationales, ou encore plusieurs fédérations ou confédérations locales d'associations syndicales:

a) pour les employeurs, une Confédération nationale des industriels; une Confédération nationale des agriculteurs; une Confédération nationale des commerçants; une Confédération nationale des entrepreneurs de transports maritimes et aériens; une Confédération nationale des entrepreneurs de transports terrestres et de navigation intérieure; une Confédération nationale bancaire;

b) pour les travailleurs, une Confédération nationale des employés et ouvriers de l'industrie; une Confédération nationale des employés et ouvriers de l'agricolture; une Confédération nationale des employés et ouvriers des transports maritimes et aériens; une Confédération nationale des employés et ouvriers des transports terrestres et de la navigation intérieure; une Confédération nationale des employés de banques;

c) pour ceux qui exercent une profession libre, une Confédération nationale des professions libérales et des artistes.

Peuvent aussi être reconnues deux Confédérations générales, l'une pour les employeurs, l'autre pour les personnes exerçant une profession libre.

Par décret Royal, le Conseil des Ministres et le Conseil national des corporations entendus, la reconnaissance d'autres Confédérations nationales et d'autres Confédérations générales peut être autorisé en cas de besoin.

TITRE III.

DES ORGANES CENTRAUX DE LIAISON OU CORPORATIFS.

ART. 42. — Les organes de liaison, prévus à l'article 3 de la loi du 3 avril 1926, ont un caractère national. Ils groupent les organisations syndicales nationales des divers facteurs de la production, employeurs, travailleurs intellectuels et manuels, pour une branche déterminée de la production ou pour une ou plusieurs catégories déterminées d'entreprises.

Les organisations ainsi reliées constituent une Corporation.

La Corporation est constituée par décret du Ministre des corporations.

Aucune innovation n'est apportée aux dispositions en vigueur relativement aux fonctions confiées à l'administration maritime en ce qui concerne les gens de mer et les travailleurs des ports, pour autant qu'elles correspondent en totalité ou en partie aux fonctions confiées par la loi du 3 avril 1926 à l'administration maritime ou, par le présent règlement, aux organes corporatifs.

ART. 43. — La Corporation n'a pas la personnalité civile, mais elle constitue un organe de l'Administration de l'Etat.

Le décret qui la constitue en détermine les attributions et les pauvoirs. Le même décret en établit l'organisation et règle les attributions de ses bureaux centraux et locaux.

Les frais nécessaires au fonctionnement des organes corporatifs sont à la charge de l'Etat qui y fait face à l'aide du tantième qui lui revient sur les contributions imposées par les associations.

ART. 44. — Les organes corporatifs, pour atteindre leur but, ont la faculté:

a) de concilier les différends qui peuvent se manifester entre les organisations reliées et d'édicter les dispositions par l'article 10 de la loi du 3 avril 1926;

b) de promouvoir, encourager et subventionner toute initiative tendant à coordonner et à mieux organiser la production;

c) d'instituer des bureaux de placement partout où il y en a besoin; l'exercice des fonctions d'intermédiaire libre et le fonctionnement d'autres bureaux de placement (les dispositions spéciales des lois et des règlements qui régissent cette matière restant en tout cas en vigueur), pourra être interdit par décret Royal partout où les dits bureaux sont institués;

d) de réglementer l'apprentissage, en édictant à cet effet des règles générales obligatoires et d'en surveiller l'application. A ces règles sont applicables toutes les dispositions concernant les contrats collectifs de travail.

ART. 45. — Pour tout ce qui concerne la stipulation des contrats collectifs de travail, les associations reliées par les Corporations sont autonomes, sauf l'intervention des dits organes pour la tentative obligatoire de conciliation selon l'article 17 de la loi du 3 avril 1926 et la publication des règles prévues à l'article 3 de la même loi.

ART. 46. — Les présidents des organes corporatifs sont nommés et révoqués par decret du Ministre des corporations. Chaque corporation a un Conseil formé par les délégués des organisations reliées par la Corporation elle-même. Au sein du Conseil, la représentation des organisations patronales doit être égale à celle des travailleurs intellectuels et manuels pris ensemble.

Le mode de nomination de ces délégués, les attributions du Conseil et les pouvoirs du président sont établis par le décret constituant l'organe corporatif.

Cet organe est placé dans la dépendance directe du Ministre des corporations.

TITRE IV.

DES CONTRATS COLLECTIFS DE TRAVAIL
ET DES RÈGLES Y ASSIMILÉES.

ART. 47. — Peuvent stipuler des contrats collectifs de travail les Associations syndicales légalement reconnues.

Les contrats collectifs de travail qui ne sont pas stipulés par des associations syndicales légalement reconnues, seront nuls.

ART. 48. — Le contrat collectif doit indiquer l'entreprise ou les entreprises, ou les catégories d'entreprises et de travailleurs auxquelles il se réfère et le territoire dans l'étendue duquel il est valable.

A défaut de ces spécifications le contrat collectif a effet pour tous les employeurs et les travailleurs légalement représentés par les associations contractantes selon l'article 5 de la loi du 3 avril 1926.

ART. 49. — Le contrat collectif de travail doit, à peine de nullité, être signé par les représentants légaux des associations contractantes, ou par des personnes munies d'un mandat spécial.

Le contrat collectif de travail peut être aussi stipulé, sous réserve de l'approbation des organes compétentes des associations respetives selon les statuts.

Dans ce cas il n'a pas d'effet tant que cette approbation n'a pas eu lieu.

ART. 50. — Les Statuts des associations supérieures (Fédérations et Confédérations), peuvent établir que les contrats collectifs de travail stipulés par les associations adhérentes, doivent être préalablement autorisés par les dites associations supérieures.

En ce cas les contrats stipulés sans cette autorisation sont passibles de nullité.

L'autorisation peut être donnée dans des termes généraux et s'appliquer à une période déterminée et à plusieurs catégories de travailleurs et d'employeurs.

ART. 51. — Les contrats collectifs de travail n'ont pas d'effet s'ils ne sont pas déposés et publiés selon l'article 10 de la loi du 3 avril 1926.

Les contrats stipulés par des associations qui opèrent dans deux provinces ou plus, doivent être déposés, non seulement au Ministère de l'economie nationale, mais aussi au Ministère des corporations.

La publication des contrats, qui sont nuls pour des motifs de fond ou de forme, sera refusée. Contre le refus de publication est admis le recours au tribunal du travail qui statue par décret motivé en Chambre du Conseil, le Ministère public entendu.

Les décisions arbitrales rendues en matière de différends collectifs du travail n'ont pas d'effet si elles n'ont pas été déposées et publiées conformément à l'alinéa précédent. Ce dépôt tient lieu du dépôt prévu par l'article 24 du Code de procédure civile.

Art. 52. — Il n'y a pas lieu à la stipulation de contrats collectifs pour les rapports de travail qui — selon la loi ou les règlements, ou par effet de clauses de cahiers des charges, ou de contrat — sont régis par des actes des autorités publiques.

La stipulation de contrats collectifs concernant les rapports de travail inhérents aux services ayant un caractère personnel ou domestique ne peut pas non plus avoir lieu.

Les contrats collectifs stipulés contrairement aux dispositions précédentes seront nuls.

Art. 53. — Le contrat collectif de travail après l'expiration du laps de temps pour lequel il a été établi doit être considéré comme étant renouvelé pour une durée égale à moins que, dans le délai établi par le contrat ou, à défaut de celui-ci, deux mois avant son expiration, le contrat n'ait été dénoncé par une des deux parties contractantes. Le nouveau délai échu, s'il n'y a eu aucune dénonciation de ce genre le contrat sera considéré ultérieurement renouvelé et ainsi de suite.

La dénonciation doit être notifiée à l'autre partie et publiée dans la feuille des avis judiciaires s'il s'agit d'un contrat ayant effet dans les limites de la province, et dans la *Gazzetta Ufficiale* dans les autres cas.

Art. 54. — Les contrats de travail individuels stipulés isolément par les employeurs et les travailleurs, assujétis au contrat collectif, doivent observer les dispositions établies par le dit contrat collectif.

Les clauses des contrats de travail individuels antérieurs ou postérieurs au contrat collectif, qui seraient différentes des clauses de ce dernier, seront remplacées de droit par celles du contrat collectif, sauf dans le cas où elles seraient plus favorables aux travailleurs.

La même efficacité est reconnue aux contrats collectifs à l'égard des règlement d'usine.

Art. 55. — Les associations qui ont stipulé un contrat collectif, répondent des dommages dérivant du non accomplissement des obligations assumées dans la stipulation du contrat.

Les dites associations répondent aussi de la non exécution par ceux qui y sont tenus, qu'il s'agisse de leurs membres ou non, dans le cas seulement où elles ont omis de faire tout ce qui était en leur pouvoir pour en obtenir l'exécution. A l'égard des membres, les associations sont tenues de faire valoir le pouvoir disciplinaire qui leur vient des Statuts.

Si dans le contrat collectif il est explicitement convenu que l'exécution du contrat est garantie par l'association, celle-ci répond en propre, en qualité de fidéjusseur solidaire, de sa non exécution, par ceux qui y sont tenus.

Art. 56. — Afin que les organes centraux corporatifs puissent édicter des règles générales concernant les conditions du travail, aux termes de l'article 10 de la loi du 3 avril 1926, il est nécessaire que chacune des associations en liaison leur en aient donné la faculté. Cette faculté peut aussi être donnée d'une façon générale dans les statuts.

Les organes corporatifs établissent les règles susdites en s'inspirant de l'équité et en harmonisant les intérêts des employeurs avec ceux des travailleurs, et les intérêts des uns et des autres avec l'intérêt supérieur de la production.

Les délibérations susmentionnées ne sont sujettes à aucune opposition, mais les associations reliées peuvent mettre fin à l'effet des règles édictées en établissant directement un contrat collectif de travail.

Art. 57. — Les règles édictées par les organes corporatifs ont la valeur d'un contrat collectif de travail stipulé entre les associations reliées et intéressées, et toutes les dispositions établies pour les contrats collectifs restent en vigueur à leur égard.

La publication des règles susdites abroge ou modifie les contrats collectifs en vigueur entre les associations reliées pour autant qu'ils sont incompatibles, en totalité ou en partie, avec ces règles.

Art. 58. — Les contrats collectifs de travail et les règles y assimilées ainsi que tous les actes nécessaires pour leur stipulation ou délibération sont exemptés de droits de timbre et d'enregistrement.

Art. 59. — En cas de dissolution ou de retrait de la reconnaissance d'une des associations contractantes, le patrimoine de cette association reste lié à l'exécution des obligations assumées par elle dans le contrat collectif pour toute la durée du dit contrat et pour une année ultérieure.

La dissolution ou le retrait de la reconnaissance n'ont aucune influence sur les droits dérivant du contrat collectif en ce qui concerne tous ceux à l'égard desquels le contrat était valable aux termes de la loi.

Dans ce cas, chacun des intéressés peut, en ce qui le concerne, dénoncer le contrat dans les cas prévus et avec les formalités admises.

Art. 60. — En matière de contrats collectifs de travail le droit commun sera appliqué toutes les fois que la loi du 3 avril 1926 et ce règlement n'en disposent pas autrement.

TITRE V.

DES DIFFÉRENDS COLLECTIFS DU TRAVAIL.

Chapitre I.

De la constitution des tribunaux du travail.

Art. 61. — Les propositions pour l'inscription dans la liste *ad hoc* des citoyens destinés à remplir les fonctions de conseillers-experts du tribunal du travail sont faites, dans chaque province, par les Conseils provinciaux de l'économie. Les citoyens proposés sont répartis par groupes et sous-groupes selon les différentes espèces d'entreprises existant dans le district du tribunal.

Ces propositions sont transmises aux organes centraux corporatifs compétents, qui après avoir pris les informations nécessaires, peuvent y apporter des variations ou des additions.

Dans le cas où les organes corporatifs ne seraient pas constitués, les propositions des Conseils provinciaux de l'économie sont transmises directement à la Cour d'appel.

ART. 62. — Le premier président de la Cour d'appel, après avoir reçu les propositions, dresse la liste des citoyens destinés à remplir les fonctions de conseillers-experts, le président du tribunal du travail entendu.

La liste est affichée au siège de la Cour d'appel et au siège des préfectures de toutes les provinces comprises dans le district.

Dans les 15 jours de l'affichage, toute association légalement reconnue peut formuler une réclamation contre la formation de la liste.

La réclamation est notifiée aux intéressés et la Cour d'appel, toutes sections réunies, statue à son sujet.

Les sections réunies sont composées, à cet effet, par le Premier président, le président de la section spéciale remplissant les fonctions de tribunal du travail et cinq conseillers de la Cour dont deux appartenant au tribunal et trois à la première section, désignés par le Premier président.

Les sections réunies statuent en Chambre du Conseil en ayant pris connaissance de l'avis écrit des intéressés.

Contre la décision, il peut être interjeté appel, dans le délai de 15 jours, devant la Cour de cassation, pour violation de la loi.

ART. 63. — Les dispositions des deux articles précédents s'appliquent aussi à la révision biennale des listes.

ART. 64. — Ne pourra pas être inscrit dans la liste quiconque n'est pas citoyen italien, n'a pas 25 ans accomplis, n'a pas une conduite morale et politique irréprochable et ne possède pas un diplôme universitaire ou un autre titre d'étude équivalent.

Pour ce qui concerne le titre d'étude, une exception peut être faite en faveur de ceux qui, par suite de l'exercice effectif d'une activité déterminée, ont acquis, dans celle-ci, une réputation d'habilité tout à fait particulière.

Dans ce cas, le Premier président ordonne leur inscription dans la liste par décision motivée.

Peuvent de même être inscrits dans la liste les employés de l'Etat et des autres administrations publiques.

ART. 65. — Les citoyens appelés à exercer des fonctions judiciaires, en qualité de conseillers-experts du tribunal du travail, recevront une indemnité de cent lires pour chaque jour où ils exerceront ces fonctions. Ils toucheront en outre les mêmes indemnités de déplacement et de séjour que les conseillers de Cour d'appel.

ART. 66. — Le rôle des conseillers-experts attachés au tribunal du travail est dressé chaque année par le Premier président, le président du tribunal susdit entendu, parmi les citoyens inscrits dans la liste dont s'agit aux alinéas précédents.

La désignation des conseillers-experts, appelés à faire partie du collège judiciaire est faite, pour chaque affaire, par le président du tribunal du travail.

Le président du tribunal du travail peut toujours demander au Premier président, pour la composition du collège, de désigner un ou plusieurs experts en dehors du rôle de la section. Le choix est fait par le Premier président parmi les citoyens inscrits dans la liste générale.

Dans des cas exceptionnels et avec le consentement des parties, le Premier président peut même choisir des personnes non inscrits dans la liste.

Art. 67. — En matière d'abstention et de récusation des magistrats composant la section spéciales de la Cour d'appel fonctionnant comme tribunal du travail, on applique les dispositions du Code de procédure civile.

La Cour d'appel statue sur les demandes y relatives.

En cas d'abstention des conseillers-experts on applique également les dispositions du Code de procédure civile. A l'égard des demandes y relatives, le collège formé des seuls magistrats statue.

La récusation des conseillers-experts peut aussi être proposée pour des motifs d'opportunité qui ne sont pas spécifiés par la loi parmi les motifs de récusation; le collège, composé comme à l'alinéa précédent, statue à cet égard.

Chapitre II.

De l'action et de la compétence.

Art. 68. — L'action en matière de différends relatifs aux rapports collectifs du travail est exercée par les associations, légalement reconnues de premier degré ou supérieures.

Quand l'intérêt public l'exige, l'action peut aussi être exercée par le Ministère public. Dans ce cas l'Association syndicale intéressée peut intervenir dans la cause.

L'Association syndicale supérieure intéressée peut intervenir dans la cause intentée par l'association inférieure ou contre celle-ci et viceversa.

Art. 69. — Il appartient aux associations d'ester en justice au moyen de leur président ou de leur secrétaire qui les représente selon l'article 7 de la loi du 3 avril 1926, ou bien au moyen d'un Procureur spécial.

Art. 70. — Le curateur spécial prévu par l'article 17 de la loi du 3 avril 1926 est choisi, quand cela est possible, parmi les employeurs ou les travailleurs intéressés qui satisfont aux conditions spécifiées par l'article 1 de la loi.

Le curateur une fois nommé ne peut décliner ces fonctions sous peine d'avoir à payer des dommages et intérêts.

Les personnes intéressées qui interviennent conformément à l'article 17 ne peuvent être plus de trois. Mais plusieurs personnes intéressées peuvenet se faire représenter par un Procureur spécial unique.

Art. 71. — L'action dans les différends concernant l'application des contrats collectifs et des autres règles existantes est intentée contre l'association reconnue légalement qui représente les employeurs ou les travailleurs, lesquels y sont assujettis et sont tenus de les exécuter. L'action dans les différends qui concernent la formation de nouvelles conditions de travail est intentée contre l'association légalement reconnue représentant les employeurs et les travailleurs pour lesquels on veut établir les nouvelles conditions de travail.

L'action pour l'établissement de nouvelles conditions de travail est admise même si le contrat collectif a été signé et même avant l'expiration de la durée qui y est prévue, à la condition qu'il se soit produit un changement sensible de la situation de fait existant au moment de la stipulation.

Art. 72. — La demande est présentée devant la Cour d'appel dans la circonscription de laquelle s'exercent les rapports de travail qui font l'objet du différend.

Si les rapports de travail qui font l'objet du différend s'exercent dans la juridiction de deux Cours d'appel ou d'un plus grand nombre, la demande sera présentée devant la Cour d'appel de Rome.

Chapitre III.

De la procédure.

Art. 73. — Les parties peuvent comparaître personnellement; elles peuvent aussi être représentées par un procureur légal et être assistées par un seul avocat, et par un ou plusieurs conseillers techniques; mais si le nombre de ces derniers est excessif pour les besoins de la cause, le magistrat doit en ordonner la limitation.

En tout cas, et à tout moment de la cause, le magistrat peut ordonner la comparution personnelle des parties.

Art. 74. — L'instance pour la solution des différends collectifs du travail est présentée sous forme d'un recours signé par la partie ou par le procureur, et doit contenir:

a) l'indication de l'association qui la présente, de la personne qui agit au nom de celle-ci et éventuellement du procureur qui la représente;

b) l'indication de l'association ou du groupe des employeurs ou des travailleurs contre lequel l'instance est présentée;

c) les raisons et l'objet de l'instance;

d) la liste des actes et documents sur lesquels l'instance est fondée.

Quand le recours est présenté par le Ministère public, il doit contenir l'indication des associations ou des groupes d'employeurs et de travailleurs intéressés, l'exposé des motifs et de l'objet du différend, avec les conclusions du Ministère public, et la liste des actes et documents.

Art. 75. — Le recours est déposé au greffe de la Cour d'appel avec les actes et documents sur lesquels il est fondé. Le greffier, après y avoir apposé la date du jour de la réception, le transmet immédiatement au président du tribunal du travail.

Art. 76. — Le président du tribunal du travail, dans les 24 heures de la présentation, fixe par ordonnance écrite au bas du recours, l'audience à laquelle les parties doivent comparaître devant le magistrat, le délai dans lequel le défendeur doit notifier au demandeur sa réponse et la déposer au greffe avec ses actes et documents, et, s'il le faut, nomme le curateur spécial prévu par l'article 17 de la loi du 3 avril 1926.

Copie du recours et de l'ordonnance est notifiée d'office immédiatement par lettre recommandée avec accusé de réception aux parties intéressées et éventuellement au curateur spécial nommé aux termes de l'article 17 de la loi, et elle est aussi notifiée au Ministère public.

Un extrait du recours et de l'ordonnance est en outre publié par les soins du greffe et sans frais dans le journal des annonces judiciaires de la province si le différend intéresse des employeurs et des travailleurs de la province; dans le cas contraire dans la *Gazzetta Ufficiale* du Royaume.

Art. 77. — On peut passer outre à la notification aux parties intéressées, lorsqu'elles demandent de concert le règlement du différend.

La demande peut être faite par recours signé par toutes les parties intéressées avec les indications spécifiées à l'article 74.

La demande peut aussi être faite de vive voix; dans ce cas le greffier dresse un procès-verbal dans lequel il fait figurer toutes les indications susdites et l'ordonnance du président est écrite au bas du procès-verbal.

Art. 78. — L'intervention dans la cause, dans les cas où elle est admise doit être proposée au moins trois jours avant le jour fixé pour la comparution des parties.

L'intervention est proposée par un recours qui doit contenir les nom, prénoms et domicile des personnes désirant intervenir, l'indication des parties en cause, l'exposé des motifs qui justifient l'intervention et les demandes des personnes désirant intervenir dans l'affaire. Le recours est déposé au greffe de la Cour d'appel avec les actes et documents sur lesquels il est fondé et doit être notifié et publié selon les dispositions contenues dans l'article 76 et communiqué au Ministère public.

Art. 79. — Au jour fixé pour l'audience les parties comparaissent devant le président en présence du Ministère public.

Le défendeur doit avant tout:

a) déclarer s'il s'associe à la requête du demandeur, ou s'il en demande le rejet;

b) formuler ses objections quant à la compétence du tribunal, à la légitimité de la position du demandeur, à la possibilité de donner suite à l'action et à toute autre question préjudicielle.

A son tour le demandeur doit:

a) déclarer s'il insiste sur sa demande, ou s'il y renonce;

b) formuler ses objections quant à la légitimité de la position du défendeur et à toute autre question préjudicielle.

L'ayant-cause ou les ayants-cause, s'il y en a, doivent déclarer s'ils insistent sur la demande présentée et formulent les questions dont s'agit à la lettre *b*) des alinéas précédents.

Si les questions indiquées à la lettre *b*) ne sont pas posées dans la première audience, la partie perd le droit de les poser ensuite, si toutefois il ne s'agit pas de questions que le juge peut soulever d'office.

Art. 80. — Si les parties insistent dans le différend, le président du tribunal doit avant tout tâcher de les amener à une conciliation équitable. Cette tentative doit être renouvelée pendant le procès chaque fois que l'opportunité se présente.

Si la conciliation est réalisée, il en sera donné acte dans le procès-verbal qui tient lieu de contrat collectif.

Si la conciliation n'est pas possible, le président renvoie les parties devant le tribunal à une audience qui aura lieu dans les dix jours. Il désigne les conseillers-experts et nomme le rapporteur.

Les parties ont trois jours pour déposer leurs conclusions écrites qui doivent être notifiées aux autres parties et au Ministère public.

Dans leurs conclusions, les parties peuvent limiter, mais non pas amplifier ou de quelque autre façon modifier les demandes présentées dans le recours introductif de la cause, dans la réponse et dans l'acte d'intervention.

Les délais fixés dans cet article ne peuvent aucunement être prorogés.

ART. 81. — Dans l'audience du tribunal, celui-ci, après avoir entendu le rapporteur, les parties et le Ministère public:

a) statue avant tout sur les questions prévues par l'article 79, lettre *b*, si elles ont été posées;

b) ordonne, d'office en cas de besoin, les moyens d'instruction qu'il juge nécessaires y compris la production des documents que les parties justifient n'avoir pu présenter auparavant et établit les modalités et les délais pour l'emploi des moyens ordonnés. Il nomme, lorsque la nature et la complexité des recherches le rend nécessaire, un ou plusieurs conseillers techniques qui l'assistent pendant toute l'instruction ainsi que pour chaque acte de celle-ci;

c) si des moyens d'instruction n'ont pas été ordonnés, il statue quant au fond.

La discussion et la décision ont lieu séparément pour chacun des points indiqués aux lettres *a*, *b*, *c*. Le tribunal peut ordonner que la discussion et la décision aient lieu en même temps, pour la totalité de ces points ou pour quelques-uns seulement.

Toutes les décisions sont prises immédiatement en Chambre du Conseil et sont lues en séance publique.

Si une séance n'est pas suffisante pour la discussion de l'affaire, celle-ci peut être renvoyée à une ou à plusieurs audiences qui suivent immédiatement.

Aucun autre renvoi n'est admis pour n'importe quelle raison.

ART. 82. — L'administration des preuves peut être faite par les soins soit du tribunal, soit d'un ou de plusieurs de ses membres spécialement délégués à cet effet.

Le Ministère public doit toujours y assister.

ART. 83. — Sauf au cas de consentement des parties, la preuve de la puissance économique de l'entreprise et des prix de revient ne peut être faite qu'à l'aide d'actes et documents fournis par les parties, ou publiés, de l'interrogatoire des parties, d'une descente sur les lieux, et du témoignage de citoyens compétents n'appartenant pas à l'entreprise.

ART. 84. — L'instruction terminée, le tribunal ou le juge délégué renvoie les parties pour le jugement à une audience qui aura lieu dans les dix jours.

Lorsqu'il n'a été ordonné que la seule production de documents, l'audience est fixée dans l'ordonnance qui dispose la dite production.

Les parties ont cinq jours, à dater de la fin de l'instruction, pour déposer leurs conclusions écrites et pour les notifier aux autres parties. Ces conclusions doivent, elles aussi, être communiquées au Ministère public.

Les délais établis dans cet article ne peuvent être prorogés.

Le tribunal statue à l'audience fixée, après avoir entendu les parties et le Ministère public.

Les dispositions des trois derniers alinéas de l'article 81 s'appliquent à cette audience et au jugement.

ART. 85. — Lorsque le tribunal a tranché en totalité ou en partie un différend, il rend un jugement.

Il rend également un jugement lorsqu'il déclare ne pas pouvoir résoudre le différend, soit pour cause d'incompétence, soit pour toute autre raison.

Il émet des ordonnances au cours du procès.

Les ordonnances peuvent être révoquées et modifiées.

L'ordonnance n'est pas motivée. Le jugement est motivé succinctement en observant toujours les dispositions de l'article 83.

L'original du jugement, signé par les juges et par le greffier, doit être déposé au greffe au plus tard dix jours après la délibération.

La notification du jugement est faite d'office par le greffe au moyen d'une copie envoyée à chacune des parties intéressées par pli recommandé avec accusé de réception. Le jugement est aussi communiqué au Ministère public.

Art. 86. — Si, dans une audience quelconque, ne comparaissent ni le demandeur ni le défendeur, l'affaire est rayée du rôle, à moins que le Ministère public ne demande qu'elle vienne devant le tribunal en contumace des deux parties.

Si l'une des parties comparait, l'affaire se poursuit en contumace de l'autre partie.

Lorsque la partie qui fait défaut intervient au cours de la discussion, elle peut exposer ses raisons et présenter ses conclusions, mais les jugement et ordonnances déjà prononcés au cours du débat conservent leur effet.

Chapitre IV.

Des jugements et des oppositions.

Art. 87. — Le jugement prononcé en matière de rapports collectifs de travail, qui établit de nouvelles conditions de travail, produit tous les effets du contrat collectif. Il est publié conformément à l'article 51, premier alinéa et les dispositions des articles 52, 53, 54, 55, 59 du présent décret lui sont applicables.

Si, après qu'un différend individuel a été réglé par une sentence ayant force de chose jugée, un nouveau jugement du tribunal du travail liant les parties est rendu en matière de rapports collectifs, et qu'il soit incompatible avec le premier, chacune des parties intéressées et le Ministère public peuvent dénoncer cette sentence au tribunal du travail pour l'annulation.

Les jugements rendus en appel ou sans appel de tout organe juridictionnel, en matière de rapports individuels de travail, qui violent un contrat collectif de travail ou sont incompatibles avec un jugement du tribunal du travail ayant force de chose jugée, peuvent être dénoncés par chacune des parties et par le Ministère public au tribunal du travail aux fins de révocation dans les quinze jours de la notification.

Par le jugement qui prononce l'annulation ou la révocation le tribunal du travail statue sur le fond du différend.

Art. 88. — Les jugements du tribunal du travail sont sujets à révocation, revision et cassation.

Ils peuvent être révoqués selon les dispositions du Code de procédure civile, mais le délai pour la présentation de la demande de révocation est réduit à 15 jours.

Art. 89. — Lorsqu'il survient un changement d'une certaine importance dans l'état de fait, la partie intéressée et le Ministère public peuvent demander au même tribunal qui a prononcé le jugement, la revision de celui-ci, même avant le terme de sa durée.

Si la demande est repoussée, la partie qui l'a présentée est condamnée à une amende pouvant aller jusqu'à 10.000 lires.

Art. 90. — Contre les jugements du tribunal du travail on peut recourir à la Cour de cassation du Royaume dans les 15 jours qui suivent la notification. Le recours du Ministère public est aussi admis dans les 15 jours de la communication. Les jugements qui tranchent des questions préjudicielles sont opposables en même temps que ceux qui statuent sur le fond et le délai pour ce recours court à partir de la date de notification.

Le procureur général de la Cour de cassation a faculté d'en appeler dans l'intérêt de la loi contre les jugements du tribunal du travail, conformément à l'article 519 du Code de procédure civile.

Sans rien modifier aux rapports de dépendance hiérarchique des représentants du Ministère public à l'égard du Ministre de la justice, établis par les lois en vigueur sur l'organisation judiciaire, le Ministre de la justice peut, par décret, charger le procureur général de la Cour de cassation de suivre et de coordonner l'action du Ministère public dans le cours d'appel, en ce qui concerne les différends collectifs du travail, et de lui en référer en formulant les observations et les propositions qu'il juge opportunes.

Art. 91. — Si la sentence est cassée, le tribunal du travail à qui l'affaire est renvoyée doit en tout cas se conformer à la décision de la Cour de cassation quant au point de droit sur lequel la Cour a statué.

TITRE VI.

DES ASSOCIATIONS D'EMPLOYÉS DE L'ÉTAT ET D'AUTRES INSTITUTIONS PUBLIQUES.

Art. 92. — Les associations d'employés de l'Etat, des provinces, des communes, des institutions publiques de bien faisance et des autres organisations visées à l'article 3, second alinéa, du présent décret, si la loi en permet la constitution, doivent être autorisées par décret du chef du Gouvernement de concert avec le Ministre dont le personnel associé dépend, pour les associations d'employés de l'Etat; par décret du Ministre de l'intérieur pour les associations d'employés des institutions locales qui opèrent dans deux provinces ou plus; par arrêté du Préfet pour les associations d'employés des institutions locales qui opèrent dans les limites de la province. Les conditions requises par l'article 1 de la loi du 3 avril 1926 seront toujours nécessaires.

Les associations inférieures ou supérieures qui comprennent des employés de l'Etat et d'autres administrations et institutions, doivent toujours être autorisées par décret du chef du Gouvernement, de concert avec le Ministre de l'intérieur et les autres Ministres intéressés.

Pour chaque catégorie d'employés une seule association pourra être autorisée.

L'autorisation n'implique pas la reconnaissance au sens de la loi du 3 avril 1926, ni l'attribution de la personalité civile.

L'autorisation peut être retirée à tout moment.

Art. 93. — Le chef du Gouvernement, de concert avec le Ministre compétent, le Ministre de l'intérieur et le préfet, chacun dans les cas visés à l'article 92, peuvent toujours dissoudre les associations d'employés de l'Etat, des provinces, des communes, des institutions publiques de bienfaisance et des autres institutions indiquées à l'article 3, même si ces institutions sont autorisées, lorsque leur action devient incompatible avec l'ordre et la discipline du service.

La transgression de l'ordre donné par le chef du Gouvernement, le Ministre ou le Préfet est considérée comme une grave infraction disciplinaire et est punie par la destitution.

ART. 94. — Les associations constituées pour la défense de prétendus intérêts scolaires ou professionnels des étudiants des instituts d'enseignement de tout ordre sont interdités.

La constitution d'associations de ce genre et la participation à ces associations seront considérées comme de graves infractions disciplinaires et punies par l'expulsion de toutes les écoles et de tous les établissements d'enseignement du Royaume.

TITRE VII.

DES DÉLITS ET DES PEINES.

ART. 95. — Quand le *lock-out*, la grève et la prestation irrégulière du travail se produiront dans des buts différents de ceux visés par l'article 18 de la loi du 3 avril 1926, seront appliquées les peines établies aux articles 235, 1er alinéa, et 236 du Code pénal, en procédant d'office.

ART. 96. — Si le *lock-out*, la grève et la prestation irrégulière du travail sont accompagnés de violences ou de menaces on applique les peines établies aux articles 166 et 167 du Code pénal.

Si la violence ou la menace est exercée de la façon prévue à l'article 154, premier alinéa, du Code pénal on appliquera les peines établies au dit article ou par la loi du 3 avril 1926 si elles sont plus graves.

ART. 97. — Aux effets de l'application des articles 19 et 20 de la loi du 3 avril 1926 le Ministre des corporations détermine, par décret, quelles catégories de services doivent être considérées d'utilité publique, et sur la base de ce décret, les communes dressent dans le courant du mois de janvier de chaque année une liste des firmes ou entreprises exerçant dans la commune des services de nécessité publique.

La liste devra être affichée pendant 15 jours au tableau d'affichage de la mairie.

Pendant les 15 jours suivant, des observations ou des réclamation contre l'inclusion ou la non inclusion d'une ou de plusieurs firmes ou entreprises dans la liste pourront être adressées au Préfet par quiconque.

Le Préfet, après avoir examiné les réclamations et les observations, approuve la liste définitive des firmes et entreprises exerçant les services d'utilité publique dans chaque commune et cette liste est publiée dans la feuille d'avis de la province.

ART. 98. — Les services de ceux qui exercent des professions sanitaires, ceux des avocats, procureurs et notaires, des ingénieurs, architectes, géomètres et des techniciens agricoles sont toujours considérés d'utilité publique.

ART. 99. — Rien n'est modifié aux dispositions du Code de la marine marchande ou d'atres lois en matière de désertion et autres délits maritimes.

TITRE VIII.

DISPOSITIONS TRANSITOIRES ET FINALES.

ART. 100. — Jusqu'à ce que soient édictées les dispositions prévues à l'article 23 de la loi du 3 avril 1926 il n'est apporté aucune modification à la compétence du Conseil des prud'hommes dont s'agit dans la loi du 15 juin 1893, n. 295; à la compétence des Commissions arbitrales provinciales et de la Commission centrale pour les employés privés, dont s'agit au décret-loi royal du 2 décembre 1923, n. 2686, à la compétence des collèges, des Commissions arbitrales et du Ministre des travaux publies au sens du décret-loi royal du 19 octobre 1923, n. 2311, ainsi qu'a celle des organes juridictionnels établis par les lois et règlements sur la marine marchande.

Tant que les Conseils provinciaux de l'économie ne seront pas constitués leurs fonctions seront exercées par les Préfets.

Pour l'année 1926, la liste dont d'agit à l'article 97 sera dressée durant le mois qui suivra la publication du décret du Ministre des corporations déterminant les catégories de services de nécessité publique.

ART. 101. — En ce qui concerne la procédure en matière de rapports collectifs du travail on appliquera le Code de procédure civile à défaut de dispositions spéciales de la loi du 3 avril 1926 et du présent règlement.

ART. 102. — Par décret du Ministre des finances les dépenses nécessaires au fonctionnement du Ministère des corporations et les autres dépenses inhérentes à l'application de la loi du 3 avril 1926 et du présent décret législatif, seront inscrites dans le budget de l'Etat.

ART. 103. — Un règlement, à approuver par décret royal, édictera si besoin est, les dispositions ultérieures qui pourraient être nécessaires à l'exécution de la loi du 3 avril 1926, n. 563, et du présent décret législatif qui entrera en vigueur le jour de sa publication dans la *Gazzetta Ufficiale* du Royaume.

LA CHARTE DU TRAVAIL

PUBLIÉE LE 21 AVRIL 1927, ANNIVERSAIRE DE LA FONDATION DE ROME

L'ÉTAT CORPORATIF ET SON ORGANISATION

I. — La Nation italienne est un organisme ayant des buts, une vie et des moyens d'action supérieurs à ceux des individus isolés ou associés qui la composent. C'est une unité morale, politique et économique qui, dans l'Etat fasciste est intégralement réalisée.

II. — Le travail sous toutes ses formes, intellectuelles, techniques ou manuelles, qu'il s'agisse d'organisation ou d'éxécution, est un devoir social. A ce titre seulement, il est placé sous la sauvegarde de l'Etat.

La production, prise dans son ensemble, est unitaire au point de vue national; ses objectifs sont unitaires et se résument dans le bien-être des individus et dans le développement de la puissance nationale.

III. — L'organisation professionnelle ou syndicale est libre, mais seul le syndicat reconnu par la loi et soumis au contrôle de l'Etat a le droit de représenter légalement toute la catégorie d'emplyoeurs ou de travailleurs pour laquelle il est constitué, de défendre les intérêts de cette catégorie vis-à-vis de l'Etat ou des autres associations professionnelles, de conclure des contrats collectifs de travail obligatoires pour tous les membres de ladite catégorie, d'imposer à ces membres des contributions et d'exercer vis-à-vis d'eux des fonctions déléguées d'intérêt public.

IV. — La solidarité des divers facteurs de la production trouve son expression concrète dans le contrat collectif de travail, obtenu par la conciliation des intérêts opposés des employeurs et des travailleurs et leur subordination aux intérêts supérieurs de la production,

V. — La magistrature du travail est l'organe par lequel l'Etat intervient pour régler les différends du travail, soit qu'ils concernent l'observation des conventions et autres règles existantes, soit qu'ils se rapportent à la détermination de nouvelles conditions de travail.

VI. — Les associations professionnelles légalement reconnues assurent l'égalité juridique entre les employeurs et les travailleurs; elles veillent au maintien et à l'amélioration de la discipline de la production et du travail. Les corporations constituent l'organisation unitaire des forces de la production, dont elles représentent intégralement les intérêts. C'est parce qu'elles assurent cette représentation intégrale des intérêts de la production, qui sont eux-mêmes des intérêts nationaux, que les corporations sont reconnues par la loi comme des organes de l'Etat.

En tant qu'organes de représentation des intérêts unitaires de la production, les corporations peuvent édicter des règles obligatoires concernant la discipline des rapports de travail ou la coordination de la production, toutes les fois qu'elles ont reçu à cet effet mandat des associations affiliées.

VII. — L'Etat corporatif considère l'initiative privée dans le domaine de la production comme l'instrument le plus efficace et le plus utile des intérêts de la nation. L'organisation privée de la production étant une fonction d'intérêt national, les organisateurs d'entreprises sont responsables, vis-à-vis de l'Etat, de la direction de la production. La collaboration des forces productives crée entre ces forces une réciprocité de droits et de devoirs. Le travailleur, qu'il soit technicien, employé ou ouvrier, est un collaborateur actif de l'entreprise économique dont la direction, en même temps que la responsabilité, incombe à l'employeur.

VIII. — Les associations professionnelles d'employeurs ont le devoir d'assurer par tous les moyens l'augmentation de la production, le perfectionnement des produits et la réduction des prix de revient. Les groupements représentatifs des personnes exerçant une profession libérale ou un art et les associations d'employés des entreprises publiques concourent à la sauvegarde des intérêts de l'art, de la science et des lettres, à l'amélioration de la production et à la réalisation des buts moraux du régime corporatif.

IX. — L'intervention de l'Etat dans la production économique n'a lieu que quand l'initiative privée fait défaut ou est insuffisante, ou lorsque les intérêts politiques de l'Etat sont en jeu. Elle peut revêtir la forme d'un contrôle, d'un encouragement ou d'une gestion directe.

X. — En cas de différends collectifs du travail, une action judiciaire ne peut être intentée que si l'organe corporatif a d'abord fait une tentative

14.

de conciliation. S'il se produit des contestations individuelles au sujet de l'interprétation et de l'application des contrats collectifs de travail, les associations professionnelles ont la faculté d'offrir leur médiation. Le règlement de ces contestations est dévolu à la juridiction ordinaire, qui juge avec le concours d'assesseurs désignés par les associations professionnelles intéressées.

LE CONTRAT COLLECTIF DE TRAVAIL ET SES GARANTIES.

XI. — Les associations professionnelles ont le devoir de régler, au moyen de contrats collectifs, les rapports de travail entre les catégories d'employeurs et de travailleurs qu'elles représentent. Les contrats collectifs de travail sont conclus entre les associations du premier degré, sous la direction et le contrôle des organisations centrales, mais les associations de degré supérieur ont la faculté de se substituer à celles du premier degré dans les cas prévus par la loi et les statuts. Tout contrat collectif doit, sous peine de nullité, contenir des dispositions précises sur les rapports disciplinaires, les périodes de stage, les taux et les modes de rétributions et les horaires de travail.

XII. — L'action du syndicat, l'œuvre de conciliation des organes corporatifs et les sentences de la magistrature du travail garantissent la concordance du salaire avec les exigences normales de la vie, les possibilités de la production et le rendement du travail. La détermination du salaire est soustraite à toute règle générale; elle doit résulter de l'accord des parties qui se manifeste dans les contrats collectifs.

XIII. — Les données relatives aux conditions de la production et du travail, à la situation du marché monétaire et aux variations du niveau de vie des travailleurs établies par les administrations publiques, par l'Institut central de statistique et par les associations professionnelles légalement reconnues, puis coordonnées et élaborées par le ministère des Corporations, fourniront le critère permettant de concilier les intérêts des différentes catégories et des diverses classes soit entre eux, soit avec l'intérêt supérieur de la production.

XIV. — La rétribution doit être effectuée sous la forme la mieux appropriée aux exigences de l'ouvrier et de l'entreprise.

Lorsque le travail est payé aux pièces et que la liquidation des comptes a lieu à des intervalles dépassant deux semaines, des acomptes adéquats doivent être versés chaque semaine ou chaque quinzaine. Le travail de nuit, s'il n'est pas effectué en équipes périodiques régulières, doit être rétribué à un taux supérieur à celui du travail de jour. Lorsque le travail est payé aux pièces, les tarifs doivent être établis de manière à assurer à l'ouvrier laborieux, jouissant d'une capacité de travail normale, un gain minimum en plus du salaire de base.

XV. — Le travailleur a droit à repos hebdomadaire coïncidant avec le dimanche. Les contrats collectifs appliqueront cette règle en tenant compte des dispositions légales existantes et des exigences techniques de l'entreprise; ils veilleront, dans les limites de ces exigences, à ce que les jours fériés civils et religieux soient observés suivant les traditions locales. L'horaire de travail devra être scrupuleusement et rigoureusement observé par le travailleur.

XVI. — Après une année de service ininterrompu, le travailleur attaché à une entreprise où le travail est continu a droit à un congé annuel payé.

XVII. — Dans les entreprises où le travail est continu, le travailleur congédié sans qu'il y ait une faute de sa part a droit à une indemnité proportionnelle au nombre de ses années de service. Cette indemnité est due également en cas de décès du travailleur.

XVIII. — Dans les entreprises où le travail est continu, le transfert de l'entreprise ne met pas fin au contrat de travail et le personnel attaché à l'entreprise conserve ses droits vis-à-vis du nouveau propriétaire. De même, une maladie du travailleur n'excédant pas une certaine durée n'est pas une cause de résiliation du contrat. L'appel sous les drapeaux ou au service dans la milice pour la sécurité nationale n'est pas non plus un motif de congédiement.

XIX. — Les infractions à la discipline et les actes de nature à troubler la marche régulière de l'entreprise, imputables au travailleur, sont punis, selon la gravité de la faute commise, d'une amende, de la suspension d'emploi, et dans les cas plus graves, du congédiement immédiat sans indemnité. Les cas dans lesquels l'employeur peut infliger une amende à un travailleur, le suspendre de son emploi ou le congédier immédiatement sans indemnité seront spécifiés.

XX. — Le travailleur entrant dans une nouvelle entreprise est soumis à un stage d'épreuve pendant lequel la résiliation du contrat peut être prononcée de part et d'autre moyennant le paiement, sans autre indemnité, de la rétribution correspondant à la durée du travail effectué.

XXI. — Le contrat collectif de travail étend également ses avantages et sa discipline aux travailleurs à domicile. Des règles spéciales seront établies par l'Etat afin d'assurer la police et l'hygiène de ce mode de travail.

BUREAUX DE PLACEMENTS.

XXII. — L'Etat observe et contrôle les fluctuations de l'emploi et du chômage, indices généraux des conditions de la production et du travail.

XXIII. — Les bureaux de placement sont constitués sur une base paritaire, sous le contrôle des organes corporatifs de l'Etat. Les employeurs doivent embaucher leurs travailleurs par l'intermédiaire de ces bureaux; ils ont la liberté de les choisir sur les listes des personnes inscrites, en donnant la préférence aux membres du parti et des syndicats fascistes selon l'ancienneté de l'inscription.

XXIV. — Les associations professionnelles de travailleurs ont le devoir de procéder à une sélection des travailleurs, tendant à développer toujours davantage leur capacité technique et leur valeur morale.

XXV. — Les organes corporatifs veillent à ce que les lois concernant la prévention des accidents et la police du travail soient observées par les membres des associations qu'ils réunissent.

PRÉVOYANCE, ASSISTANCE, ÉDUCATION ET INSTRUCTION.

XXVI. — La prévoyance est une haute manifestation du principe de collaboration. L'employeur et le travailleur doivent contribuer à ses charges dans une mesure proportionnée à leurs moyens respectifs. L'Etat, par l'instrument des organes corporatifs et des associations professionnelles, s'emploiera à coordonner et à unifier, autant que faire se pourra, le système et les institutions de prévoyance.

XXVII. — L'Etat fasciste se propose de procéder: 1) au perfectionnement de l'assurance contre les accidents; 2) à l'amélioration et à l'extension de l'assurance-maternité; 3) à l'institution de l'assurance contre les maladies professionnelles et la tuberculose, comme première étape vers l'assurance générale contre toutes les maladies; 4) au perfectionnement de l'assurance contre le chômage involontaire; 5) à l'adoption de formes spéciales d'assurance visant à doter les jeunes travailleurs.

XXVIII. — Il incombe aux associations de travailleurs de défendre les intérêts de leurs membres au cours des affaires administratives et judiciaires relatives à l'application de l'assurance-accidents et des assurances sociales. Les contrats collectifs établiront, lorsqu'il serat echniquement possible de le faire, des caisses mutuelles de maladie, alimentées par les contributions des employeurs et des travailleurs et administrées par des représentants des deux parties sous la surveillance des organes corporatifs.

XXIX. — L'assistance aux personnes, inscrites ou non, qu'elles représentent est, pour les associations professionnelles, à la fois un droit et un devoir. Les associations professionnelles doivent s'acquitter de leurs fonctions d'assistance directement et au moyen de leurs propres organes; elles ne peuvent les déléguer à d'autres organismes ou institutions que pour des motifs d'ordre général dont le portée dépasse les intérêts de chaque catégorie de producteurs.

XXX. — L'éducation et l'instruction, surtout l'instruction professionnelle des personnes, inscrites ou non, qu'elles représentent, sont un des devoirs principaux des associations professionnelles. Ces dernières doivent soutenir l'action des Oeuvres nationales s'occupant de l'utilisation des loisirs, ainsi que les autres initiatives à tendance éducative.

DÉCRET ROYAL DU 27 FÉVRIER 1928, N. 471: RÈGLES POUR LA RÉSOLUTION DES DIFFÉRENDS INDIVIDUELS DU TRAVAIL

DISPOSITIONS GÉNÉRALES.

ART. 1.er — Les Collèges de Prud'hommes et les Commissions pour l'emploi privé, constitués respectivement par la loi du 15 juin 1893, n. 295, et par le decret-loi royal du 2 décembre 1923, n. 2686, sont supprimés.

Les différends individuels qui actuellement sont de la compétence des Tribunaux de Prud'hommes, ceux qui sont relatifs aux rapports dérivant du contrat d'emploi privé, quelle qu'en soit la valeur, et toute autre controverse individuelle dérivant de rapports sujets à des contrats collectifs de travail ou à d'autres règles qui ont valeur ou effets de contrats collectifs, aux termes de la loi du 3 avril 1926, n. 563, et du décret royal du 3 avril 1926, n. 1130, seront résolus par les préteurs ou par les Tribunaux, dans les limites de leur compétence respective pour la somme, et en conformité des règles générales contenues dans le présent décret.

Les préteurs et les Tribunaux connaîtront en outre, selon les règles précitées, des actions intentées par les Associations légalement réconnues contre les employeurs ou les ouvriers, pour la responsabilité civile leur incombant à teneur de l'article 10, paragraphe 5, de la loi du 3 avril 1926, n. 563.

ART. 2. — Sous réserve des dispositions de l'article 23, les préteurs et les Tribunaux, pour traiter les différends indiqués à l'article précédent, sont assistés de deux citoyens experts des problèmes de travail, l'un appartenant à la catégorie des employeurs, et l'autre à celle des ouvriers, choisis parmi les inscrits sur un registre spécial, qui devra être établi selon les dispositions de l'article 20 et suivants, en tenant compte de la spécialité des entreprises auxquelles appartiennent les parties en cause.

L'assistance des deux citoyens n'est toutefois pas requise sous peine de nullité de la sentence, à moins qu'à la première audience, les parties ne fassent requête expresse de ladite assistance et désignent, d'un commun accord, les personnes ayant les qualités requises pour ces fonctions. La désignation n'engage pas le choix du juge, mais rend l'assistance nécessaire, sauf dans le cas où les personnes indiquées n'acceptent pas, pour un motif quelconque, les fonctions, ou ne peuvent pas les remplir et que se produise la première des hypothèses prévues à l'article 23, premier paragraphe.

ART. 3. — Les différends prévus par le premier paragraphe et l'article 1er peuvent être soumis par les parties à un compromis d'arbitrage, aux termes des article 8 et suivants du Code de procédure civile.

Sont toutefois nulles les clauses des contrats collectifs de travail et des règles générales assimilées à ces derniers, par lesquelles il serait établi que les controverses individuelles dérivant de l'application du contrat collectif sont réglées par des arbitres ou par des collèges nommés par les Associations contractantes, ou, de toutes façon, sont soustraites à la compétence de l'autorité judiciaire selon les dispositions du présent décret.

L'appel des sentences arbitrales, prononcées sur des différends individuels de travail, conformément au premier paragraphe du présent article, n'est pas admis, si l'objet de la controverse n'excède pas une valeur de L. 2000.

L'appel, lorsqu'il est admis aux termes du présent décret et du Code de procédure civile, vient devant la Magistrature du travail.

Aux sentences arbitrales précitées sont en outre étendues les dispositions de l'article 87 du décret royal du 1er juillet 1926, n. 1130, pour les cas d'annulation et de révocation qui y sont indiqués.

DE L'ACTION ET DU MODE DE PROCÉDER.

ART. 4. — Dans les matières indiquées au premier paragraphe de l'article 1er lorsque l'action est basée sur la non exécution de contrat collectif de travail, elle ne peut pas être intentée, si le manquement n'a pas été préalablement notifié à l'Association légalement reconnue de la catégorie à laquelle appartient le demandeur, même si ce dernier n'en est pas membre.

La notification est faite par lettre recommandée. L'Association informe l'intéressé si elle entend interposer ses bons offices pour régler le différend par l'intermédiaire de l'Association de la catégorie à laquelle appartient le défendeur.

De toutes façons, passés quinze jours de l'expédition de la notification, l'intéressé peut intenter l'action en jugement. Toutefois, ce dernier doit être suspendu, sur demande de l'Association ou des parties, lorsque le règlement de la cause est connexe à un différend collectif pour lequel un jugement est pendant devant le Magistrat du travail, entre les Associations intéressées, aux termes de l'article 17 de la loi du 3 avril 1926, n. 563.

Les Associations légalement reconnues peuvent toutefois toujours intervenir dans le jugement.

ART. 5. — Les différends envisagés par le présent décret viennent devant le préteur ou le Tribunal de la circonscription, dans laquelle se trouve la maison, l'établissement, ou l'entreprise où le travailleur est employé.

Si la requête est soumise au préteur et que la partie demanderesse n'ait pas indiqué la valeur de la cause, on présume que la requête est contenue dans les limites de la compétence du préteur, et la condamnation éventuelle ne peut en aucun cas être prononcée pour une somme excédant lesdites limites.

Dans le cas d'une requête présentée devant le Tribunal, l'exception d'incompétence pour la valeur ne peut pas être soulevée d'office.

ART. 6. — Les parties peuvent ester en justice personnellement ou se faire représenter. La représentation peut aussi être conférée au secrétaire de l'Association légalement reconnue, sur papier libre, avec signature légalisée par le secrétaire de l'Association lui-même, et comprend la faculté de consentir à la composition du différend.

Les parties ou ceux qui estent pour elles, peuvent ester en justice personnellement ou se faire représenter par un procurateur légal. Dans les jugements devant les Tribunaux, elles ou ils peuvent être assistés d'un avocat.

Dans tous les cas et en tout moment, le préteur ou le président du Tribunal peut ordonner la comparution personnelle des parties.

Le mineur ayant atteint l'âge de quinze ans révolus est considéré comme majeur à tous les effets, dans les différends envisagés par le présent décret. Toutefois, le préteur ou le président du Tribunal, peut ordonner, s'il le juge convenable, que le mineur soit assisté par qui le représente légalement.

Art. 7. — La requête introductive du jugement est faite moyennant recours, signé par la partie ou son mandataire, et qui doit contenir le nom des parties et leur résidence, les raisons et l'objet de la demande.

Le recours est déposé au greffe de la préture ou du Tribunal compétent, conformément à l'article 5.

Copie du recours, avec l'indication de l'audience de comparution que le préteur ou le président du Tribunal fixe au pied du recours même, est notifiée immédiatement, d'office, aux frais de la partie demanderesse, par lettre recommandée, aux intéressés, en observant les délais prescrits par le Code de procédure civile.

Art. 8. — L'intervention en cause est proposée moyennant recours qui doit contenir les nom, prénom et domicile des intervenants, l'indication des parties en cause, l'exposé des motifs qui justifient l'intervention et les demandes des intervenants.

Le recours est déposé, avec les actes et documents sur lesquels il est fondé, au greffe de la préture ou du Tribunal et il est notifié, d'office, aux termes de l'article 7.

Art. 9. — Au jour fixé pour l'audience, les parties comparaissent devant le préteur ou le président du Tribunal.

Là, la partie défenderesse doit, avant tout:

a) déclarer si elle accepte l'action, ou si elle en demande le rejet;

b) proposer les questions se référant à la compétence du magistrat, à la légitimation de la partie demanderesse, à la recevabilité de l'action et toute autre question préjudicielle.

A son tour, la partie demanderesse doit:

a) déclarer si elle insiste dans sa requête ou si elle y renonce;

b) proposer les questions se référant à la légitimation de la partie défenderesse et toute autre question préjudicielle.

La partie demanderesse, dans cette audience, peut expliquer et modifier les termes de la demande et le préteur ou le président peut, le cas échéant, l'inviter à le faire. Dans ce cas, les termes précis du différend seront consignés au procès-verbal.

L'intervenant doit déclarer s'il insiste sur sa requête et peut l'exposer ou la modifier, également sur l'invitation du préteur ou du président; dans ce cas, les termes précis de la requête de l'intervenant seront consignés au procès-verbal. L'intervenant peut en outre proposer les questions indiquées sous la lettre *b)* des paragraphes précédents.

Si les questions indiquées à la lettre *b)* précitée, ne sont pas proposées lors de la première audience, la partie déchoit de son droit de les proposer par la suite, sauf s'il s'agit de questions que le juge doit soulever d'office.

Art. 10. — Si les parties insistent dans le différend, le préteur ou le président doit avant tout, chercher à les amener à une composition équitable. Cette tentative doit être renouvelée pendant le jugement, aussi souvent que l'occasion s'en présente.

Si la composition ne réussit pas, le préteur ou le président, si les parties le réclament et que la cause soit mûre pour la décision, peut ordonner la discussion immédiate qui a lieu dans la même audience, davant le préteur, ou dans la première audience du Collège devant lequel les parties sont renvoyées par le président, en observant les dispositions de l'article suivant.

Lorsqu' il n'est pas procédé en conformité du précédent paragraphe, le préteur ou le président renvoie les parties à une audience suivante, qui ne doit pas avoir lieu dans un délai supérieur à dix jours et nomme, lorsque c'est possible, les deux citoyens qui doivent assister à l'audience, après avoir éventuellement entendu les observations que les parties pourraient faire à ce propos. Le président peut en outre nommer le rapporteur.

Les parties ont trois jours pour déposer leurs mémoires écrits qui doivent être notifiés aux autres parties.

Dans leurs mémoires, les parties peuvent limiter, mais non amplifier, ni, en aucune façon, modifier les requêtes faites dans le recours introductif, dans la réponse ou dans l'acte d'intervention, ou précisées dans le procès-verbal de l'audience préliminaire.

Les délais établis dans le présent article ne peuvent, en aucun cas, être prorogés.

Art. 11. — A l'audience établie pour la discussion, aux termes de l'article 10, précède, devant le Collège, le rapport sur la cause, lorsqu'il y a eu nomination de rapporteur. Puis, le Collège ou le préteur, après avoir entendu les parties:

a) décide, avant tout, éventuellement sur les questions qui auraient été soulevées aux termes de l'article 9, lettre *b*);

b) ordonne, le cas échéant, également d'office, les moyens d'instruction qu'il estime nécessaires y compris la production de documents que les parties justifieraient de ne pas avoir pu exhiber auparavant, et établit les modes et termes pour l'exécution des moyens d'instruction ordonnés, en nommant, lorsque la nature ou la complexité des investigations le requiert, un ou plusieurs conseillers techniques, qui l'assistent durant toute l'instruction, de même que pour les actes particuliers de cette dernière;

c) s'il n'a pas été ordonné de moyens d'instruction, il décide de la cause au fond.

La discussion et la décision peuvent avoir lieu séparément pour chacun des points indiqués sous les lettres *a)*, *b)* et *c)* ou ensemble pour tous ou pour certains de ces points, selon ce qu'en ordonnera le préteur ou le président.

La discussion close, lorsqu'il y a eu assistance d'experts aux termes de l'article 10, ces dernier expriment, en chambre de Conseil, leur avis sur la décision de la cause et peuvent aussi le rédiger par écrit, dans lequel cas on dresse un procès-verbal, auquel est annexé l'avis écrit. Ensuite, le Collège, ou le préteur, délibère sur la décision. Si la sentence n'est pas lue immédiatement en audience publique, elle doit être déposée, dans les trois jours suivants, au greffe, où les parties peuvent en prendre connaissance.

Dans le cas où une audience ne serait pas suffisante pour la discussion de la cause, elle peut être renvoyée à une ou plusieurs audiences successives.

D'autres renvois ne sont admis pour aucune raison.

Art. 12. — L'administration des preuves peut être faite aussi bien par le Collège que par un ou plusieurs des membres de ce dernier, à ce particulièrement délégués. Les experts assistent, lorsque besoin en est, à l'administration des preuves.

Art. 13. — L'instruction terminée, le préteur ou le Collège, ou le juge délégué, renvoie les parties pour la décision de la cause à une audience qui doit avoir lieu, au plus tard, dans les dix jours de la clôture de l'instruction.

Lorsqu'il a été ordonné la seule production de documents, l'audience est fixée dans l'ordonnance qui la prescrit.

Les parties ont cinq jours à partir de la clôture de l'instruction, pour déposer leurs propres mémoires écrits et pour les notifier aux autres parties.

Les délais fixés par cet article peuvent être abrégés par ordonnance du préteur ou du président. Dans aucun cas ils ne peuvent être prorogés. A l'audience fixée, le préteur ou le Collège décide, après avoir entendu les parties.

A cette audience et à la décision sont applicables les dispositions des trois derniers paragraphes de l'article 11.

Art. 14. — Lorsque le magistrat tranche en tout ou partie, un différend, il émet une sentence. Il émet également une sentence lorsque, par incompétence ou pour tout autre motif, il déclare de ne pas pouvoir décider sur le différend.

Lorsqu'il pourvoit en ce qui concerne le procès, il prend une ordonnance.

Les ordonnances sont révocables et modifiables.

L'ordonnance n'est pas motivée. La sentence est motivée succinctement. La sentence définitive peut condamner le succombant aux frais du jugement ou compenser ces derniers en tout ou partie. Il peut également accorder une provision à la partie qui l'aurait demandé. La sentence susceptible d'appel ne peut être exécutée qu'en ce qui concerne la provision.

L'original de la sentence, signé par les juges et par le greffier, doit être déposé au greffe au plus tard dix jours après le délibéré.

La notification de la sentence est faite d'office par le greffe, par envoi à toutes les parties d'une copie par pli recommandé et avec récépissé de retour.

Art. 15. — Si, à l'audience préliminaire fixée dans le recours, la partie demanderesse ne comparaît pas, la cause est rayée du rôle, sauf dans le cas où le défendeur demande qu'elle soit poursuivie par défaut contre le demandeur.

Si, à ladite audience, le défendeur ne comparaît pas, ou si à une autre audience quelconque, seule une des parties comparaît, la cause continue par défaut contre la partie absente.

Si à l'une quelconque des audiences aucune des parties ne comparaît, la cause est rayée du rôle.

Dans le cas où la partie qui n'aurait pas comparu intervient dans le cours ultérieur de la cause, elle peut exposer ses raisons et conclusions, mais la sentence ou ordonnance déjà prononcée dans le jugement conserve son effet.

Les dispositions du paragraphe précédent s'appliquent aussi au cas où l'intervention aurait lieu après l'audience fixée pour la comparution des parties. D'autre part, l'intervention ne peut, en aucun cas, retarder le jugement de la cause principale, lorsque cette dernière est en état d'être décidée.

Art. 16. — En cas d'urgence, le préteur ou le président du tribunal peut, par arrêt, admettre au bénéfice de l'assistance judiciaire la partie qui serait en état d'indigence, aux termes du decret-loi royal du 30 décembre 1923, n. 3282.

ART. 17. — Lorsque l'objet de la controverse ne dépasse pas la somme de 2000 lires, les sentences sont sans appel.

Contre les sentences qui dépassent 2000 lires, il peut être interjeté appel au magistrat du travail, dans le délai de quinze jours à partir de la notification. Les décisions interlocutoires ne sont attaquables qu'avec la sentence définitive.

L'appel est interjeté en conformité des dispositions des articles 74 et suivants du décret-loi royal du 1er juillet 1926, n. 1130. Les requêtes en annulation ou en révocation, prévues par l'article 87 du même décret, sont introduites de la même façon.

La requête en révocation pour les motifs indiqués au paragraphe 3 du dit article 87, est admise également contre les sentences dont on peut appeler, mais qui sont devenues chose jugée faute d'appel interjeté en temps voulu par la partie intéressée.

Contre les sentences prononcées par la Magistrature du travail, dans les jugements d'appel, d'annulation ou de révocation, le recours en cassation est admis aux termes des articles 90 et 91 du décret-loi royal précité, du 1er juillet 1926, n. 1130.

ART. 18. — Aux jugements prévus par le présent décret sont applicables les droits et taxes de tous genres établis pour les jugements devant le préteur ou le Tribunal, ou pour les jugements devant la Cour d'appel, sauf les modifications suivantes:

Les actes et les sentences sont rédigés sur papier timbré de 2 lires dans les jugements par devant le préteur et de 3 lires dans les jugements devant le Tribunal ou en appel.

Le taxe de timbre et celle d'enregistrement grevant les sentences sont réduites de moitié.

Les documents produits par les parties sont exempts de taxes de timbre et d'enregistrement, à moins qu'ils ne soient soumis, par leur nature, à la taxe du timbre dès l'origine ou à l'enregistrement à terme fixe.

Lorsque, d'autre part, dans les jugements devant le préteur, l'objet de la controverse ne dépasse pas la valeur de 2000 lires, les jugements y relatifs sont complètement exempts de tous droits ou taxes et en aucun cas les droits et les honoraires qui peuvent revenir au mandataire par qui l'autre partie s'est fait représenter ou assister dans le jugement ne pourront être mis à la charge de la partie succombante. Si l'objet du différend dépasse la valeur de 2000 lires, dans le cas de condamnation de la partie succombante aux frais, le préteur, sur le vu des circonstances, déterminera si, dans les frais, il y a lieu d'inclure en tout ou partie, également les droits ou honoraires du mandataire.

ART. 19. — Dans les jugements en cassation de sentences prononcées par la Magistrature du travail, il y a lieu d'observer les dispositions du Code de procédure civile, sous réserve des dispositions des articles 90 et 91 du décret royal du 1er juillet 1926, n. 1130, et lorsque le dépôt pour amende, prescrit par l'article 521 du Code de procédure civile, n'a pas été requis.

La disposition qui précède s'applique également aux jugements en cassation de sentences prononcées par la Magistrature du travail dans les différends relatifs aux rapports collectifs du travail ou sur les requêtes en annulation ou en révocation prévues par l'article 87 du décret royal du 1er juillet 1926. L'exemption de toute taxe d'enregistrement et timbre établie par l'article 17, dernier paragraphe, de la loi du 3 avril 1926, n. 563, est applicable également aux jugements en cassation indiqués dans ledit paragraphe.

Dans tous les différends prévu par le présent décret, le recours contre les sentences de la Magistrature du travail, prononcé in instance d'appel, et les actes du jugement pour la cassation, y compris les sentences, sont rédigés sur papier timbré de 6 lires et tous les autres droits et taxes sont réduits de moitié, sauf application du dernier paragraphe de l'article précédent.

DES TABLEAUX DES CITOYENS EXPERTS.

Art. 20. — Tous les deux ans, sur l'indication des diverses Associations professionnelles légalement reconnues, la Section du travail et de la prévoyance sociale des Conseils provinciaux de l'économie, désigne les personnes expertes dans les problèmes du travail, aptes aux fonctions d'assistance dans la discussion des causes envisagées par le présent décret. Elles sont choisies dans les catégories des employeurs et celles des ouvriers, en tenant compte des diverses spécialités d'entreprises existant dans la province.

Les personnes désignées sont réparties sur les tableaux des Tribunaux et des prétures de la province, d'après leur résidence. Dans les villes qui sont sièges de Tribunal, il est constitué un seul tableau pour le Tribunal et les prétures, qui ont leur siège au chef-lieu de la circonscription. Sur ces tableaux sont inscrits tous ceux qui ont leur résidence dans la circonscription des dites prétures. Si le nombre des inscrits est insuffisant, on peut également inscrire sur ledit tableau, pour prêter leurs services esclusivement au Tribunal, des personnes résidant dans la circonscription d'autres prétures du district.

Sur tous les tableaux, les inscrits appartenant à la catégorie des patrons doivent être en nombre égal aux inscrits appartenant à la catégorie des ouvriers.

Les tableaux, pour chaque Tribunal et pour chaque préture, sont approuvés par décret du Premier président de la Cour d'appel, après avoir pris l'avis de la Magistrature du travail. Il y a lieu d'observer les dispositions de l'article 62 du décret royal du 1er juillet 1926, n. 1130.

Les tableaux sont renouvelés par tiers, tous les deux ans, la première fois par tirage au sort, et ensuite par ancienneté. Pour le renouvellement des tableaux, il y a lieu d'observer les dispositions précédentes.

Art. 21. — Ne peuvent être inscrites sur les tableaux, les personnes qui ne sont pas citoyens italiens, qui n'ont pas l'âge de 25 ans révolus qui ne résident pas au moins depuis trois ans dans la circonscription de la préture ou du Tribunal, qui ne donnent pas des garanties de capacité ou qui, dans les deux années précédentes, auraient été l'objet de mesures disciplinaires de la part des Associations professionnelles, auxquelles ils appartiennent, ou se trouvent en état de faillite, ou enfin n'ont pas une bonne conduite morale politique.

Ne peuvent également être inscrites sur les tableaux, les personnes qui remplissent des fonctions de direction dans une Association syndicale.

Déchoient de la charge, les personnes à l'endroit desquelles se produit l'une quelconque des circonstances indiquées ci-dessus.

Les inscrits qui sont l'objet d'une action pénale pour délits passibles de pénalités restrictives de la liberté personnelle, sont suspendus de droit de l'exercice de leurs fonctions pendant toute la durée de l'action, sous réserve, en cas de condamnation, de l'application du paragraphe précédent.

L'inscription sur les tableaux des conseillers experts prévus par la loi du 3 avril 1926, n. 563, est incompatible avec l'inscription sur les tableaux réglementés par le présent décret.

Art. 22. — On ne peut pas choisir pour les fonctions d'assistant, les inscrits qui seraient intéressés au différend ou qui seraient patrons, ou dépendants, ou représentants de l'une des parties, ou qui seraient parents jusqu'au 4ème degré ou alliés jusqu'au 2ème degré de l'une des parties.

Le choix ne peut pas non plus tomber sur les personnes qui, au cours des trois années précédentes auraient eu, eux ou leurs parents ou alliés dans les degrés mentionnés plus haut, des différends civiles ou pénaux avec l'une des parties ou avec des parents ou alliés de celles-ci aux degrés susmentionnés.

Dans les cas prévus par le présent article, on admet la récusation, qui peut également être proposée pour raisons de convenance. Le préteur ou le président décide de la récusation par arrêt qui n'est pas sujet à des frais.

Art. 23. — Lorsque, du fait du nombre limité d'inscrits au tableau, et compte tenu des motifs d'exclusion indiqués à l'article précédent et de toute autre raison de convenance, il n'est pas possible de choisir des personnes pleinement propres aux fonctions d'assistance, en considération également de la nature particulière du différend, ou lorsque les parties y renoncent, ou encore lorsque les personnes choisies n'interviennent pas à l'audience, le préteur ou le Tribunal peut procéder sans l'assistance d'experts, ou choisir des personnes qui ne sont pas inscrites au tableau.

Les experts qui, dûment invités, n'interviennent pas à l'audience fixée sans motif justifié, peuvent être condamnés par arrêt du préteur ou du président du Tribunal, non sujet à des frais, à une amende allant jusqu'à 500 lires.

Les assistants qui interviennent à la discussion de la cause ont droit à un jeton de présence et, le cas échéant, à une indemnité de déplacement, outre le remboursemnt des frais de voyage dans la mesure établie pour les employés de l'Etat de 8ème degré, s'il s'agit d'assistance au Tribunal, ou du 9ème degré, s'il s'agit d'assistance au préteur.

Art. 24. — Par décret du Ministre des Finances, seront inscrits au budget du Ministère de la Justice les frais nécessaires pour l'assistance des citoyens experts établie par les dispositions précédentes.

Les mesures nécessaires pour réglementer la marche à suivre pour les différends découlant des rapports de travail, seront prises par décrets ultérieurs.

DISPOSITIONS TRANSITOIRES ET PÉNALES

Art. 25. — Les premiers tableaux prévus par l'article 20 doivent être établis au plus tard le 30 septembre 1928. A partir du 1er octobre 1928, toutes les dispositions contenues dans les articles précédents seront applicables.

Les collèges de Prud'hommes et les Commissions pour l'emploi privé continuent, toutefois, à fonctionner pour la décision des différends pendants, mais non au-delà du 31 mars 1929

Les différends, qui, au jour dit, n'auraient pas été tranchés, seront déférés, en tout état de cause, à l'autorité judiciaire compétente selon les dispositions du présent décret. Les mêmes dispositions s'appliquent au Tribunal industriel de la Ville de Trieste.

Les oppositions qui, au sens de l'article 5 du décret royal du 2 décembre 1923, n. 2686, sont admises contre les décisions des Commissions provinciales pour l'emploi privé, devront être portées, après le 30 septembre 1928, par recours à la Magistrature du travail dans les délais prescrits par le dit article. Toutefois la Commission centrale continuera à fonctionner jusqu'au 31 mars 1929, pour la discussion des recours et des appels présentés antérieurement. Les causes qui, audit jour ne seraient pas encore tranchées, seront déférées, en tout état de cause à la Magistrature du travail compétente par le territoire.

De même, continueront à fonctionner jusqu'au 31 mars 1929, pour la liquidation des affaires en cours, les Commissions interprovinciales instituées par le décret royal du 19 octobre 1923, n. 2311, pour la décision des différends individuels entre personnel et établissements exerçant des services publics de transport. Après cette date, les différends pendants devant lesdites Commissions interprovinciales, seront déférés à la compétence de l'autorité judiciaire, selon les dispositions du présent décret.

A partir de la date indiquée par le précédent paragraphe, tous les différends envisagés par le présent décret et qui, à ladite date, seraient encore pendants devant un organe juridictionnel quelconque, seront déférés, en tout état de cause, à l'autorité judiciaire qui procédera selon les dispositions dudit décret.

Est maintenue la compétence de l'autorité des ports (*portuaria*) aux termes du Code de la marine marchande et des dispositions qui le modifient, de même que celle prévue par le décret-loi royal du 1er février 1925, n. 232, converti en loi le 21 mars 1926, n. 597, sur les bureaux du travail des ports, et par le décret-loi royal du 28 décembre 1924, n. 2285, sur le Consortium autonome du port de Gênes.

Art. 26. — Etant maintenu l'article 22 de la loi du 3 avril 1926, n. 563 sur le refus d'exécuter les décisions du magistrat du travail, les employeurs et les ouvriers qui, de façon dolosive, ne se conforment pas aux clauses d'un contrat collectif de travail ou aux règles prescrites par les organes corporatifs, sont passibles d'une amende de cent à cinq mille lires, sans préjudice des règles de droit commun sur la responsabilité civile pour inexécution, et de l'article 10, paragraphe cinquième, de la loi du 3 avril 1926, n. 563.

L'engagement de travailleur à des conditions inférieures à celles qui sont établies par le contrat collectif constitue inexécution, aux termes du paragraphe précédent.

DÉCRET ROYAL DU 29 MARS 1928, N. 1003 : RÉGLEMENTATION NATIONALE DE LA DEMANDE ET DE L'OFFRE DE TRAVAIL

BUREAUX DE PLACEMENT
LEUR COORDINATION - SURVEILLANCE.

ART. 1.er — Par décrets du Ministre des Corporations, de concert avec le Ministre de l'Economie nationale, entendu les Corporations intéressées lorsqu'elles existent, il sera institué, au fur et à mesure que l'opportunité en sera reconnue pour les différentes catégories, des bureaux pour le placement gratuit des chômeurs.

Ces bureaux ont leur siège près les syndicats des travailleurs.

Le décret d'institution de chaque bureau de placement déterminera la compétence territoriale, la compétence pour la catégorie professionnelle et pour le genre de production.

Aucune innovation n'est apportée aux dispositions spéciales en vigueur, relatives au placement des gens de mer et des travailleurs des ports, et à l'engagement du personnel dépendant des titulaires des bureaux secondaires et des recettes postales et télégraphiques.

ART. 2. — A chaque bureau de placement est préposée une Commission présidée par le Secrétaire du Parti national fasciste, et composée, sur la base paritaire, des représentants des syndicats intéressés des employeurs et des travailleurs, au nombre fixé par le décret ministériel de constitution du bureau.

La nomination des représentants susdits sera faite directement par les syndicats intéressés et ratifiée par les Corporations compétentes, lorsqu'elles existeront.

ART. 3. — Il appartient aux Commissions prévues à l'article précédent d'orienter l'activité du bureau qui ressortit à sa compétence et d'en contrôler le fonctionnement en conformité des prescriptions ministérielles et de celles de la Section du travail et de la prévoyance sociale du Conseil provincial de l'économie compétent; de donner leur avis aux Ministères compétents sur les questions relatives au marché du travail, et de remplir toutes les autres attributions qui leur sont déférées par le règlement.

ART. 4. — La Commission administrative du bureau de placement choisit les préposés au placement parmi les dirigeants des organisations syndicales des travailleurs intéressées et proposés par ces derniers.

Les préposés au placement sont responsables de l'accomplissement de leurs tâches vis-à-vis de la Commission qui, par délibération sans appel, peut ordonner leur remplacement.

ART. 5. — L'exemption des taxes de timbre et d'enregistrement est accordée aux Bureaux de placement pour tous les actes par eux accomplis et pour tous les documents, y compris les avis au public, se rapportant à leur activité, ainsi qu'aux offres et aux demandes de travail.

Art. 6. — Le contrôle sur les bureaux de placement et leur coordination, conformément à un critérium de direction unique, sont exercés dans la circonscription de la province par la Section du travail et de la prévoyance sociale des Conseils provinciaux de l'économie.

Il appartient de façon particulière à ladite Section d'établir, dans les limites des dispositions ministérielles, des prescriptions obligatoires pour les bureaux susdits, au sujet de leur organisation, de leur fonctionnement et de leurs rapports réciproques; de leur donner des règles générales pour la répartition, entre les bureaux de placement dépendants d'elles, des demandes et offres de travail qui n'ont pas été satisfaites dans le ressort de chacun desdits bureaux; de leur donner les autres directives jugées nécessaires; de décider sur les recours présentés par les intéressés relativement à l'activité des bureaux de placement; de remplir enfin, les autres attributions qui leur sont assignées par le règlement.

La surveillance sur la marche et sur l'activité des bureaux de placement est exercée par le président, qui pourra se faire assister par d'autres membres de la Section.

Art. 7. — La Section du travail et de la prévoyance sociale des Conseils provinciaux de l'économie est présidée par un délégué du Ministère et est composée:

a) de représentants des organisations syndicales intéressées des employeurs (choisis parmi les membres des autres Sections des Conseils provinciaux de l'économie) et d'autant de représentants des organisations syndicales des travailleurs intéressées. Le nombre de ces derniers est considéré en adjonction aux limites établies par l'article 4 du décret-loi royal du 16 juin 1927, n. 1071;

b) de l'inspecteur de l'industrie et du travail;

c) du directeur de l'Institut de prévoyance sociale;

d) du proviseur aux travaux publics ou d'un fonctionnaire par lui délégué, dans les provinces placées sous la juridiction des dits proviseurs et, dans les autres provinces, de l'ingénieur en chef du génie civil.

Les membres indiqués aux lettres b) c) et d) ont voix consultative.

Des décrets ultérieurs, aux termes du décret-loi royal du 16 juin 1927, n. 1071, détermineront le nombre total des représentants des organisations syndicales prévues à la lettre a) et toutes les dispositions supplémentaires seront prises pour la composition et le fonctionnement de la Section du travail et de la prévoyance sociale des Conseils provinciaux de l'économie.

Art. 8. — La coordination régionale et nationale des bureaux de placement, également en ce qui concerne les migrations intérieures et l'émigration à l'étranger, est réalisée par le Ministère des Corporation de concert avec les Ministères de l'Economie nationale, des Finances, et avec les autres Ministères éventuellement intéressés, et, le cas échéant, après consultation préalable des bureaux centraux des Corporations, lorsque ces dernières existent.

Par décret du Ministre des Corporations, d'accord avec le Ministre de l'Economie nationale, avec celui des Finances et avec les autres Ministres éventuellement intéressés, des normes obligatoires seront établies au sujet de l'organisation et du fonctionnement des bureaux de placement et leurs rapports réciproques.

Art. 9. — Le Ministre des Corporations, de concert avec le Ministre de l'Economie nationale, a la faculté, en cas de fonctionnement irrégulier des bureaux de placement, et entendu la Section du travail et de la prévoyance sociale des Conseils provinciaux de l'économie, de dissoudre la Commission administrative, et de nommer un Commissaire.

DEMANDES ET OFFRES DE TRAVAIL
ET OBLIGATIONS Y RELATIVES.

Art. 10. — Par décret du Ministre des Corporations, de concert avec le Ministre de l'Economie nationale, à publier dans la *Gazette officielle* du Royaume, il peut être interdit dans certaines localités déterminées et même dans tout le Royaume, en ce qui concerne des catégories déterminées de patrons et d'ouvriers, la médiation, même gratuite, de la part de particuliers, d'associations ou institutions de toute nature, pour le placement des ouvriers chômeurs.

Art. 11. — Il est interdit aux patrons d'engager à leur service des chômeurs non inscrits aux bureaux de placement prévus à l'article 1er du présent décret. Il leur est donné faculté de choix dans les limites des inscrits sur les listes, avec préférence à ceux qui appartiennent au Parti national fasciste et aux syndicats fascistes. A ces fins, ils ont le droit de prendre connaissance des listes et des documents existants au bureau, et qui se rapportent à l'état professionnel de chaque inscrit.

La disposition du paragraphe précédent s'applique, en ce qui concerne l'engagement de travailleurs manuels, également aux institutions publiques, à l'exception, dans tous les cas, du personnel dépendant, de quelque façon que ce soit, des Administrations de l'Etat, même si elles ont une organisation autonome.

Aucune innovation n'est apportée aux dispositions de lois et décrets actuellement en vigueur, relatives à l'ordre de préférence dans les engagements de personnel dans des catégories déterminées d'entreprises publiques et privées.

Les chômeurs doivent s'inscrire de la façon et dans les délais qui seront déterminés par le règlement pour l'application du présent décret, sur les listes du bureaux de placement de la circonscription dans laquelle ils ont leur propre résidence et compétent, pour la catégorie professionnelle ou pour le genre de production. L'inscription sur la liste doit être effectuée par le bureau de placement en suivant l'ordre de présentation de la demande relative.

Art. 12. — Les employeurs, à l'exclusion des Administrations de l'Etat, doivent, dans les cinq jours qui suivent l'engagement de l'ouvrier, donner communication de cet engagement au bureau où le travailleur était inscrit, en indiquant le genre de travail pour lequel il a été engagé.

Dans le même délai et sous les mêmes formes, l'ouvrier embauché doit donner communication de son engagement au bureau de placement où il est inscrit.

Art. 13. — Les employeurs, à l'exclusion des Administrations de l'Etat, doivent, dans les cinq jours, dénoncer les ouvriers que, pour un motif quelconque, ils ont renvoyés ou qui ont donné leur démission, au bureau de placement auquel ils étaient inscrits, en indiquant le genre d'activité à laquelle ils étaient occupés et la durée de leur service.

PÉNALITÉS.

ART. 14. — Quiconque fait acte de médiation en violation des dispositions du présent décret est puni d'une amende jusqu'à 5000 lires. Dans les cas plus graves, en cas de récidive, ou lorsque l'acte de médiation a été accompli dans un esprit de lucre, il y a lieu d'appliquer, outre l'amende, la détention jusqu'à un mois.

L'employeur qui engage du personnel en chômage non inscrit aux bureaux de placement ou qui l'engage par des intermédiaires, est puni d'une amende de 50 à 300 lires pour chaque travailleur illégalement engagé, avec un maximum de 3000 lires.

Le chômeur qui accepte du travail sans s'être préalablement inscrit auprès du bureau de placement est puni d'une amende allant jusqu'à 300 lires.

L'employeur qui, dans les délais prescrits, ne dénoncerait pas les engagements et les renvois effectués, est puni d'une amende de 30 à 100 lires, avec maximum de 2000 lires, pour chaque travailleur engagé, et de 50 à 200 lires avec un maximum de 4000 lires, pour chaque travailleur renvoyé.

Le chômeur qui aurait omis de s'inscrire au bureau de placement est puni d'une amende allant jusqu'à 200 lires, et s'il a omis de notifier son engagement au bureau de placement auquel il était inscrit, il est puni d'une amende de 50 lires.

Les amendes prévues par le présent décret sont infligées par décret du préteur en conformité du Code de procédure pénale.

ART. 15. — Le contrôle de l'exécution du présent décret incombe au Ministre des Corporations et au Ministre de l'Economie nationale, chacun pour la partie de sa compétence.

ART. 16. — Par décret royal, sur proposition du Ministre des Corporations, et de concert avec les Ministres de la Justice, des Finances et de l'Economie nationale, seront émanées les règles pour la mise à exécution du présent décret, et fixées les pénalités pour leur observation, dans les limites de l'amende allant jusqu'à 500 lires.

Par décret royal à rendre par le Ministre des Corporations, de concert avec les Ministres de l'Economie nationale, des Finances et les autres Ministres intéressés, les autres lois de l'Etat pourront en outre être coordonnées avec les dispositions du présent décret.

15.

LOI DU 20 MARS 1930, N. 206, SUR LA RÉFORME DU CONSEIL NATIONAL DES CORPORATIONS

(Gazzetta Ufficiale, n. 74 – 28 mars 1930)

ART. 1er — La composition, les attributions et le fonctionnement du Conseil national des Corporations, institué par les décrets du 2 juillet 1926, n. 1131, et du 14 juillet 1927, n. 1347, sont modifiés en conformité des dispositions des articles suivants:

ORGANES DU CONSEIL NATIONAL DES CORPORATIONS.

ART. 2. — Les organes du Conseil national des Corporations sont:
a) les Sections et les Sous-sections;
b) les Commissions spéciales permanentes;
c) l'Assemblée générale;
d) le Comité corporatif central.

ART. 3. — La présidence du Conseil national des Corporations, dans tous ses organes, revient au Chef du Gouvernement, Premier Ministre Secrétaire d'État, qui convoque le Conseil selon les nécessités.

La présidence du Conseil peut-être exercée, en son lieu et place et par sa délégation, par le Ministre des Corporations.

Les séances des Sections et Sous-sections, même réunies, et des Commissions spéciales permanentes, sont présidées, lorsqu'elles ne le sont pas par le Chef du Gouvernement ou par le Ministre des Corporations, par les Sous-secrétaires d'État pour les Corporations, sauf les cas pour lesquels il en est disposé autrement par le règlement pour l'application de la présente loi.

Le Directeur général des Corporations est le Secrétaire général du Conseil.

ART. 4. — Le Conseil national des Corporations se compose de sept Sections:

1) Section des professions libérales et des arts, divisée en deux Sous-sections: une pour les professions libérales et une pour les arts.

2) Section de l'industrie et de l'artisanat, divisée en deux Sous-sections: une pour l'industrie et une pour l'artisanat.

3) Section de l'agriculture.

4) Section du commerce.

5) Section des transports par terre et de la navigation intérieure.

6) Section des transports maritimes et aériens, divisée en deux Sous-sections: une pour les transports maritimes et une pour les transports aériens.

7) Section des banques.

Leur constitution ordinaire est fixée par le tableau annexé à la présente loi, qui peut être modifiée par décret du Chef du Gouvernement, sur proposition du Ministre des Corporations, ouï l'Assemblée générale du Conseil.

Les Sous-sections, dans les matières de leur compétence exclusive, ont les mêmes pouvoirs que les Sections, et peuvent fonctionner de façon distincte de celles-ci.

Si l'objet de la délibération est d'un intérêt commun à plusieurs des dites Sections ou Sous-sections, elles peuvent être convoquées conjointement, au nombre de deux ou davantage, comme Sections réunies.

Dans les cas prévus par le règlement, les Sections réunies peuvent être convoquées aussi avec la participation des seuls représentants des employeurs ou des travailleurs.

ART. 5. — Lorsque l'objet de la délibération intéresse toute l'organisation syndicale et corporative de l'État, et dans les cas explicitement prescrits par la présente loi, les Sections du Conseil sont convoquées en Assemblée générale.

Font partie de cette dernière, outre le Ministre des Corporations, le Ministre de l'Intérieur, le Ministre de l'Agriculture et des Forêts, le Secrétaire du Parti national fasciste, les Sous-Secrétaires d'État pour les Corporations et tous les représentants désignés, pour les Sections correspondantes, par les Confédérations syndicales des employeurs et des travailleurs.

Prennent part à l'assemblée des autres représentations permanentes dans les Sections:

a) pour la Confédération nationale des Syndicats fascistes des professions libérales et des arts, le Président de la Confédération et, respectivement, dix et quatre représentants des Syndicats nationaux de catégorie des professions libérales et des arts dans les Sous-sections des professions libérales et des arts, désignés par la Confédération susdite, de la façon établie par le règlement;

b) pour l'Institut national de la coopération (*Ente Nazionale della Cooperazione*), le Président de l'Institut et deux autres représentants désignés par l'Institut, parmi les personnes appartenant aux Sections.

Font en outre partie de l'Assemblée Générale:

1) les Vice-secrétaires et un membre du Directoire du Parti national fasciste, désigné par le Secrétaire du Parti;

2) les Directeurs généraux du Ministère des Corporations;

3) les Directeurs généraux du Ministère de l'Agriculture et des Forêts;

4) le Président de l'« *Opera nazionale del Dopolavoro* » (*Institut national des loisirs ouvriers*);

5) le Président du Patronat national pour l'assistance sociale;

6) le Président de l'Association des mutilés et des invalides de guerre;

7) le Président de l'Association nationale des combattants;

8) un représentant de l'Association nationale fasciste de l'emploi public;

9) deux représentants des autres associations autorisées en conformité de l'article 92 du décret-royal du 1er juillet 1926 n. 1130, désignés de concert par les associations intéressées ou, à défaut, par le Ministre des Corporations;

10) dix personnes particulièrement compétentes dans les questions d'organisation syndicale, de droit et d'économie corporative et dans d'autres activités et branches techniques et juridiques intéressant la production, désignées par le Ministre des Corporations.

Il peut être apporté par décret royal rendu sur l'initiative du Chef du Gouvernement et après délibération du Conseil des Ministres, des variantes et des adjonctions à la liste des membres de droit indiqués dans le précédent alinéa.

ART. 6. — Des Commissions spéciales permanentes, composée de personnes appartenant à l'assemblée générale peuvent être instituées au sein du Conseil national par Décret du Chef du Gouvernement, sur proposition du Ministre des Corporations, pour l'étude des différentes matière de caractère général et d'ordre surtout tecnique, à l'exclusion, de toutes façons, des matières indiquées dans les articles 11 et 12 suivant.

ART. 7. — L'Assemblée générale peut toujours être appelée à se prononcer sur les matières déjà soumises à l'avis des Sections et des Commissions permanentes.

Les règles formées et les accords ratifiés par les Sections en conformité de l'article 12 sont communiqués, avant toute autre mesure, à l'Assemblée générale, qui peut faire les observations, de forme et de fond, qu'elle juge opportunes.

DÉSIGNATION ET NOMINATION DES MEMBRES DU CONSEIL NATIONAL DES CORPORATIONS.

ART. 8. — La désignation des représentants au Conseil national des Corporations, de la part des organisations syndicales et des autres associations et organisations indiquées à l'article 5 et dans le tableau annexé à la présente loi, est faite par les organes collégiaux, de degré supérieur, constitués et convoqués aux termes des statuts, ou par qui en exerce légitimement les pouvoirs aux termes desdits statuts.

La qualité de membre du Conseil national des Corporations est reconnue par décret royal sur proposition du Chef du Gouvernement. Elle est révoquée eu suivant la même procédure, dans les cas prévus par la présente loi et par le règlement.

Au moment de prendre possession de leur charge, les membres du Conseil national des Corporations prêtent serment dans les formes établies par le règlement.

Les membres du Conseil national des Corporations qui ne le sont pas de droit à raison de leurs fonctions, restent en charge trois années et peuvent être confirmés.

ART. 9. — Pour être désigné comme membre du Conseil national des Corporations, en conformité du premier alinéa de l'article précédent, il est nécessaire de remplir toutes les conditions fixées par la loi électorale politique pour être éligible comme député.

Si une des conditions indiquées dans l'alinéa précédent vient à manquer, cette circonstance a pour conséquence la révocation du mandat.

ATTRIBUTIONS DU CONSEIL NATIONAL DES CORPORATIONS.

ART. 10. — Le Conseil national des Corporations est appelé à donner son avis sur les matières particulières suivantes:

1) mise à exécution et mise au point des principes contenus dans la Charte du Travail, selon les développements du système corporatif et les exigences de la production nationale;

2) propositions de lois et établissement de règles en conformité de la loi du 31 janvier 1926, n. 100, lorsqu'elles ont pour objet la réglementation de la production et du travail;

3) protection des intérêts de catégorie de la part des associations syndicales et exercice des fonctions d'intérêt public qui leur sont déléguées par l'Etat en conformité de la IIIème déclaration de la Charte du Travail;

4) activité des associations syndicales en matière d'assistance, dans le sens de l'article 4, dernier alinéa, de la loi du 3 avril 1926, n. 563, et de la VIIIème déclaration de la Charte du Travail, exercée directement ou par l'entremise d'institutions qui agissent sous leur vigilance et leur contrôle, eu particulièrement égard à l'application des principes contenus dans la législation syndicale et la Charte du Travail concernant l'initiative privée et la liberté de gestion des entreprises;

5) activité des institutions et organes corporatifs aux fins de l'accroissement, de la coordination et du perfectionnement de la production, de la culture et de l'art de la nation, dans le sens de l'article 44, lettre b) du décret royal du 1er juillet 1926, n. 1130, et des VIème et VIIIème déclarations de la Charte du Travail;

3) rapports entre les différentes associations syndicales, leurs institutions complémentaires, les organes et instituts corporatifs dans l'exercice des activitées indiquées dans le paragraphe précédent;

7) coordination de l'activité en matière d'assistance déléguée aux associations syndicales avec celle des institutions nationales d'assistance (*Opere nazionali*), en conformité de l'article 19 du décret royal du 1er juillet 1926, n. 1130, et avec celle des autres institutions d'assistance (*Opere assistenziali*), créées ou développées par des organes placés sous le contrôle de l'Etat (*Enti parastatali*), par le Parti national fasciste ou par des particuliers;

8) questions relative à l'encadrement syndical des différentes catégories professionnelles;

9) reconnaissance des associations syndicales en conformité de l'article 4 de la loi du 3 avril 1926, n. 563; révocation de la reconnaissance dans le sens de l'article 9 de ladite loi et révocation de la délégation accordée par les décrets de reconnaissance aux associations syndicales de degré supérieur pour l'exercice de la vigilance et de la protection sur les associations de degré inférieur, en conformité du premier alinéa de l'article 37 du décret royal du 1er juillet 1926, n. 1130;

10) autorisation à la reconnaissance de Confédérations nationales autres que celles qui sont prévues par l'article 41 du décret royal du 1er juillet 1926, n. 1130;

11) recours présentés en dernière instance au Ministère, en conformité de l'article 9 du décret royal du 1er juillet 1926, n. 1130, contre le refus d'admettre une association légalement reconnue ou contre l'expulsion ou toute autre forme d'exclusion de cette dernière, et recours contre le refus d'admettre une association de degré inférieur dans une association de degré sypérieur ou contre l'exclusion d'une association de degré inférieur hors d'une association de degré supérieur, dans le sens de l'article 33 du décret royal cité plus haut;

12) directives pour l'établissement des budgets des assocations syndicales;

13) coordination régionale et nationale du placement des travailleurs dans le sens de l'article 8 du décret royal du 29 mars 1928, n. 1003, pour les buts communs à différentes catégories d'activité, et en lieu et place des corporations non constituées;

14) constitution des différentes corporations dans le sens de l'article 42 du décret royal du 1er juillet 1926, n. 1130;

15) propagande scientifique et populaire des principes qui inspirent l'organisation corporative;

16) réglementation des contributions syndicales.

En général, le Conseil national des Corporations peut être appelé à donner son avis sur n'importe quelle question qui intéresse la production nationale. L'avis du Conseil national des Corporations ne peut cependant pas remplacer celui des autres organes consultatifs de l'Etat, normalement compétents, lorsque ce dernier avis est obligatoire en conformité de la loi.

L'avis du Conseil national des Corporations doit être obligatoirement demandé:

a) dans les matières indiquées au paragraphe 9, en lieu et place de l'avis du Conseil d'Etat prescrit par les dispositions de la loi qui y sont rappelées et qui, par là, sont dorénavant modifiées dans ce sens;

b) dans les matières indiquées au § 10;

c) dans les matières indiquées au § 11, lorsqu'il s'agit de recours contre les refus d'admission ou contre les exclusions d'associations de degré inférieur, par rapport à celles de degré supérieur;

d) dans les matières indiquées au § 14.

Dans ces cas, l'avis est toujours exprimé par l'Assemblée générale.

ART. 11. — Les associations syndicales de catégories, sur autorisation, en conformité de leurs statuts, des Fédérations ou Confédérations auxquelles elles adhèrent, peuvent, lorsque les lois en vigueur n'en disposent pas autrement, demander au Conseil national des Corporations la faculté de déterminer les tarifs pour les services professionnels des personnes qu'elles représentent et d'édicter des règlements professionnels ayant caractère obligatoire pour toutes les personnes appartenant à la même catégorie.

Cette faculté est conférée par le Conseil national des Corporations réuni en Assemblée générale, sur proposition de la Section ou de la Sous-section compétentes.

Les tarifs et les règlements autorisés de la façon susdite sont soumis à la ratification du Ministre des Corporations, et deviennent exécutoires par leur publication dans le *Gazzetta Ufficiale* du Royaume et dans le *Bollettino Ufficiale* du Ministère des Corporations, effectuée sur requête des associations intéressées.

ART. 12. — Le Conseil national des Corporations, a, en outre, les fonctions suivantes:

1) formation de règles pour la coordination de l'activité en matière d'assistance, exercée par les associations syndicales légalement reconnues, par des institutions complémentaires et par des institutions corporatives;

2) formation de règles pour la coordination des différentes réglementations des rapports de travail, établies par des contrats collectifs ou d'après les autres modes déclarés équivalents dans le sens de la loi du 3 avril 1926, n. 563, et pour la coordination de toute autre activité des corporations en matière de formation de règles;

3) formation de règles à appliquer aux rapports économiques collectifs entre les différentes catégories de la production représentées par des associations syndicales légalement reconnues.

L'exercice des fonctions indiquées aux paragraphes 1 et 2 est conféré, dans chaque cas particulier, au Conseil par le Chef du Gouvernement sur proposition du Ministre des Corporations, et celui des fonctions indiquées au § 3 est conféré au Conseil par les associations interessées, après avoir obtenu les autorisations nécessaires en conformité des Statuts, de concert avec le Chef du Gouvernement et avec son consentement.

Les associations, dans les modes susindiqués, peuvent également demander au Conseil la ratification des accords intervenus entre elles sur les objets indiqués dans le premier alinéa du présent article. Dans ce cas, le Conseil a la faculté de subordonner la concession de sa ratification à l'acceptation des modifications qu'il estime nécessaire.

Les règles formées et les accords ratifiés par le Conseil, en conformité des dispositions précédentes deviennent obligatoires à l'égard des associations et de chaque personne représentée des catégories auxquelles elles s'appliquent, par dérogation aux dispositions de l'art. 22, premier alinéa, du décret royal du 1er août 1926, n. 1130, et avec les effets prévus par l'article 10, quatrième alinéa, de la loi du 3 avril 1926 n. 5663, et par l'article 55 du décret royal cité ci-dessus, dès que l'une et les autres auront été publiés dans la *Gazzetta Ufficiale* du Royaume et dans le *Bollettino Ufficiale* du Ministère des Corporations.

La publication peut être interdite par mesure sans appel du Chef du Gouvernement.

Les différends relatifs à l'application des dites règles sont de compétence de la Magistrature du Travail, en conformité des dispositions de la loi du 3 avril 1926, n. 563 et du Décret royal du 1er juillet 1926, n. 1130.

ART. 13. — Par décret du Chef du Gouvernement, rendu sur proposition du Ministre des Corporations, peuvent être conférés aux différentes Sections et Sous-sections du Conseil les attributions et les pouvoirs propres des Corporations prises en considération par l'art. 3 de la loi du 3 avril 1926, n. 563, à l'égard de la branche de production correspondante ou des catégories d'entreprises qui y appartiennent, exception faite, de toutes façons, pour les catégories d'entreprises pour lesquelles la corporation a déjà été constituée.

Dans ce cas cependant, les fonctions de conciliation, envisagées par l'art. 17, premier alinéa, de la loi du 3 avril 1926, n. 563, et par l'article 44, lettre *a*) du décret royal du 1er juillet 1926, n. 1130, sont réservées au Ministère des Corporations, qui les exerce de la façon établie par l'article 19 suivant.

ART. 14. — Les Sections et les Sous-sections du Conseil exercent, de toutes façons, des fonctions de liaison à l'égard des corporations instituées pour les diverses catégories d'entreprises de la branche de production correspondante.

Ces fonctions et la manière de les exercer sont déterminées par décret du Chef du Gouvernement.

DU COMITÉ CORPORATIF CENTRAL.

ART. 15. — Le Comité corporatif central est institué au sein du Conseil national des Corporations.

Le Comité corporatif central a pour mission de coordonner l'activité du Conseil, de remplacer, dans l'intervalle qui sépare ses réunions, l'Assemblée générale, pour toutes les délibérations d'urgence, à l'exception, de toutes façons, de celles qui sont envisagées par l'art. 12, et de donner des avis sur les questions concernant l'orientation politique de l'action syndicale par rapport aux problèmes nationaux de la production et aux buts moraux de l'organisation corporative.

ART. 16. — Font partie du Comité corporatif central, outre le Ministre des Corporations, le Ministre de l'Intérieur, le Ministre de l'Agriculture et des Forêts, le Secrétaire du Parti national fasciste, les Sous-secrétaires d'Etat aux Corporations, les présidents des Confédérations nationales des employeurs, des travailleurs et des personnes exerçant une profession libérale ou un art, le président de l'Institut national de la coopération, le Patronat national d'assistance sociale et le secrétaire général du Conseil national des Corporations.

DISPOSITIONS GÉNÉRALES.

ART. 17. — Les Ministres et les Sous-secrétaires d'Etat des Dicastères intéressés à l'objet des discussions ont la faculté de participer, avec l'autorisation du Chef du Gouvernement, aux réunions des différents organes du Conseil. Les Directeurs généraux desdits Dicastères peuvent aussi y être appelés, par une mesure du président.

Des conseillers techniques et les représentants des associations syndicales de catégorie peuvent aussi être appelés au sein du Conseil, dans les formes et pour les buts établis par le règlement.

ART. 18. — Le Chef du Gouvernement peut inviter les représentants d'organisations permanentes internationales auxquelles l'Italie prend part par des délégations nommées ou autorisées par le Gouvernement du Roi, à assister aux séances des différentes séances du Conseil en qualité d'observateurs.

ART. 19. — Les fonctions de conciliation des différends en matière syndicale, déléguées aux Corporations en conformité de l'article 17, premier alinéa, de la loi du 3 avril 1926, n. 563, et de l'article 44 du décret royal du 1er juillet 1926, n. 1130, sont exercées directement par le Ministère des Corporations, lorsque les dites corporations ne sont pas constituées.

La tentative de conciliation à effectuer auprès du Ministère, après celle qui a été effectuée par les Confédérations syndicales compétentes est, dans le cas susdit, obligatoire pour les effets prévus par l'article 17 rappelé cidessus.

ART. 20. — Le Gouvernement du Roi est autorisé à prendre, par décret royal, toutes les dispositions nécessaires pour l'application de la présente loi, sa coordination avec les autres lois de l'Etat et l'organisation des services du Conseil.

TABLEAU CONTENANT LA COMPOSITION DES SECTIONS DU CONSEIL NATIONAL DES CORPORATIONS.

I.

SECTION DES PROFESSIONS LIBÉRALES ET DES ARTS.

A) Sous-section des professions libérales.

Désignés par la Confédération nationale des Syndicats fascistes des personnes exerçant une profession libérale et des artistes.

1. — Le Président de la Confédération nationale des Syndicats fascistes des personnes exerçant une profession libérale et des artistes.
2. — Un représentant du Syndicat national fasciste des avocats et des avoués (*procuratori*).
3. — Un représentant du Syndicat national fasciste des docteurs ès sciences économiques et des docteurs ès sciences sociales.
4. — Un représentant du Syndicat national fasciste des comptables diplômés (*ragionieri*).
5. — Un représentant du Syndicat national fasciste des ingénieurs.
6. — Un représentant du Syndicat national fasciste des architectes.
7. — Un représentant du Syndicat national fasciste des chimistes.
8. — Un représentant du Syndicat national fasciste des géomètres.
9. — Un représentant du Syndicat national fasciste des experts.
10. — Un représentant du Syndicat national fasciste des médecins.
11. — Un représentant du Syndicat national fasciste des vétérinaires.
12. — Un représentant du Syndicat national fasciste des pharmaciens.
13. — Un représentant du Syndicat national fasciste des notaires.
14. — Un représentant du Syndicat national fasciste des journalistes.
15. — Un représentant du Syndicat national fasciste des sages-femmes.

B) Sous-section des arts.

Désignés par la Confédération nationale des Syndicats fascistes des personnes exerçant une profession libérale et des artistes.

1. — Le Président de la Confédération nationale des Syndicats fascistes des personnes exerçant une profession libérale et des artistes.
2. — Un représentant du Syndicat national fasciste des auteurs et écrivains.
3. — Un représentant du Syndicat national fasciste des beaux-arts.
4. — Un représentant du Syndicat national fasciste des musiciens.
5. — Un représentant du Syndicat national fasciste des architectes.
6. — Un représentant du Syndicat national fasciste des journalistes.

N. B. — Le représentant du Syndicat national fasciste des journalistes, dans la Sous-section des arts, est choisi parmi les journalistes qui exercent leur profession sous l'aspect particulier du journalisme artistique et littéraire.

7. — Un représentant de l'Association nationale fasciste des éditeurs de journaux.

8. — Un représentant de la Fédération nationale fasciste du théâtre, du cinématographe et des branches connexes.

9. — Un représentant de la Fédération autonome fasciste des Communautés artisanes d'Italie, désigné par la Fédération.

II.

SECTION DE L'INDUSTRIE ET DE L'ARTISANAT.

A) SOUS-SECTION DE L'INDUSTRIE.

a) Le Président de la Confédération générale fasciste de l'industrie italienne.

b) Sept représentants désignés par la Confédération générale fasciste de l'industrie italienne, dont deux représentants des dirigeants d'entreprises.

c) Le Président de la Confédération nationale des Syndicats fascistes de l'industrie.

d) Sept représentants des employés et des ouvriers de l'industrie, désignés par la Confédération nationale des Syndicats fascistes de l'industrie, dont deux représentants des employés.

e) Deux représentants de l'Institut national de la Coopération (*Ente nazionale della Cooperazione*), désignés par le dit Institut.

B) SOUS-SECTION DE L'ARTISANAT.

a) Le Président de la Fédération autonome fasciste des communautés artisanes d'Italie.

b) Deux représentants de la Fédération autonome fasciste des communautés artisanes d'Italie, désignés par la Fédération.

c) Le Président de la Confédération nationale des Syndicats fascistes de l'industrie.

d) Deux représentants de la Confédération nationale des Syndicats fascistes de l'industrie, désignés par le Confédération, parmi les représentants désignés pour la Sous-section de l'industrie.

III.

SECTION DE L'AGRICULTURE.

a) Le Président de la Confédération nationale fasciste des agriculteurs.

b) Sept représentants désignés par la Confédération nationale fasciste des agriculteurs, dont deux représentants des dirigeants d'entreprises.

c) Le Président de la Confédération nationale des Syndicats fascistes de l'agriculture.

d) Sept représentants des employés et des ouvriers de l'agriculture désignés par la Confédération nationale des Syndicats fascistes de l'agriculture, dont deux représentants des techniciens agricoles.

e) Deux représentants de l'Institut national de la Coopération (*Ente nazionale per la Cooperazione*), désignés par l'Institut.

IV.

SECTION DU COMMERCE.

a) Le Président de la Confédération nationale fasciste des commerçants.

b) Six représentants désignés par la Confédération nationale fasciste des commerçants, dont deux représentants des dirigeants d'entreprises.

c) Le Président de la Confédération nationale des Syndicats fascistes du commerce.

d) Six représentants des employés et des ouvriers du commerce, désignés par la Confédération nationale des Syndicats du commerce.

e) Deux représentants de l'Institut national pour la coopération (*Ente nazionale per la Cooperazione*), désigné par l'Institut.

V.

SECTION DES TRANSPORTS MARITIMES ET AÉRIENS.

A) SOUS-SECTION DES TRANSPORTS MARITIMES.

a) Le Président de la Confédération nationale fasciste des entreprises des transports maritimes et aériens.

b) Quatre représentants désignés par la Confédération nationale fasciste des entreprises des transports maritimes et aériens, dont un représentant des dirigeants d'entreprise.

c) Le Président de la Confédération nationale fasciste des gens de mer et du personnel des transports aériens.

d) Quatre représentants des gens de mer, désignés par la Confédération générale fasciste des gens de mer et du personnel des transports aériens, dont un des représentants des commandants et des directeurs de machine.

e) Un représentant de l'Institut national de la Coopération (*Ente nazionale della Cooperazione*), désigné par l'Institut.

B) SOUS-SECTION DES TRANSPORTS AÉRIENS.

a) Le Président de la Confédération nationale fasciste des entreprises des transports maritimes et aériens.

N B. — Le représentant de l'Institut national de la Coopération dans le Sous-section des transports aériens, peut être le même que celui qui est désigné pour la Sous-section des transports maritimes.

b) Trois représentants désignés par la Confédération nationale fasciste des entreprises de transports maritimes et aériens, dont un représentant des dirigeants d'exploitation.

c) Le Président de la Confédération nationale fasciste des gens de mer et des transports aériens.

d) Trois représentants du personnel des transports aériens désignés par la Confédération nationale fasciste des gens de mer et du personnel des transports aériens, dont un représentant des pilotes et officiers de route.

e) Un représentant de l'Institut national de la Coopération (*Ente nazionale della Cooperazione*), désigné par l'Institut.

VI.

SECTION DES TRANSPORTS TERRESTRES ET DE LA NAVIGATION INTÉRIEURE.

a) Le Président de la Confédération nationale fasciste des transports terrestres et de la navigation intérieure.

b) Quatre représentants désignés par la Confédération nationale fasciste des transports terrestres et de la navigation intérieure, dont un représentant des dirigeants d'entreprises.

c) Le Président de la Confédération nationale des Syndicats fascistes des transports terrestres et de la navigation intérieure.

d) Quatre représentants des employés et des ouvriers des transports terrestres et de la navigation intérieure, désignés par la Confédération nationale des Syndicats fascistes des transports terrestres et de la navigation intérieure.

e) Un représentant de l'Institut national de la Coopération (*Ente nazionale per la Cooperazione*), désigné par l'Institut.

VII.

SECTION DES BANQUES.

a) Le Président de la Confédération générale fasciste des Banques.

b) Quatre représentants désignés par la Confédération générale fasciste des Banques, dont un représentant des directeurs de banque.

c) Le Président de la Confédération nationale des Syndicats fascistes du personnel des Banques.

d) Quatre représentants des employés de banques, désignés par la Confédération nationale des Syndicats fascistes du personnel des Banques, dont un représentant des fonctionnaires.

CONTRAT COLLECTIF DE TRAVAIL POUR LES JOURNALISTES DIRECTEURS ADMINISTRATIFS OU ADMINISTRATEURS DE JOURNAUX

ART. 1.er — Les rapports de travail entre éditeurs de journaux quotidiens et journalistes Directeurs administratifs ou Administrateurs, sont réglés par le présent contrat collectif de travail.

ART. 2. — Dans la hiérarchie de l'entreprise journalistique, le Directeur administratif ou l'Administrateur, pour ce qui concerne ses fonctions, est placé sur le même pied que le Directeur politique. Le Directeur administratif ou l'Administrateur dépend exclusivement et directement du propriétaire du journal ou du représentant légal de la propriété (Conseil d'administration, Présidence, Gérance, Administrateur délégué).

ART. 3. — Ne sont pas admis les contrats ou conventions spéciaux ou à terme qui établissent des conditions inférieures à celles qui sont prévues dans la présente convention. Même dans les contrats spéciaux ou à terme, l'indemnité à verser au moment de la résiliation du contrat (renvoi, échéance ou terme du contrat, mort), ne pourra en aucun cas être inférieure à celle établie par l'article 12.

ART. 4. — Aux effets de la présente Convention sont journalistes Directeurs administratifs ou Administrateurs ceux qui, depuis 18 mois au moins, sont Directeurs Administratifs ou Administrateurs de journaux quotidiens.

ART. 5. — Au moment de son engagement en service, le Directeur administratif ou l'Administrateur pourra être assujetti à une période d'essai de six mois qui devra être convenue par écrit. Pendant la dite période, le rapport de droit pourra être résolu par chacune des parties sans avis préalable et sans indemnité.

ART. 6. — En cas de rappel sous les armes ou au service de la Milice volontaire pour la sûreté nationale, la place devra être gardée et le paiement des appointements continué.

ART. 7. — En cas de maladie reconnue, le Directeur administratif ou l'Administrateur continuera à percevoir ses appointements initiaux pendant les trois premiers mois, et la moitié de ses appointements pendant les trois mois successifs. La période de six mois écoulée à partir du début de la maladie, l'éditeur a la faculté de résilier le contrat en versant l'indemnité dont il est question à l'article 12. Les indemnités pour les accidents de travail ou à cause ou à l'occasion du service, sont réglées par les dispositions de la loi.

ART. 8. — Sauf ce qui est établi aux articles 13, 14 et 15, le Directeur administratif ou l'Administrateur, en cas de démission, devra donner un préavis d'au moins trois mois.

ART. 9. — Le Directeur administratif ou l'Administrateur, même s'il est engagé par contrat spécial, a droit aux appointements doubles pour le mois de décembre de chaque année et outre les jours fériés établis par la loi, à un mois de vacances par an, à prendre de préférence dans la période entre juin et septembre, selon les exigences du journal. Les engagés récents et ceux qui cessent d'appartenir au journal auront droit seulement à autant de douzièmes de la treizième mensualité qu'ils ont de mois de service.

Art. 10. — Les Directeurs Administratifs ou les Administrateurs ont droit, à titre d'ancienneté, à trois augmentations quinquennales (y compris celles perçues au même titre depuis le 1er janvier 1923 jusqu'au 1er janvier 1928) des appointements annuels, égales au dernier mois des appointements eux-mêmes. Cela, indépendamment des augmentations qui peuvent leur être accordées pour attributions, fonctions et mérites spéciaux. La dernière augmentation quinquennale aux ayants droit, ne sera versé au-delà du 30 septembre 1940. Les Directeurs Administratifs ou les Administrateurs engagés après la date d'entrée en vigueur de la présente Convention, auront droit seulement aux augmentations ou à l'augmentation quinquennale qui viendront à échéance entre la date d'engagement et le 30 septembre 1940. La troisième augmentation quinquennale pour ceux qui ont déjà touché les augmentations précédentes de janvier 1923 et de janvier 1928, sera accordée en janvier 1933. La seconde augmentation pour ceux qui ont déjà touché la première en janvier 1928, sera accordée en janvier 1933.

Art. 11. — Le Directeur administratif ou l'Administrateur qui aura été engagé pour prêter ses services à un journal déterminé, ne pourra accepter d'autres emplois ou occupations, sans y être autorisé par le propriétaire du journal. Cette autorisation pourra être révoquée à quelque moment que ce soit, si, de l'avis du propriétaire, elle est reconnue nuisible pour le journal, particulièrement si elle est cause d'une diminution d'activité du Directeur administratif ou de l'Administrateur. De toute manière, le Directeur administratif ou l'Administrateur ne pourra pas assumer d'emplois qui puissent être en opposition avec les intérêts moraux et matériels du journal auquel il appartient.

Art. 12. — La résolution de la présente Convention, lorsqu'elle n'a pas lieu à la suite de démission (sauf ce qui est établi aux articles 13, 14, 15) ou par faute du Directeur administratif ou de l'Administrateur, est réglée par les dispositions suivantes. Il sera payé trois mensualités, si la cessation du rapport de travail a lieu six mois après la date d'engagement; six mensualités si la cessation a lieu après un an; neuf mensualités si la résolution du rapport de travail intervient après 18 mois et douze mensualités si la résolution du rapport a lieu après deux ans.

Outre l'indemnité fixe, prévue ci-dessus, il sera versé une indemnité mobile égale à un mois d'appointements pour chaque année ou fraction d'année (12 mois et non l'année nominale) de service prêté.

Les appointements de base de la liquidation sont les derniers perçus, constitués et augmentés – en tous cas – des compétences spéciales qui, étant perçues depuis au moins six mois consécutifs, sont une partie intégrante des appointements eux-mêmes, y compris aussi les participations qui seront calculées sur la moyenne des deux dernières années. La treizième mensualité prévue à l'article 9 sera exclue du calcul de la liquidation. L'impôt sur la richesse mobilière sera à la charge de l'éditeur.

L'indemnité devra être versée dans un délai n'excédant pas huit jours à partir de la date de la cessation du service.

Art. 13. — Le Directeur administratif ou l'Administrateur auquel serait créé, pour une raison quelconque, une situation morale évidemment incompatible avec sa dignité personnelle ou professionnelle, a le droit d'obtenir la résolution du contrat avec l'indemnité correspondante prévue à l'article 12, sans obligation du préavis dont il s'agit à l'article 8.

ART. 14. — Dans le cas de changement fondamental d'orientation politique du journal, le Directeur administratif ou l'Administrateur a droit à la résiliation du contrat, avec l'indemnité correspondante prévue à l'article 12, sans obligation du préavis dont il est parlé à l'article 8.

ART. 15. — Dans le cas de changement de propriétaire du journal, le Directeur administratif ou l'Administrateur conservera, vis-à-vis du nouveau propriétaire, tous ses droits acquis.

Dans le cas où le nouveau propriétaire se refuserait à reconnaître ces droits, le propriétaire précédent et le nouveau devront, solidairement, verser l'indemnité dont il est question à l'article 12.

Dans les six mois du changement de propriétaire, le Directeur administratif ou l'Administrateur a droit à la résiliation du contrat de travail et à l'indemnité prévue à l'article 12, s'il le demande avec un préavis d'un mois.

Dans les entreprises journalistiques exercées par des Sociétés commerciales, sera considéré comme un changement de propriétaire même le seul passage de la propriété de la majorité du capital.

ART. 16. — Dans le cas où le journal cesserait de paraître le Directeur administratif ou l'Administrateur a droit aux indemnités prévues à l'article 12.

ART. 17. — Le contrat peut être résilié aussi sur demande du Directeur administratif ou de l'Administrateur, lorsqu'il a atteint 60 ans, ou bien 35 ans d'exercice professionnel. Dans ce cas, le Directeur-Administratif ou l'Administrateur a droit à l'indemnité de renvoi dont il est question à l'article 12, sans aucune autre compensation à charge de l'éditeur.

ART. 18. — Dans le cas de décès du Directeur administratif ou de l'Administrateur, l'éditeur du journal est tenu à verser aux héritiers légitimes, jusqu'au quatrième degré, ou bien aux héritiers testamentaires, une indemnité égale à celle de renvoi qui reviendrait au journaliste au jour du décès, prévue à l'article 12. Dans le cas où l'éditeur du journal aurait déjà pourvu, à ses propres frais, à l'assurance du Directeur administratif ou de l'Administrateur, l'éditeur versera aux ayants droits mentionnés ci-dessus la différence éventuelle entre le montant de l'assurance et l'indemnité prévue à l'article 12.

ART. 19. — L'*Association nationale fasciste des Éditeurs de journaux* s'engage d'ici un an, à dater de ce jour, à établir de concert avec le *Groupe des Directeurs administratifs ou Administrateurs*, un projet de prévoyance.

La contribution qui incombe aux éditeurs de journaux dans ce but sera de 2 % sur les appointements mensuels globaux du Directeur administratif ou de l'Administrateur, de quelque manière qu'ils soient constitués, à partir du 1ᵉʳ octobre 1925.

ART. 20. — Lorsque le Directeur administratif ou l'Administrateur aura atteint 60 ans ou bien 35 ans d'exercice professionnel, il aura droit à une retraite versée par l'institution de prévoyance dont il est question à l'article précédent, même s'il continue à prêter service. S'il survenait des dispositions législatives en matière de prévoyance applicables aussi aux Directeurs administratifs ou aux Administrateurs, celles-ci absorberont ce qui forme l'objet de la présente Convention.

Resteront inchangées les situations meilleures créées par les coutumes dans les différentes entreprises; mais le cumul des nouvelles avec les anciennes formes de prévoyance est exclu.

Art. 21. — Jusqu'au 1er octobre 1928, en rapport aux dispositions du décret royal du 28 février 1928, n. 471, tous les différends sur l'interprétation et sur l'exécution de la présente Convention continueront à être résolus par un Collège de Prud'hommes, composé de trois membres désignés par le Groupe des Directeurs administratifs ou des Administrateurs, de trois membres nommés par l'Association nationale fasciste des Éditeurs de journaux, et présidé par un président nommé par les six membres dont il est question ci-dessus. Ce Collège jugera sans appel selon les dispositions du Règlement annexé.

Art. 22. — Le présent contrat collectif de travail, qui annulle la Convention du 14 avril 1927, aura application à partir de cette date. Il sera déposé et appliqué aux termes de la loi et aura son échéance le 30 juin 1931. Il sera retenu renouvellé d'année en année, lorsqu'il n'aura pas été dénoncé par une des deux parties au moins six mois avant l'échéance.

RÈGLEMENT POUR LE COLLÈGE DES PRUD'HOMMES, ANNEXÉ AU CONTRAT COLLECTIF DE TRAVAIL DES JOURNALISTES, DIRECTEURS ADMINISTRATIFS OU ADMINISTRATEURS DE JOURNAUX

Art. 1.er — La partie qui recourt au Collège des Prud'hommes doit présenter l'instance motivée, en double original et deux copies, accompagnée des documents et éventuellement d'un mémoire par écrit, en chapitres distincts, sur les faits sur lesquels elle demande la preuve par témoins et par interrogatoires.

Le Président du Collège pourvoit à communiquer à la partie contraire le double de l'instance pour la réponse à produire dans les 15 jours de la date de la communication présidentielle, en deux originaux et autant de copies, comme il est dit ci-dessus, avec les documents et éventuellement les mémoires écrits sur les chapitres de preuve, et par témoins et interrogatoire.

Les parties peuvent examiner les actes et les documents au siège du Collège.

Le terme susdit de 15 jours échu, aucune nouvelle instance, mémoire ou preuve n'est admise, sauf s'il y a une autorisation du Collège ou une demande de celui-ci.

L'arrêt qui admet les preuves établit les délais et les jours pour l'administration des preuves et pour l'échange entre les deux parties des listes de leurs témoins respectifs.

Les témoins sont appelés à comparaître devant le Collège sur invitation du président, notifiée par lettre recommandée, au moins cinq jours avant. Ils prêteront serment et signeront le procès-verbal de leurs dépositions. La partie à interroger est aussi appelée devant le Collège, sur invitation du Président, notifiée comme il est dit ci-dessus. Elle aussi signe le procès-verbal de ses réponses.

Art. 2. — Le Collège dans sa sentence décidera à la charge de laquelle des deux parties et dans quelle mesure doivent être établis les frais du jugement.

Art. 3. — Les parties peuvent se faire représenter au jugement par une tierce personne, munie de mandat sur papier libre.

Art. 4. — A peine la décision sera prononcée, la sentence sera communiquée aux parties, par les soins du Président, par lettre recommandée, avec l'avis que dans les 5 jours, la sentence sera déposée aux termes de la loi, sauf requête contraire écrite des parties parvenue au Président du Collège dans les cinq jours susdits.

16.

CONTRAT NATIONAL DE TRAVAIL POUR LES OU-VRIERS EMPLOYÉS DANS LES IMPRIMERIES DES JOURNAUX QUOTIDIENS.

APPLICATION DU CONTRAT.

ART. 1.er — Le présent contrat national est applicable aux ouvriers des catégories indiquées ci-dessous, occupés dans les imprimeries des journaux quotidiens, représentés légalement par l'*Associazione Nazionale Fascista Editori Giornali*, étant entendu que lesdits journaux comprennent ceux qui sont imprimés au moins six fois par semaine: metteurs en page, compositeurs à la main, compositeur à la publicité, opérateurs à la machine à composer, imprimeurs, galvanotypistes, stéréotypistes et photograveurs. Il s'applique en outre, avec les règles annexées au présent contrat, aux expéditeurs et auxiliaires qui sont engagés par l'administration, pour prêter normalement leurs services pendant un horaire supérieur à cinq heures.

Les entreprises d'édition des journaux périodiques représentés légalement par l'Association susdite, appliqueront, en ce qui concerne les ouvriers employés à l'impression des périodiques, les contrats qui, par ailleurs, seront stipulés par les organisations compétentes.

VALIDITÉ ET DURÉE.

ART. 2. — Le présent contrat est valable pour tout le territoire du Royaume d'Italie, à partir du jour de sa stipulation et il a la durée de cinq années.

Dans le cas où il ne serait pas dénoncé par l'une des parties, par lettre recommandée, au moins six mois avant son expiration, il sera considéré comme renouvelé pour une période de temps égale.

ENGAGEMENT.

ART. 3. — Les parties s'en remettent à ce qui est prévu par les dispositions de la loi et du règlement sur la réglementation nationale de la demande et de l'offre de travail.

ART. 4. — L'engagement des femmes et des enfants est régi par les dispositions de la loi. En outre, les garçons d'un âge inférieur à 18 ans et les femmes ne pourront pas être engagés en qualité de lynotypistes, compositeurs à la main, stéréotypistes et imprimeurs.

ART. 5. — Au moment de l'engagement, l'ouvrier devra présenter les documents suivants:

a) carte d'identité;

b) livret de travail;

c) documents relatifs à l'assurance sociale obligatoire, ou documents équivalents.

PÉRIODE D'ESSAI.

ART. 6. — L'ouvrier nouvellement engagé est soumis à une période d'essai de quatres semaines, pendant laquelle le droit à la résiliation du rapport de travail est réciproque, moyennant préavis de trois jours.

En cas de confirmation, le travail accompli pendant la période d'essai est compté aux effets de l'ancienneté.

HIÉRARCHIE ET DISCIPLINE.

ART. 7. — Tous les ouvriers, sans exception, dans les rapports concernant le service, dépendent de leurs chefs respectifs, selon l'ordre hiérarchique.

Chacun doit entretenir des rapports de subordination et de déférence envers ses supérieurs, mêmes non directs, et d'urbanité envers ses collègues et ses dépendants.

ART. 8. — Les ouvriers, de tous grades ou catégories, sont tenus outre à observer le présent contrat, tout particulièrement à exécuter avec la plus grande diligence les tâches qui leur sont confiées, en assumant la responsabilité et en s'en tenant scrupuleusement aux instructions reçues.

Toute infraction à la discipline, propre à troubler la marche normale de l'établissement, sera punie:

a) de l'amende;

b) de la suspension du travail jusqu'au maximum de deux jours;

c) du renvoi en cours de semaine;

Le montant d'une amende ne pourra jamais dépasser quatre heures de paie.

La direction administrative, selon la gravité de la faute, pourra infliger l'amende ou la suspension à l'ouvrier:

a) qui abandonne son poste de travail sans motif justifié;

b) qui n'exécute pas son travail selon les instructions reçues;

c) qui, par inadvertence, gâte le matériel ou commet fréquemment de graves erreurs d'impression;

d) qui introduit dans l'établissement des boissons alcooliques ou qui fume sans l'autorisation de la direction administrative;

e) qui se présente au travail en état d'ivresse;

f) qui retarde dans le commencement du travail, le suspend, ou en avance la cessation;

g) qui, d'une façon quelconque, transgresse à l'observation du règlement.

Pourront être renvoyé en cours de semaine, avec cessation immédiate du travail et de la paie et sans indemnité, les personnes qui se rendent coupables de:

a) insubordination;

b) vol et dommages volontaires au matériel;

c) rixes dans l'établissement;

d) détournement de dessins, d'outils, de matériel et de ce qui appartient à l'établissement;

e) composition, impression, gravure, stéréotypie pour leur propre compte ou pour le compte de tiers, dans ou en dehors de l'établissement;

f) récidive de l'une quelconque des fautes déjà punies par l'amende ou par la suspension, lorsque la suspension est déjà intervenue dans les six mois précédents;

g) faire des collectes, recueillir des signatures, vendre ou distribuer des imprimés ou autres objets, sans l'autorisation préalable de la direction administrative;

h) faute grave qui porte un sérieux préjudice à la discipline, à la morale ou à la sécurité de l'établissement.

ART. 9. — Les retenues pour remboursements de dommages seront fixées par la direction administrative, en rapport au dommage causé.

Le produit des amendes, qui ne représentent pas un remboursement de dommages, devra être versé à la Caisse-maladies.

ABSENCES.

ART. 10. — Toutes les absences doivent être justifiées et donnent lieu à une retenue de paie correspondante.

Toute absence non justifiée, ou non autorisée par la direction administrative, sera punie d'une amende de 25 à 50 % du produit des heures d'absence pour la paie journalière.

Les justifications doivent être présentées le matin qui suit le premier jour d'absence.

Pourra être renvoyé pour absence l'ouvrier qui, sans justification, aura manqué trois jours de suite, ou trois fois en une année les jours qui suivent les jours fériés.

En cas de maladie, l'ouvrier est tenu d'avertir la direction administrative, le second jour de l'absence.

La direction a le droit de faire constater la maladie par son propre médecin.

L'ouvrier absent pour rappel sous les armes et dans la Milice volontaire pour la sûreté nationale, permissions, maladies, etc., est tenu d'avertir la direction administrative de la reprise du travail, au moins autant de jours à l'avance que ceux du préavis que la direction doit donner à l'ouvrier qui l'a remplacé.

DURÉE ET HORAIRE DE TRAVAIL.

ART. 11. — La durée normale du travail pourra osciller, pour le travail de jour, entre 6 et 8 heures (pour les opérateurs à la machine à composer, entre 6 et 7 ½ heures) et, pour le travail mixte, entre 6 et 7 heures.

La durée normale du travail de nuit est de six heures, à l'exception des localités, établissements et catégories pour lesquels une durée inférieure est en vigueur, durée qui restera sans changement, de même que le salaire.

La durée du travail dans les limites susdites sera fixée par la direction administrative, avec caractère de continuité pour chaque catégorie d'ouvriers, en harmonie avec les exigences techniques.

L'horaire nocturne est continu, sauf exceptions particulières, qui pourront être stipulées entre les Associations syndicales compétentes.

Les parties fixeront, par province ou par région, l'heure limite de commencement et de fin du travail de jour, mixte ou de nuit, en accordant la réduction d'une heure lorsque l'on ne peut pas, en raison des exigences du travail, faire l'interruption nécessaire pour le déjeuner, sous réserve des dispositions de l'art. 8 de la loi du 10 juillet 1907, n. 818.

Dans les imprimeries des grands journaux quotidiens, la durée du travail ne pourra être élevée au delà de la durée normale actuelle pour les travaux qui ne sont pas inhérents aux publications de l'établissement, que de façon exceptionnelle.

PAIES.

ART. 12. — Les paies minima sont rapportée à six heures et, dans les tableaux à établir par province ou par région, elles seront fixées de la façon suivante:

Dans les établissements où l'horaire normal est actuellement de six heures, le minimum de paie est représenté par le minimum de paie actuel, y compris l'éventuelle cherté de vie. Dans les établissement, et pour les catégories pour lesquels la durée est de 7 ou 8 heures, le minimum de paie est représenté par le minimum de paie actuel, diminué respectivement d'un septième ou de deux huitièmes.

Les diminutions de salaire correspondant aux diminutions de durée du travail, ne pourront pas dépasser le 25 pour cent du montant de chaque heure de travail diminuée.

Cette règle s'applique également à la diminution d'horaire nocturne en conséquence de la fixation contractuelle de la durée à 6 heures.

Pour les augmentations de la durée du travail, l'augmentation proportionnelle du salaire est intégrale.

SUSPENSION DU TRAVAIL.

ART. 13. — En cas d'interruption du travail de brève durée, due à une cause de force majeure, on ne tiendra pas, dans le calcul de la paie, compte des interruptions elles-mêmes, lorsque, dans leur ensemble, ces dernières ne dépassent pas 30 minutes dans la journée.

Dans le cas d'interruptions d'une durée supérieure à 30 minutes, et qui n'ont pas pour conséquence un travail extraordinaire, il ne sera fait aucune retenue sur le salaire aux ouvriers.

TRAVAIL EXTRAORDINAIRE.

ART. 14. — On entend par travail extraordinaire, le travail exécuté au delà de la durée du travail établie par les termes de l'art. 11.

Le travail extraordinaire exécuté immédiatement avant ou après l'horaire normal ou pendant l'interruption de l'horaire pour le déjeuner, sera rétribué par une augmentation de 40 %, sous réserve des dispositions de l'art. 8 de la loi du 10 juillet 1907, n. 818.

Le travail extraordinaire qui n'est pas rattaché à l'horaire normal ainsi qu'il a été dit ci-dessus, sera rétribué par une augmentation de 80 %.

Dans le premier cas, la durée du travail extraordinaire est calculée de quart d'heure en quart d'heure. Dans le second cas, d'heure en heure avec minimum de deux heures et demie.

CATÉGORIES ET SOUS-CATÉGORIES.

ART. 15. — Les tableaux des minima de paie seront établis par province ou par région pour les catégories et sous-catégories suivantes:

Metteurs en pages. — Le metteur en pages est l'ouvrier qui met en pages le journal, sous la direction du rédacteur metteur en pages.

L'aide-metteur en pages est l'ouvrier compositeur qui est habituellement appelé à faire le travail de mise en page.

Compositeurs à la main. — Ce sont les ouvriers qui composent les titres et le texte, distribuent les pages, font les corrections à la main, et tiennent le matériel en ordre.

Compositeurs à la publicité. — Ce sont les ouvriers employés à la composition, à la mise en pages et à la distribution de la partie publicité du journal.

Opérateurs à la machine à composer. — Le chef de machine à composer, est l'ouvrier qui s'occupe de régler le fonctionnement de la machine à composer et compose lui-même dans les limites du possible.

L'aide-chef de machine à composer est l'ouvrier qui aide le chef de machine et, éventuellement, exécute le nettoyage de la machine.

L'opérateur à la machine à composer est l'ouvrier qui compose à la machine et qui s'occupe, si on le lui demande, dans les limites de l'horaire, du nettoyage de la machine.

Galvanotypistes. — Le galvanotypiste de 1ère catégorie est l'ouvrier qui exécute personnellement les travaux les plus délicats de la galvanoplastie et dirige les travaux.

Le galvanotypiste de 2ème catégorie est l'ouvrier qui travaille sous la direction du premier et qui doit, à l'occasion, le remplacer.

Le galvanotypiste de 3ème catégorie est l'ouvrier qui exécute les travaux plus simples et accessoires.

Stéréotypistes. — Idem.

Photograveurs. — Ouvriers employés aux travaux de photogravure.

Imprimeurs: Imprimeurs à la Duplex. — Le machiniste est l'ouvrier qui s'occupe de la mise en marche et du fonctionnement de la machine.

L'aide-machiniste est l'ouvrier qui aide le précédent.

Rotativistes. — Le machiniste de 1ère catégorie est l'ouvrier qui s'occupe de la mise en marche et du fonctionnement de la rotative.

Le machiniste de 2ème catégorie est l'ouvrier qui effectue l'application des clichés et qui contrôle constamment le fonctionnement des encreurs.

L'aide de 1ère catégorie est l'ouvrier qui s'occupe de l'application des bobines et du fonctionnement des plieuses.

L'aide de 2ème catégorie est l'ouvrier qui s'occupe du nettoyage de la machine, du graissage, etc.

L'aide de 3ème catégorie est l'ouvrier qui exécute le lavage des rouleaux, des feutres, etc.

Expéditeurs. — L'expéditeur de 1ère catégorie est l'ouvrier qui prépare l'expédition, là où il n'existe pas un employé qui s'en occupe.

L'expéditeur de 2ème catégorie est l'ouvrier qui exécute le travail matériel de l'expédition.

Auxiliaires. — Personnel de peine dans les divers département de l'établissement, et auquel appartient exclusivement le travail de nettoyage des locaux, le transport des matériaux et autre travaux de factage.

Il reste convenu que les ouvriers employés par la direction administrative à remplir les fonctions relatives à plusieurs sous catégories de la même catégorie, percevront la paie correspondant à la sous-catégorie dans laquelle rentre la fonction la plus élevée qu'ils sont appelés à remplir.

Le même critérium s'applique au cas où des compositeurs à la main sont employés par la direction administrative, également à la publicité ou vice-versa.

En outre, le même critérium s'applique dans le cas de metteurs en pages de petits journaux, employés par la direction administrative aux travaux de publicité pendant l'horaire actuellement en vigueur.

En cas d'exigences techniques de la part de l'établissement ou de manque momentané, le personnel de grade supérieur devra remplacer celui de grade inférieur.

APPEL, RAPPEL SOUS LES ARMES ET MALADIE.

ART. 16. — L'ouvrier rappelé sous les armes ou au service de la Milice volontaire pour la sûreté nationale, aura droit à la conservation de sa place et la période qu'il passera sous les armes sera comptée aux effets de l'ancienneté. Le traitement économique des rappelés en service dans la Milice volontaire pour la sûreté nationale sera celui qui est fixé par les instructions émanées en la matière par les hiérarchies supérieures.

L'ouvrier appelé aux armes pour obligation de conscription aura droit de précédence dans les engagements éventuels de personnel. Dans ce cas, on lui comptera comme ancienneté le temps qu'il a passé sous les armes.

En cas de maladie contrôlée, on gardera à l'ouvrier sa place pendant une période de six mois.

TRANSFERT DE L'ÉTABLISSEMENT.

ART. 17. — Le transfert d'établissement est réglementé par les dispositions de la déclaration XVIII de la Charte du Travail.

VACANCES.

ART. 18. — Il sera accordé à l'ouvrier, chaque année, 12 jours de travail de vacances payées.

Auront droit aux vacances, les ouvriers qui, au 30 octobre, ont une ancienneté d'au moins douze mois consécutifs dans la maison où ils sont occupés.

Aux ouvriers qui, à ladite date, auront une ancienneté consécutive dans la maison où ils sont occupés, supérieure à six mois et inférieure à douze mois il sera accordé six jours de vacances payées.

L'époque des vacances sera établie par la direction [administrative, selon les exigences du travail et de préférence dans la période du 1er mai au 31 octobre.

RENVOI ET DÉMISSION.

Art. 19. — Le renvoi de l'ouvrier ou sa démission pourront avoir lieu en un jour quelconque de la semaine de travail, moyennant préavis de deux semaines, sous réserve des cas prévus à l'article 8.

La direction administrative a toutefois la faculté d'exonérer l'ouvrier de son travail pour un jour successif quelconque moyennant le paiement du salaire, jusqu'à l'accomplissement de la période de préavis, avec un maximum de sept jours.

INDEMNITÉ DE RENVOI ET EN CAS DE MORT.

Art. 20. — Sauf dans les cas prévus à l'article 8, il sera versé à l'ouvrier renvoyé une indemnité égale à 12 jours de paie pour chaque année révolue d'ancienneté ininterrompue dans la maison, à partir de la date de la Marche sur Rome (28 octobre 1922). Dans les maisons où est en vigueur un contrat prévoyant une indemnité supérieure, cette dernière est conservée dans sa mesure actuelle.

Pour la période précédente à la Marche sur Rome, les conditions actuelles restent sans changement.

Dans les maisons où n'existe aucun contrat d'indemnité, on versera 6 jours de paie par année à partir de la date de la Victoire (4 novembre 1918) à la date de la Marche sur Rome.

En cas de mort de l'ouvrier, les indemnités ci-dessus seront versées aux parents vivant à charge et pas au delà du 4ème degré.

CAISSE MALADIE.

Art. 21. — Les parties s'engagent à constituer, dans le plus bref délai possible, et dans tous les cas dans les six mois, la Caisse maladie à contributions et administration paritaires, conformément à la déclaration XXVI de la Charte du Travail, et de transformer, en conformité, celles qui existent déjà.

REPOS ET JOURS FÉRIÉS.

Art. 22. — Le repos hebdomadaire est régi par la loi spéciale en vigueur.

Sont jours fériés rétribués, lorsqu'ils ne tombent pas sur le dimanche, le 21 avril (Fête du Travail), le 15 août et le jour de Noël.

RÉCLAMATIONS ET DIFFÉRENDS.

ART. 23. — Toutes les réclamations de caractère purement individuel devront suivre les règles habituelles de l'établissement et être résolus directement entre les ouvriers et leurs supérieurs.

Lorsque le différend concerne l'application du présent contrat, elle devra, avant l'action judiciaire, être soumise à l'examen des Associations professionnelles compétentes des industriels et des ouvriers, pour procéder à la tentative de conciliation des parties. A cette fin l'Association qui recevra la notification du différend aux termes de l'article 4 du royal decrét du 27 février 1928, n. 471, devra en donner immédiatement communication à l'autre Association compétente.

Dans le cas où l'accord ne serait pas atteint par cette voie dans les 15 jours de la notification, l'intéressé aura la faculté de recourir à l'Autorité judiciaire.

Les différends collectifs pour l'application du présent contrat seront composés à l'amiable par les Associations professionnelles compétentes de premier degré, et faute d'accord, par celles de degré supérieur.

PROTES ET CORRECTEURS.

ART. 24. — Les protes et les typographes correcteurs - ces derniers lorsqu'ils prêtent leurs services de façon continue et pour toute la durée de l'horaire de travail - s'ils ne sont pas revêtus éventuellement des fonctions d'employés, sont soumis aux règles du présent contrat.

DISPOSITIONS TRANSITOIRES.

ART. 25. — Jusqu'au fonctionnement de la Caisse maladie, si, du fait de l'absence d'un ouvrier, on devait pourvoir à son travail par un travail supérieur accompli par les autres ouvriers, la paie de l'absent sera répartie entre eux en proportion du travail accompli.

ART. 26. — Tant que ne fonctionneront pas les Caisses maladie, dans les localités et dans les établissements où elles n'existent pas, pour l'ouvrier malade seront maintenues les mesures particulières de prévoyance actuellement en vigueur.

Dans les établissements où il n'existe pas de mesures spéciales de prévoyance, pour les cas de maladie, on appliquera, jusqu'à la date fixée par l'article 21, les concessions les plus favorables en usage dans la région où se trouvent les établissements.

ART. 27. — Dans le but d'obvier aux effets nuisibles inhérents au chômage, les éditeurs décident et, par conséquent, prennent l'engagement de ne pas procéder, pendant une période de trois ans, aux renvois pour réduction de personnel qui, éventuellement, seraient la conséquence des critères introduits par le présent contrat collectif.

ART. 28. — Dans la Vénétie Julienne, le présent contrat partira de la date indiquée à l'article 2, pour ce qui concerne les vacances et les indemnités de renvoi. Pour le reste, les conditions contractuelles actuelles resteront en vigueur y compris les accords particuliers modificatifs, jusqu'au 16 août 1930, date à partir de laquelle commencera l'application intégrale du présent contrat.

Art. 29. — A partir de la date d'entrée en vigueur du présent contrat, les révisions de l'indemnité de cherté de vie sont abolies.

ANNEXE POUR LES EXPÉDITEURS ET AUXILIAIRES AVEC RÉFÉRENCE À L'ARTICLE 1 DU CONTRAT.

Aux expéditeurs de 1ère catégorie, on appliquera intégralement le présent contrat.

Aux expéditeurs de 2ème catégorie, on appliquera le présent contrat, avec les dispositions suivantes:

Vacances: 9 jours,

Indemnité de renvoi: 9 jours pour chaque année.

On ne tiendra pas compte de l'ancienneté révolue antérieurement à la Marche sur Rome.

Aux auxiliaires, on appliquera le présent contrat avec les règles suivantes:

Vacances: 9 jours;

Indemnité de renvoi: six jours pour chaque année.

On ne tiendra pas compte de l'ancienneté comme ci-dessus.

Les expéditeurs de 2ème catégorie et les auxiliaires, qui jouissent actuellement d'un traitement, en vertu des contrats collectifs en vigueur, supérieur à celui indiqué ci-dessus, le conserveront *ad personam* dans les limites du présent contrat collectif.

On entend ainsi que là où les expéditeurs de 2ème catégorie et les auxiliaires jouiraient de l'application intégrale des contrats collectifs de travail en vigueur, ils continueront, *ad personam*, à jouir, pour ce qui concerne les vacances et les indemnités de renvoi du même traitement, dans les limites du présent contrat.

CONTRAT COLLECTIF DE TRAVAIL
DES JOURNALISTES

ART. 1.er — Le contrat de travail entre journalistes professionnels et éditeurs de journaux est réglementé par les dispositions de la présente convention, qui s'appliquent également aux journalistes attachés à la rédaction de revues et de périodiques publiés par les éditeurs mêmes des journaux et par les autres éditeurs juridiquement représentés par l'Association nationale fasciste des Éditeurs de journaux.

ART. 2. — Les contrats ou accords spéciaux qui diminueraient les droits des journalistes reconnus par la présente convention ne sont pas admis.

ART. 3. — Les contrats à terme sont nuls, sauf:

a) ceux dans lesquels les droits des journalistes sont protégés pour le moins comme le veulent les dispositions établies par la présente convention, de même que:

b) le cas de professionnels qui sont engagés avec une fonction spéciale ou temporaire, ou qui prêtent leurs services à des journaux et revues avec une détermination de temps limitée par le but pour lequel les journaux ou revues sont publiés.

ART. 4. — Le présent contrat collectif de travail s'applique à tous les journalistes professionnels, c'est-à-dire, à ceux qui depuis au moins dix-huit mois, font du journalisme leur profession unique rétribuée, et qui sont inscrit au Livre des journalistes, liste des professionnels, et plus précisément: les directeurs, co-directeurs, vice-directeurs, rédacteurs en chef, rédacteurs ordinaires, chroniqueurs, correspondants, aides correspondants, sténographes, reporters, collaborateurs, avec lesquels une collaboration de caractère continu a été convenue par écrit, ainsi que les rédacteurs qui ne fournissent qu'un travail de dessinateurs.

Ceux qui cessent de faire du journalisme leur profession unique rétribuée, perdront, au moment même de la cessation de ce caractère professionnel unique, tous les droits reconnus par la présente convention.

ART. 5. — Au moment de son entrée en service, le journaliste pourra être soumis à une période d'essai de six mois, qui devra être convenue par écrit.

Pendant cette période, le journaliste pourra être renvoyé sans indemnité. Toutefois on ne pourra pas lui refuser, le cas échéant, une déclaration sauvegardant sa dignité.

Pendant la période d'essai, le journaliste n'a pas droit au mois de vacances, ni au douzième de la treizième mensualité prévue, respectivement au premier et au troisième paragraphe de l'article 13.

ART. 6. — Dans le cas de rappel sous les armes et en service dans la Milice volontaire pour la sûreté nationale on devra conserver au journaliste, son poste et le paiement de ses appointements.

ART. 7. — La direction du journal détermine les fonctions de chaque journaliste et donne toutes les instructions pour la bonne marche du service, dont elle fixera également l'horaire, lorsqu'elle le jugera nécessaire.

Art. 8. — Le journaliste qui, ayant été expressément engagé pour le travail de jour, passe au travail de nuit, a droit à un supplément d'appointements à établir.

Le journaliste qui remplit depuis six mois des fonctions supérieures à celles pour lesquelles il a été engagé ou à celles qu'il avait remplies jusqu'alors, a droit, sauf dans les cas de remplacement temporaire, de considérer ses nouvelles fonctions comme définitives.

Les fonctions de directeur, co-directeur, vice-directeur et rédacteur en chef sont exclues de cette disposition.

Art. 9. — Le journaliste qui a été engagé pour prêter ses services exclusivement à un journal déterminé, ne pourra assumer d'autres tâches de journalisme sans y avoir été autorisé par la direction du journal.

Cette autorisation pourra être révoquée en tous moments, au jugement de la direction, lorsqu'elle serait considérée comme préjudiciable pour le journal, particulièrement en ce qui concerne la diminution de la production du journaliste.

Dans tous les cas, le journaliste ne pourra remplir des fonctions qui pourraient être en opposition avec les intérêts moraux et matériels du journal auquel il appartient.

Art. 10. — En cas de maladie reconnue, le journaliste continuera à percevoir ses appointements complets pendant les trois premiers mois, et la moitié de ces appointements, pendant les trois mois suivants.

Après six mois du commencement de la maladie, l'administration du journal a le droit de résilier le contrat sous réserve du versement des indemnités prévues à l'article 14 de la présente convention.

Les indemnités pour les accidents de travail, pour cause ou à l'occasion du service, sont réglementées par les dispositions de la loi.

Art. 11. — Ceux qui exercent une activité de journaliste dans des sociétés propriétaires de plusieurs journaux liés entre eux de façon quelconque, ont droit, sous réserve d'accords spéciaux, à des appointement supérieurs, soit pour le surplus éventuel de travail, soit pour l'utilisation éventuellement supérieure du travail fourni, dans le cas où l'un ou l'autre se produirait postérieurement à l'engagement du journaliste.

Art. 12. — A l'exception des cas prévus aux article 16 et 17, le journaliste ne pourra abandonner son journal sans un préavis de trois mois.

L'infraction à cette disposition donne droit à l'éditeur à une retenue de trois mois d'appointements.

Art. 13. — Les journalistes qui ont des appointements fixes, même s'ils sont engagés par contrat spécial, ont droit aux doubles appointements du mois de décembre de chaque année et outre du repos de fête établi par la loi, chaque année à un mois de vacances à établir, de préférence pendant la période de juin à octobre, selon les exigences du journal.

La treizième mensualité et le mois de vacances ne sont par dus pas aux journalistes dont il est question sous lettre *b)* de l'article 3, ni à ceux qui auraient des appointements fixes inférieurs à trois mille lires par année, sauf, en ce qui concerne la question des vacances, l'application éventuelle de la loi sur le contrat d'emploi privé.

Sous réserve de l'application des dispositions prévues au troisième paragraphe de l'article 5, ceux qui cessent d'appartenir au journal, n'auront droit qu'à autant de douzièmes de la treizième mensualité et du mois de vacances que de mois de service prêtés.

Toutefois les nouveaux engagés n'auront droit au mois de vacances qu'après que la première année de service sera révolue.

Art. 14. — Les journalistes ont droit, à titre d'ancienneté à trois augmentations quinquennales (y compris celle qui a été perçue au même titre à partir du 1er janvier 1923) des appointements annuels et des indemnités fixes annuelles, égaux au dernier mois desdits; et cela, indépendamment des augmentations qui peuvent leur avoir été accordées pour attributions, fonctions et mérites spéciaux.

La dernière augmentation quinquennale sera versée aux ayants droit au plus tard le 30 septembre 1940.

Aux journalistes engagés postérieurement à la date d'entrée en vigueur de la présente Convention, il ne reviendra que les augmentations ou l'augmentation quinquennale venant à échéance entre la date d'entrée en service et le 30 septembre 1940.

La seconde augmentation quinquennale, pour ceux qui ont déjà perçu la première en 1923, sera versée en janvier 1928.

Art. 15. — Lorsque la résiliation du présent contrat ne provient pas de la volonté ou de la faute du journaliste, elle est régie pas les dispositions suivantes:

1) au *directeur*, *co-directeur* et au *vice-directeur*, il sera versé une indemnité fixe égale à *une année d'appointements;*

2) au *rédacteur en chef* et aux *correspondants titulaires de Rome* une indemnité fixe égale à *neuf mois d'appointements;*

3) aux *rédacteurs ordinaires*, aux *correspondants* et *aide-correspondants* des capitales ou des principales villes de l'étranger, mais seulement dans le cas d'appointements fixes; au *correspondants* et *aide-correspondants* de l'intérieur, à condition que leurs appointements ou indemnités annuels ne soient pas inférieures à trois mille lire; aux *sténographes*, aux *reporters*, aux *collaborateurs* prévus à l'article 4, et aux *rédacteurs*, même s'ils ne font qu'un travail de *dessinateurs*, une indemnité fixe égale à *six mois d'appointements.*

Outre l'indemnité fixe ci-dessus, il sera versé à tous les journalistes appartenant aux catégories sus-indiquées, une indemnité égale à *un mois d'appointements pour chaque année ou fraction d'année* (mais pas avec plus d'une fraction) de service effectivement prêté.

Les correspondants qui ont des appointements ou indemnités annuels fixes inférieurs à mille cinq cents lires, auront droit à une indemnité égale à *trois mois d'appointements*, à l'exclusion toutefois de tous droits d'indemnité pour ancienneté.

Les appointements-base de la liquidation sont les derniers, de quelque façon qu'ils soient constitués, et augmentés des indemnités spéciales qui, étant perçues depuis au moins six mois consécutifs pour des fonctions journalistiques ayant un caractère de continuité, forment partie intégrante des appointements eux-mêmes, y compris les participations éventuelles.

Pour les indemnités qui ne sont pas fixes, la base de la liquidation sera celle de la moyenne des indemnités perçues pendant les douze derniers mois ou fractions, dans le cas où la première année de service ne serait pas révolue.

La treizième mensualité prévue à l'article 13 est exclue du calcul pour la liquidation.

L'indemnité liquidée devra être versée au plus tard dans les huit jours de la cessation du service.

L'impôt sur la richesse mobilière sera à la charge des éditeurs.

Art. 16. — Le journaliste auquel aurait été créée, pour quelque raison que ce soit, une situation morale évidemment incompatible avec sa dignité personnelle ou professionnelle, a le droit d'obtenir la résiliation de son contrat moyennant paiement des indemnités dues.

Art. 17. — Dans le cas de changement fondamental de l'orientation politique du journal, ont droit à la résiliation du contrat, le directeur, le co-directeur, le vice-directeur, le rédacteur en chef, les titulaires du bureau de correspondance de Rome, les rédacteurs politiques, les correspondants parlementaires et tous les journalistes qui ont des fonctions ou des responsabilités politiques, avec le versement d'une indemnité égale à celle de renvoi prévue à l'article 15.

Art. 18. — Dans le cas de transfert de la propriété du journal, à l'exclusion du cas de légitime succession, le nouveau propriétaire doit reconnaître aux journalistes les droits acquis.

Dans le cas où le nouveau propriétaire s'y refuserait, ces droits doivent être reconnus par le propriétaire précédent.

La reconnaissance n'implique pas le droit d'obtenir la liquidation de l'indemnité prévue par l'article 15, sauf en cas de démission qui serait présentée dans les six mois de la date du changement de propriété, avec préavis d'au moins un mois.

Dans les entreprises journalistiques exploitées par des sociétés commerciales, on considérera comme transfert de propriété aussi le seul passage de la propriété de la majorité du capital, lorsqu'il est accompagné de changements dans la représentation légale de la société.

Art. 19. — Dans le cas de cessation du journal, les indemnités prévues à l'article 15 reviennent aux journalistes.

Art. 20. — Le contrat peut être résilié également à la requête du journaliste, lorsque ce dernier a atteint soixante ans d'âge ou 35 ans d'activité professionnelle.

Dans ce cas le journaliste a droit à l'indemnité de renvoi, sans aucune autre indemnité à la charge de l'éditeur qui se serait conformé à ses obligations vis-à-vis l'*Istituto Nazionale di Previdenza dei Giornalisti*, dont il est question aux articles suivants, 22 et 23.

Art. 21. — Dans le cas de décès du journaliste, l'éditeur du journal est tenu à verser immédiatement à ses héritiers légitimes, jusqu'au quatrième degré, ou à ses héritiers testamentaires, une indemnité égale à celle du renvoi qui reviendrait au journaliste, au jour de son décès.

Dans le cas où l'éditeur du journal aurait déjà pourvu à ses propres frais, à assurer le journaliste, il payera aux ayants droit prévus ci-dessus la différence entre le montant de l'assurance et l'indemnité qui reviendrait au journaliste.

Art. 22. — Il est institué près le *Sindacato Nazionale Fascista dei Giornalisti*, un *Istituto Nazionale di Previdenza per i Giornalisti*, assujetti à un règlement spécial.

A la constitution du fonds concourront les éditeurs de journaux et les journalistes inscrits au tableau et selon le règlement de l'Institut, dans une mesure égale, les uns et les autres par un versement obligatoire de *deux pour cent* des appointements mensuels globaux (douze versements par année).

Le deux pour cent dû par les journalistes sera versé par les éditeurs au moyen d'une retenue sur les appointements de chaque mois.

Les directeurs, co-directeurs et vice-directeurs ont le droit de demander, par une requête écrite, d'être exemptés de l'inscription au fonds, de même que de leurs versements propres et de ceux des éditeurs.

Les éditeurs ne sont pas tenus au versement des pourcents pour les journalistes dont il est question à l'article 13, paragraphe 2.

ART. 23. — Lorsque le journaliste a atteint soixante ans d'âge, ou trente-cinq ans d'activité professionnelle, l'obligation des contributions de l'éditeur et des siennes propres prend fin. Le journaliste aura alors droit au traitement de repos qui pourra lui revenir à la charge de l'*Istituto Nazionale di Previdenza per i Giornalisti* (même s'il continue à prêter service).

Dans le cas de nouvelles dispositions législatives en matière de prévoyance, applicables aux journalistes, elles absorberont ce qui forme l'objet de la présente convention.

Les meilleures situations créées par la coutume dans les diverses maisons d'édition restent en vigueur: mais le cumul de la nouvelle et des anciennes formes de prévoyance est exclu.

ART. 24. — Les éditeurs s'engagent à reconnaître et à respecter les accords particuliers stipulés ou à stipuler entre l'*Associazione Nazionale Fascista Editori di Giornali* et le *Sindacato Nazionale Fascista dei Giornalisti*.

ART. 25. — Toutes les questions se rapportant aux intérêts collectifs des journalistes seront traitées par les éditeurs uniquement par l'intermédiaire du *Sindacato Nazionale Fascista dei Giornalisti*.

ART. 26. — Jusqu'au 1er octobre 1928, en relation avec ce que prescrit le royal décret du 28 février 1928, n. 471, tous les différends relatifs au contrat de travail entre journalistes et éditeurs, selon l'article 1er et aux contrats spéciaux, et aux termes prévus aux articles 2 et 3, et sur l'interprétation ou sur l'exécution de la présente convention, continueront à être résolues par des Collèges de Prud'hommes, conformément aux dispositions du règlement annexé à la convention elle-même, dont il forme partie intégrante, en harmonie avec les dispositions légales, la présente clause devant être considérée comme un compromis aux effets de l'article 24 du Code de procédure civile.

ART. 27. — La présente convention sera déposée et publiée en conformité de la loi et viendra à échéance le 30 juin 1931. Elle s'entendra renouvelée d'année en année, lorsqu'elle n'aura pas été dénoncée par une des parties au moins six mois avant l'échéance.

RÈGLEMENT POUR LES COLLÈGES DE PRUD'HOMMES.

ART. 1.er — Il est institué un Collège de Prud'hommes au siège des Syndicats régionaux fascistes des Journalistes suivants, avec la juridiction régionale indiquée chaque fois entre parenthèses: Turin (Piémont); Milan (Lombardie); Venise (Vénétie et Vénétie Tridentine); Trieste (Vénétie Julienne, Dalmatie, Frioule); Gênes (Ligurie); Bologne (Emilie, Romagne et Marches); Florence (Toscane); Rome (Latium, Abruzzes et Molise, Ombrie, Sardaigne et journalistes résidant à l'étranger et aux Colonies); Naples (Campanie, Basilicate et Calabre); Bari (Pouilles); Palerme (Sicile).

Ces Collèges exercent leur juridiction sur les journalistes inscrits aux Syndicats régionaux sus-indiquée et au tableau desdits.

Art. 2. — Près le siège du *Sindacato Nazionale Fascista dei Giornalisti*, à Rome, est institué le Collège national des Prud'hommes pour les cas d'appel des décisions des Collèges régionaux des Prud'hommes et pour ceux qui sont réservés expressément à sa compétence.

Art. 3. — Les Collèges régionaux de Prud'hommes sont composés d'éditeurs et de journalistes professionnels ou de leurs représentants, en parties égales en nombre total non supérieur à six et non inférieur à quatre effectifs et deux suppléants.

Le Collège national des Prud'hommes est composé d'éditeurs et de journalistes professionnels en parties égales, en nombre total non supérieur à huit et non inférieur à six effectifs et deux suppléants.

Les membres des Collèges de Prud'hommes, national et régionaux, peuvent également être choisis parmi des personnes étrangères aux organisations des éditeurs et des journalistes.

Les Collèges ne peuvent délibérer en dehors de la présence d'un nombre égal des représentants des deux catégories, et, de toutes façons, en nombre qui serait inférieur à quatre, plus le président.

Dans le cas d'absence justifiée de l'un des membres du Collège, le président invite le plus jeune de l'autre catégorie à s'abstenir de la discussion et de la délibération.

Aussi bien les membres des Collèges régionaux de Prud'hommes que ceux du Collège national des Prud'hommes, resteront en charge pendant deux ans.

Les présidents restent en charge pendant un an.

Art. 4. — Les membres des Collèges de Prud'hommes régionaux et du national sont désignés: pour les éditeurs, par l'*Associazione Nazionale Fascista Editori di Giornali:* pour les journalistes, par le *Sindacato Nazionale Fascista dei Giornalisti.*

Art. 5. — Les présidents des Collèges régionaux des Prud'hommes et le président du Collège national des Prud'hommes sont élus par les membres des collèges respectifs, d'un commun accord.

Faute d'accord

a) le président du Collège national des Prud'hommes est désigné par le président de la Cour de cassation, sur instance du Collège ou des présidences des deux organisations, instance qui devra être présentée dans les quinze jours de la constatation du défaut d'accord;

b) les présidents des Collèges régionaux des Prud'hommes sont désignés par les présidents des Tribunaux civils de la juridiction dans laquelle se trouvent respectivement les Collèges, sur instance des Collèges eux-mêmes ou des présidences des deux organisations, instances qui doivent être présentées dans les quinze jours de la constatation du défaut d'accord.

Art. 6. — On procédera à la nomination des composants des Collèges régionaux des Prud'hommes et du Collège national des Prud'hommes au cours des deux derniers mois des deux années, sauf cas de force majeure.

On procédera aux élections du président aussitôt que les Collèges auront été constitués.

Art. 7. — Chaque Collège régional des Prud'hommes et le Collège national des Prud'hommes procèderont, au cours de leur première réunion et après avoir nommé leur président, à la nomination du secrétaire.

ART. 8. — Lorsqu'un suppléant est appelé à remplacer un membre effectif des Collèges régionaux des Prud'hommes ou du Collège national des Prud'hommes, les jugements auxquels il participe doivent être rendus avec son intervention.

ART. 9. — Les Collèges régionaux des Prud'hommes jugent, avec l'exception prévue à l'article 11 du présent règlement, les controverses indiquées par l'article 26 du contrat de travail des journalistes.

Leurs décisions sont définitives et sans appel, à l'exception des cas prévus à l'article 10, et elles peuvent être rendues exécutoires en obtempérant aux prescriptions de l'article 24 du Code de procédure civile, et, dans les nouvelles Provinces, conformément aux dispositions des lois en vigueur.

Aussitôt que la décision a été prononcée par le Collège, la sentence sera communiquée par le président par lettre recommandée aux parties, avec avis que, dans les cinq jours de la date du prononcé, la décision sera déposée aux termes de la loi, sauf requête contraires écrite par toutes les parties et parvenue au Collège dans les cinq jours.

Aussi bien les Collèges régionaux des Prud'hommes que le Collège national des Prud'hommes ont l'obligation de remettre une copie de la sentence à l'*Associazione Nazionale Fascista Editori Giornali* et au *Sindacato Nazionale Fascista dei Giornalisti* en même temps que la communication de la sentence elle-même aux parties.

ART. 10. — Les décisions des Collèges régionaux des Prud'hommes – qui devront toujours indiquer si elles ont été prononcées à l'unanimité ou à la majorité – sont susceptibles d'appel devant le Collège national des Prud'hommes:

a) lorsque la demande a pour objet une somme supérieure à lire 75.000;

b) lorsque le Collège régional des Prud'hommes ne s'est pas prononcé à l'unanimité sur une question de principe relative à l'interprétation du contrat journalistes;

c) dans le cas de volonté concordante des parties.

ART. 11. — En cas de demande motivée d'une partie qui, pour des raisons graves, n'entendrait pas recourir au Collège régional dont elle dépend, le Collège national des Prud'hommes décidera s'il doit ou non accueillir la demande et, le cas échéant, il désignera un autre Collège pour la décision de la controverse.

Cette demande devra être expédiée au Collège national des Prud'hommes qui se prononcera par décision motivée au plus tard le trentième jour du jour de la présentation; et, par les soins du président, il sera donné communication écrite de la décision au Collège régional et à toutes les parties en cause.

Dans le cas où une des parties, pour de graves raison, n'entendrait pas se soumettre à la juridiction du Collège régional devant lequel la cause a été introduite, il en fera demande motivée au Collège national des Prud'hommes qui ordonnera au Collège régional la suspension de la cause, décidera dans les trente jours s'il doit ou non accueillir la demande et, le cas échéant, désignera un autre Collège régional, pour la décision du différend. La décision sera communiquée par écrit, par les soins du président, au Collège ou aux Collèges régionaux intéressés et à toutes les parties en cause.

ART. 12. — Sont applicables aux décisions du Collège national des Prud'hommes les dispositions de l'article 9 sur l'exécution, la commu-

17.

nication de la sentence aux parties, l'avis qui doit accompagner la sentence et la déclaration des parties contre le dépôt pour qu'elle soit exécutoire.

Art. 13. — Aucune réclamation n'est admise contre les décisions du Collège national des Prud'hommes.

Art. 14. — La partie qui recourt au Collège régional des Prud'hommes, doit présenter en double original et en autant de copies, selon le nombre des Prud'hommes, une instance motivée accompagnée des documents et d'un mémoire éventuel écrit, par chapitres distincts, sur les faits sur lesquels elle demande la preuve par témoins ou par interrogatoire.

Le président du Collège est chargé de communiquer à la partie adverse le double de l'instance pour la réponse qui doit être remise dans les quinze jours de la communication présidentielle, en deux originaux et autant de copies, comme ci-dessus, avec les documents et avec les mémoires éventuels écrits des éléments de preuve par témoins ou par interrogatoire.

Les parties peuvent examiner les actes et les documents au siège du Collège.

Passé le délai de quinze jours ci-dessus, aucune nouvelle instance, mémoire ou preuve, n'est admise, sauf autorisation par le Collège ou demandée par lui.

Les preuves orales sont admises ou rejetées par mesure spéciale non susceptible d'appel. Dans le cas d'admission de ces preuves, l'arrêt établit les termes et les jours pour l'examen des preuves et pour l'échange entre les parties des notes des témoins respectifs.

Les témoins sont appelés à comparaître devant le Collège sur invitation du Président, notifiée par lettre recommandée, au moins cinq jours à l'avance. Ils prêtent serment et signent le procès-verbal de leurs dépositions. Il en est de même de la partie à interroger, qui est appelée devant le Collège sur invitation du président, notifiée comme ci-dessus. Elle doit, elle aussi, signer le procès-verbal de sa réponse.

Art. 15. — Les parties qui sont décidées à recourir au Collège, devront déposer une somme égale à 1 %, avec le maximum de lire 200, de la valeur de la requête pour les Collèges régionaux et un dépôt d'1 % avec le maximum de lire 500 pour le Collège national des Prud'hommes.

Art. 16. — Les Collèges, national et régionaux, décideront, dans la sentence, en ce qui concerne la liquidation des frais inhérents à chaque cause y compris les honoraires éventuels revenant au Collège et qu'ils mettront à la charge de celle des parties en cause et dans la mesure que le Collège lui-même déterminera. Lorsque les Collèges jugent des différends qui concernent un éditeur qui n'est pas inscrit à l'*Associazione Fascista Editori di Giornali*, ils établiront une contribution extraordinaire à la charge dudit éditeur, pour couvrir les frais généraux du fonctionnement du Collège.

Art. 17. — Les parties peuvent assister ou se faire représenter à l'excussion des preuves orales.

Art. 18. — Les décisions, même définitives, sont prises à la majorité des membres du Collège, sauf dans le cas prévu sous lettre b) de l'article 10, aux effets de l'appel.

Art. 19. — Dans les cas prévus par l'article 10 du présent Règlement, la réclamation doit être proposée par la partie intéressée au Collège national des Prud'hommes, dans les quinze jours de la date de la lettre recommandée par laquelle le président du Collège régional des Prud'hommes a donné communication de prononcé de la sentence. La réclamation doit être présentée au greffe du Collège régional des Prud'hommes, qui en donnera communication immédiate à la partie adverse, et transmettra dans le délai maximum de dix jours au greffe du Collège national des Prud'hommes tout le dossier de la cause, la copie de la décision attaquée et l'original de la réclamation avec la preuve que la communication de ladite réclamation a dûment été faite à la partie adverse.

Le Collège national des Prud'hommes, après avoir reçu la réclamation et le dossier prévu au paragraphe précédent, fixe aux parties un délai non supérieur à trente jours, pour la présentation de mémoires et éventuellement de nouveaux documents.

Le prononcé et le dépôt de la décision du Collège national des Prud'hommes sont régis par les dispositions de l'article 9 du présent Règlement.

ART. 20. — Les dispositions des articles 14, 16, 17 et 18, sont applicables aussi bien au Collège national des Prud'hommes qu'aux Collèges régionaux des Prud'hommes.

ART. 21. — Le *Sindacato Nazionale Fascista dei Giornalisti* et l'*Associazione Nazionale Fascista Editori di Giornali* concourrent, dans une mesure égale, au fonds nécessaire pour le fonctionnement des Collèges, jusqu'à concurrence des frais nécessaires pour le siège éventuel des Collèges, personnel, lumière, chauffage, frais de bureau, poste etc.

CONTRAT NATIONAL DE TRAVAIL POUR LES INDUSTRIES MÉCANIQUE, MÉTALLURGIQUE ET CONNEXES

I. — Les contrats collectifs particuliers fixeront les minima de paie base, indistinctement pour usines en ville ou à la campagne, conformément aux critères sous-indiqués:

a) L'industrie sera subdivisée en les quatres branches suivantes: établissements mécaniques, chantiers navals, fonderies, établissements sidérurgiques.

Pour les établissements métallurgiques, dans le cas où, en pratique, on trouverait des différences telles qu'elles la rendrait nécessaire, on procédera à une spécification plus détaillée.

b) Les ouvriers se subdiviseront en les catégories suivantes: ouvriers spécialisés, ouvriers qualifiés, manoeuvres spécialisés, manoeuvres communs, apprentis, femmes, jeunes gens.

Les contrats collectifs particuliers détermineront dans lesquelles des catégories précitées les ouvriers doivent être assignés.

II. — Pour déterminer le minimum de paie, on prendra comme terme de comparaison le minimum de paie base normalement pratiqué au dernier trimestre de 1926.

Pour la détermination des minima pour l'industrie sidérurgique, on tiendra compte des minima de l'industrie mécanique.

III. — Dans le présent contrat collectif, le terme « paie normale » signifie la paie-base augmentée du supplément pour le travail à la chaîne dont il est question à l'article 2.

IV. — Les organisations se rencontreront localement à partir de lundi pour se mettre d'accord, dans le mois courant, sur les réductions éventuelles de salaire. Ces réductions avec celles déjà effectuées, à un autre titre, ne doivent pas dépasser la limite de 20 %, établie dans la réunion du Directoire du Parti.

Dans les deux mois à partir de la publication du présent contrat, les Associations territoriales compétentes s'engagent à réglementer les conditions de travail qui leurs sont déférées.

V. — Toutes les transformations des éléments de salaires qui deviendraient nécessaires pour l'application des dispositions du présent contrat collectif devront être telles qu'elle ne portent pas préjudice aux usines.

VI. — Dans toutes les usines, selon le paragraphe 28 de la Charte du Travail, il est institué une Caisse Mutuelle avec contribution et administration paritaire des ouvriers et des employeurs.

Le Conseil d'administration procédera à la nomination d'un administrateur-délégué, choisi parmi les employeurs et d'un directeur général choisi par les organisations des ouvriers.

Les Caisses seront opportunément reliées entre elles pour garantir la continuité de l'assistance aux travailleurs dans leurs passages d'une usine à une autre, même de localités différentes, selon la règlement spécial, conformément au règlement spécial à stipuler entre les parties dans les quinze jours à partir de la signature du présent contrat collectif.

(*Signé*) TURATI, BOTTAI, ROSSONI, CUCINI, BACCHI,
BENNI, JARACH, BALELLA.

BUREAUX DE PLACEMENT.

ART. 1.er — Pour l'engagement des ouvriers, les employeurs s'adresseront aux Bureaux de placement constitués près les Syndicats fascistes, avec faculté de choix et avec preférence aux inscrits au Parti et aux Syndicats, selon l'ancienneté d'inscription, et cela, conformément aux règles de loi.

DOCUMENTS.

ART. 2. — Pour l'admission, l'ouvrier devra se présenter muni des documents suivants:
1) Carte d'identité.
2) Certificat de nationalité.
3) Extrait du casier judiciaire (de date non antérieure à trois mois).
4) Livret de paie, cartes et livrets d'assurance et certificats de travail démontrant ses occupations précédentes.
L'ouvrier devra également déclarer son domicile et sa résidence, en signalant ensuite au Bureau compétent les changements successifs.

ADMISSION DES FEMMES ET DES ENFANTS.

ART. 3. — À l'admission des femmes et des enfants sont applicables les règles de loi sur le travail pour ces catégories d'ouvriers.

VISITE MÉDICALE.

ART. 4. — Avant l'engagement, l'ouvrier pourra être soumis à la visite médicale de la part du médecin de confiance de l'usine.

PÉRIODE D'ESSAI.

ART. 5. — L'admission en service de tout ouvrier est toujours faite pour une période d'essai qui pourra se prolonger jusqu'à une semaine, ou, de commun accord, jusqu'à deux semaines.
Sur la base de l'issue de l'épreuve, on confirmera ou infirmera l'admission et, dans tous les cas, on fixera la paie qui sera appliquée à partir du premier jour de l'engagement.

L'ouvrier qui n'est pas engagé, ou qui n'accepte pas les conditions qui lui sont faites, quittera sans autre l'usine et aura droit à la paie pour le seul temps passé dans l'usine pour la période de l'essai. Il n'aura droit à aucune autre indemnité.

Dans le cas où la paie n'aurait pas été préétablie, et à défaut d'accord, il sera rétribué par la dernière paie normale résultant de son livret de paie, à condition qu'il se réfère à un service d'au moins trois mois, et, à défaut, par la paie minimun établie pour la catégorie dans laquelle il a prêté service pendant ladite période d'épreuve.

DURÉE DU TRAVAIL.

Art. 6. — Usines mécaniques et connexes. La durée du travail sera de 48 heures effectives par semaine, réparties en huit heures par jour du lundi au samedi. Les heures de travail sont fixées par la Direction sur un horaire spécial qui devra être affiché à l'entrée de l'usine les heures sont comptées par l'horloge de l'usine.

Les ouvriers ne pourront pas se refuser à l'institution de deux ou trois tours journaliers; l'horaire de chaque tour sera fixé d'un commun accord. L'ouvrier devra travailler dans le tour établi.

L'horaire normal pourra être réduit de deux heures par jour selon les exigences du travail. Nul ouvrier ne pourra refuser, sauf motif justifié, d'exécuter le travail extraordinaire; toutefois, on ne peut pas obliger un ouvrier à travailler pendant un nombre d'heures supérieur à dix par semaine, à l'exclusion du samedi.

Il ne pourra être dérogé aux dispositions ci-dessus que dans les cas d'urgence et de nécessité absolue et cela conformément à la loi.

Le travail extraordinaire ne doit pas avoir un caractère permanent.

Établissements sidérurgiques: La durée normale du travail sera de 48 heures effectives par semaine. Pour les exigences de la continuité et de la surveillance, et pour les préparations nécessaires du travail dans les industries à feu continu, où plusieurs tours sont institués, le personnel de chaque équipe nécessaire aux buts ci-dessus devra faire, à tour de rôle, les heures supplémentaires qui seront indispensables pour la marche régulière du travail.

Ces heures seront rétribuées par une paie à l'heure égale au gain horaire moyen réalisé dans le semaine ou la quinzaine en cours, plus une indemnité spéciale établie pour le travail extraordinaire.

Pour les usines qui exigent un travail ininterrompu de sept jours par semaine, le cycle de travail doit être considéré de 144 heures pour chaque période de trois semaines. Les heures hebdomadaires de travail pourront donc être respectivement au cours des trois semaines de 56, 48, 40.

L'ouvrier doit travailler pendant les heures établies par l'horaire et dans l'un quelconque des tours fixés par la direction, même s'ils ne sont faits que dans des départements déterminés.

Les heures de travail pour chaque département sont fixées par la Direction, dans un horaire spécial qui doit être affiché à l'entrée de l'usine, et elles seront comptées d'après l'horloge de l'usine.

SUSPENSIONS ET INTERRUPTIONS DE TRAVAIL.

ART. 7. — Dans le cas d'une suspension de travail qui dépasserait quinze jours, l'ouvrier pourra demander d'être congédié avec droit au versement de l'indemnité de renvoi dont il est question à l'article 33, sous réserve d'accord éventuel entre les organisations locales pour la prolongation du dit délai.

En cas d'interruptions de brève durée du travail, dues à une cause de force majeure, il ne sera pas tenu compte, dans le calcul de la paie, de ces interruptions, si, dans leur ensemble, elles n'ont pas dépassé 30 minutes dans la journée.

JOURS FÉRIÉS.

ART. 8. — *Usines mécaniques et connexes.* — Seront considérés comme jours fériés: le 21 avril, le 28 octobre et les jours reconnus par l'État comme fêtes civiles, plus un jour par an qui devra être déterminé localement. Les organisations locales pourront se mettre d'accord pour le remplacement de quelques jours fériés, en tenant compte des usages locaux.

Etablissements sidérurgiques. — Sont considérés comme jours fériés, tous les dimanches, conformément à la loi sur le repos hebdomadaire, le 21 avril, le 28 octobre et 4 fêtes à fixer localement.

De toutes façon, pour ne pas priver les ouvriers de la possibilité de jouir de certaines fêtes solennelles commémoratives, ces dernières seront éventuellement remplacées par les dimanches les plus immédiatement proches, qui deviendront ainsi des journées normales de travail.

DÉTERMINATION DES TARIFS À LA TÂCHE.

ART. 9. — *Etablissements mécaniques et connexes et sidérurgiques.* — Les tarifs à la tâche doivent être déterminés de façon que l'ouvrier laborieux et d'une capacité de travail normale puisse avoir un gain minime en plus de la paie base à déterminer par les contrats collectifs particuliers.

Pour la détermination des tarifs du travail à la tâche dans les établissements sidérurgiques le subdivision en les groupes suivants devra être maintenue: travail à feu continu et services auxiliaires, travail généralement à la tâche indépendant des départements à feu continu, et travail à la chaîne, où la tâche est une véritable exception.

ART. 10. — Dans le cas où, au cours d'une quinzaine, le pourcentage moyen du gain à la tâche dans les usines ou dans les départements fondamentaux des usines, descendrait, les organisations des travailleurs, après examen des moyennes, ont le droit d'intervenir par l'intermédiaire de leurs propres délégués (de trois à cinq) choisis exclusivement dans ce but spécifique parmi les ouvriers de chaque établissement en particulier. Les organisations correspondantes des employeurs délégueront, dans ce but, les dirigeants des usines, pour l'accord entre les parties.

SUPPLÉMENT POUR LES OUVRIERS
QUI TRAVAILLENT À LA CHAÎNE.

ART. 11. — Chaque contrat collectif particulier déterminera la mesure des suppléments à ajouter à la paie-base des ouvriers lorsqu'ils travaillent à la chaîne. Les contrats collectifs particuliers fixeront en outre la mesure des suppléments à verser aux ouvriers spécialistes qui travaillent à la chaîne en tenant compte des divers éléments qui concourent à former le gain des ouvriers, (paie base, supplément ou pourcentage pour travail à la tâche).

LIQUIDATION AU TRAVAIL À LA TÂCHE
EN CAS DE RENVOI OU DE DÉMISSION.

ART. 12. — L'ouvrier à la tâche qui quitte le travail par suite de démission ou de renvoi pendant l'exécution de la tâche ou avant sa liquidation, a droit à la liquidation du gain éventuel de la tâche elle-même jusqu'au moment où il quitte le travail, dans le cas où la liquidation de la tâche et du gain sont déterminables et aussi dans le cas où elle ne le serait pas, à l'achèvement de la tâche; dans ce dernier cas, il lui sera versé un acompte sur la base de la liquidation prévue.

Les dispositions du présent contrat collectif restent en vigueur en ce qui concerne les retenues éventuelles.

RÉTRIBUTION POUR LE TRAVAIL EXTRAORDINAIRE, NOCTURNE
OU POUR LE TRAVAIL PENDANT LES JOURS DE FÊTE

ART. 13. *Usines mécaniques et connexes.* — Le travail exécuté pendant des heures en dehors de l'horaire normal, pendant des heures nocturnes ou pendant des jours de fête, sera indemnisé par un pourcentage sur la paie normale, à déterminer dans les contrats collectifs particuliers, selon la table suivante, pour les indemnités d'heures extraordinaires, nocturnes ou de fête.

1) Heures extraordinaires pendant les jours de travail:

   a) pour les deux premières heures extraordinaires   %;

   b) pour les trois heures extraordinaires successives   %;

   c) pour les heures extraordinaires successives   %.

2) Travail dans les jours fériés. Toutes les heures passées aut ravail seront indemnisées par une augmentation de   %.

Le pourcentage pour le travail des jours de fête ne sera pas versé pour les dimanches aux ouvriers qui sont au bénéfice du repos de compensation.

3) Les heures de travail nocturne seront indemnisées par une augmentation de   % et, à cet effet, seront considérées comme diurnes les douze heures de travail qui suivent le commencement du tour de travail du matin. Pour le cas des heures de travail extraordinaires fait pendant des heures nocturnes, ou des heures extraordinaires exécutées par des ouvriers qui ont travaillé pendant la nuit, on appliquera le seul pourcentage d'augmentation pour le travail extraordinaire ou le seul pourcentage pour le travail nocturne, en choisissant entre les deux, le pourcentage supérieur.

Etablissements sidérurgiques. — Dans les travaux à feu continu et les services auxiliaires desdits, sont considérées comme heures extraordinaires, celles qui dépassent les 48 heures par semaine, telles qu'elles sont déterminées à l'article 6. Pour les heures extraordinaires et pour celles qui sont considérée comme heures de fête, il sera versé des indemnités dans la mesure suivante:

Le   % de la paie des jours non fériés: le   % de la paie normale pendant les jours fériés.

Lorsque l'on adopte les deux et les trois tours de suite, il ne sera accordé aucune augmentation pour le travail de nuit.

Pour les autres départements qui ne sont pas à feu continu et pour leurs auxiliaires, les règles et compensations suivantes seront applicables pour le travail en heures extraordinaires, de fête ou nocturnes:

Heures extraordinaires pendant les jours ouvriers:

   a) pour les deux premières heures extraordinaires   %;
   b) pour les trois heures extraordinaires successives   %;
   c) pour les heures extraordinaires successives   %.

Travail pendant les jours fériés susindiqués: toutes les heures de travail seront indemnisées par une augmentation de   % sur la paie horaire normale.

Les pourcentages du travail pendant les jours de fête ne seront pas dus, pour le dimanche, aux ouvriers qui bénéficient du repos de compensation.

Les heures de travail nocturne seront indemnisées par une augmentation de   % sur la paie normale et, à cet effet, seront considérées comme diurnes les douze heures de travail qui suivent le commencement du travail le matin. Pour le cas des heures extraordinaires accomplies pendant la nuit ou d'heures extraordinaires exécutées par des ouvriers qui ont travaillé la nuit, on appliquera le seul pourcentage d'augmentation pour le travail extraordinaire ou celui du travail nocturne, en donnant la préférence au plus élevé.

CALCUL DE LA PAIE.

Art. 14. — La paie des salaires aura lieu à la semaine, par deux semaines ou par quinzaine, selon la coutume. Dans le cas où les travaux à la tâche auraient une durée supérieure à la période de paie, des acomptes élevés seront accordés. On indiquera à l'ouvrier les éléments constitutifs de son gain.

Le calcul des heures de travail est fait par le moyen des fiches de présences (ou médaillers) et des tableaux horaires (à la tâche ou à la chaîne).

La paie, sera faite de sorte qu'il reste toujours à l'usine le montant de six jours de paie comme garantie des obligations de l'ouvrier envers l'usine à teneur du présent contrat collectif.

Ce dépôt portera un intérêt de 5 %, qui sera consacré à une institution de prévoyance au bénéfice des ouvriers, à choisir par les organisations compétentes.

RÉCLAMATIONS SUR LA PAIE.

Art. 15. — Toute réclamation sur la paie perçue devra être présentée par l'ouvrier avant la fin du second jour qui suit le jour de la paie (sauf empêchement dû à la force majeure) à son chef immédiat. Ce dernier autorisera l'ouvrier à se rendre chez le sécrétaire d'usine ou chez le préposé au contrôle des heures de présence.

Toutefois les réclamations sur le montant de la paie et sur la qualité de la monnaie, ne seront pas acceptées si elles ne sont pas faite au moment même de la paie.

VACANCES.

Art. 16. — Chaque année l'ouvrier aura droit six jours (quarante-huit heures) de vacances rétribuées à paie normale.

Auront droit aux vacances les ouvriers qui auront une ancienneté d'au moins douze mois consécutifs dans l'usine où ils sont occupés.

L'époque des vacances sera établie en tenant compte des exigences du travail, de commun accord, simultanément par département, par atelier, par échelons ou individuellement.

Le remplacement des vacances par une rétribution n'est pas admis.

En cas d'un renvoi qui n'aurait pas lieu pour les motifs indiqués à l'article 34, ou, en cas de démission alors que serait échu le droit aux vacances, l'ouvrier aura droit auxdites vacances. La période de préavis ne peut pas être considérée comme période de vacances.

En cas de vacances collectives, l'ouvrier qui n'a pas encore droit aux vacances, aura droit à une compensation d'un jour pour chaque période de deux mois entiers et consécutifs d'ancienneté.

Dans le cas de renvoi qui ne serait pas justifié par les motifs mentionnés à l'article 34, l'ouvrier qui n'aura pas encore droit aux vacances, aura droit à un jour de vacance pour chaque période de deux mois entiers et consécutifs d'ancienneté.

Le même droit revient à l'ouvrier démissionnaire qui aurait une ancienneté consécutive non inférieure à cinq années.

APPEL ET RAPPEL SOUS LES ARMES ET DANS LA MILICE VOLONTAIRE POUR LA SÛRETÉ NATIONALE – MALADIE.

Art. 17. — L'appel aux armes pour obligation de conscription résilie de droit le contrat de travail.

Une fois le service militaire terminé, l'ouvrier aura droit de précédence pour les engagements éventuels de personnel de la part de la maison et, dans ce cas, on lui reconnaître l'ancienneté qu'il possédait avant l'appel sous les armes.

Dans le cas de rappel sous les armes ou dans la Milice volontaire pour la sûreté nationale, l'ouvrier aura droit à la conservation de sa place sans interruption d'ancienneté.

En outre, pour la rétribution et cas de rappel dans la Milice volontaire pour la sûreté nationale, les accords pris par les Organisations supérieures sont applicables.

Dans le cas de maladie, l'ouvrier aura le droit de conserver sa place pendant une période maximum de trois mois sans interruption d'ancienneté.

Passée cette période, dans le cas où la Maison renvoie l'ouvrier ou si la maladie, duement contrôlée, ne permet pas à l'ouvrier de reprendre son travail, on lui versera l'indemnité de renvoi prévue à l'article 33.

HIÉRARCHIE.

ART. 18. — Les ouvriers, aussi bien dans leurs rapports de travail que dans toute autre circonstance s'y rapportant, dépendent de leurs chefs respectifs selon l'ordre hiérarchique.

Ils doivent conserver des rapports de déférence et de subordination envers leurs supérieurs, d'urbanité et de camaraderie envers leurs collègues et dépendants.

ENTRÉE ET SORTIE.

ART. 19. — *Usines mécaniques et connexes.* — L'entrée des ouvriers à l'usine le matin aussi bien que l'après midi, sera réglée comme suit:

Le premier signal sera donné vingt minutes avant l'heure fixée pour le commencement du travail. A ce signal les portes seront ouvertes.

Le second signal cessera cinq minutes avant l'heure fixée pour le commencement du travail.

Le troisième signal sera donné à l'heure précise du commencement du travail.

A ce signal, les portes seront fermées et chaque ouvrier devra commencer le travail.

Au commencement des tours, cinq minutes après le troisième signal, on rétablira l'accès à l'usine pendant une durée de quinze minutes pour l'admission des retardataires.

Pour les retardataires, le calcul de la paie sera diminué d'une demi-heure sur l'horaire normal.

La sortie est annoncée par un signal unique donné à la fin du tour de travail. Aucun ouvrier ne pourra cesser le travail avant ce signal.

Etablissements sidérurgiques. — L'entrée des ouvriers le matin comme l'après-midi, sera réglée de la façon suivante:

Le premier signal sera donné vingt minutes avant l'heure fixée pour le commencement du travail. A ce signal les portes seront ouvertes.

Le second signal cessera cinq minutes avant l'heure fixée pour le commencement du travail.

Le troisième signal sera donné à l'heure précise du commencement du travail.

A ce signal, les portes seront fermées et tous les ouvriers devront commencer le travail.

Au commencement des tours, cinq minutes après le troisième signal, les portes de l'établissement seront rouvertes pendant une durée de quinze minutes pour l'admission des retardataires.

Pour les retardataires, le calcul de la paie sera fait à partir d'une demi-heure après l'horaire normal.

La sortie est annoncée par un signal unique donné à la fin du tour de travail. Aucun ouvrier ne pourra cesser son travail avant ce signal.

Dans le cas de plusieurs tours, l'ouvrier du tour cessant ne pourra abandonner son poste de travail, qu'au moment où il sera remplacé par l'ouvrier du tour suivant.

Pour les départements à feu continu et auxiliaires, la direction pourra, selon les cas, admettre des retardataires au delà des quinze minutes prévues, pour ne pas entraver, à son jugement, la régularité du travail, et cela avec des pénalités opportunément établies, mais qui ne pourront pas dépasser l'importance du montant du temps perdu par eux, calculé sur la paie base.

MOUVEMENTS IRRÉGULIERS DE FICHES OU MÉDAILLES.

ART. 20. — Il est absolument interdit de faire des corrections ou ratures sur la fiche, de retirer celle d'un autre ouvrier ou de tenter, de quelque façon que ce soit, d'altérer les indications de l'horloge de contrôle.

Les infractions à ces dispositions pourront donner lieu au renvoi, au sens de l'article 34.

Des dispositions analogues seront prises contre ceux qui opéreraient des mouvements irréguliers des médailles.

Sera considéré comme absent tout ouvrier qui n'aura pas opéré le mouvement régulier de la fiche (ou de la médaille) lorsqu'il ne pourra pas faire constater de façon certaine sa présence à l'usine avant la sortie. Dans tous les cas, il sera considéré comme retardataire.

PERMIS D'ENTRÉE ET DE SORTIE.

ART. 21. — Pendant le travail, aucun ouvrier ne pourra s'éloigner de sa place sans motif justifié. Il ne pourra pas non plus quitter l'usine, s'il n'y est dûment autorisé.

Les ouvriers renvoyés ou suspendus ne pourront pas avoir accès à l'usine.

Sauf permis spécial de leur propre chef, il n'est pas permis aux ouvriers soit d'entrer, soit de stationner dans l'usine en dehors des heures de son tour.

La permission de sortie de l'usine doit être demandée par l'ouvrier à son chef immédiat et, sauf cas exceptionnel, dans la première heure de travail.

L'ouvrier qui quitterait le travail sur permission ou pour maladie, dans la première heure du commencement du travail, n'a droit à aucune rétribution pour le temps qu'il a passé à l'usine.

ABSENCES.

ART. 22. — Toutes les absences devront être justifiées.

Toute absence non justifiée ou non autorisée sera punie d'une amende de 25 à 50 % du produit des heures d'absence pour la paie base.

Les justifications doivent être présentées le matin suivant le premier jour d'absence.

Pourra être renvoyé pour absence, au sens de l'article 34, l'ouvrier qui, sans justification, aura manqué pendant trois jours de suite, ou trois fois en une année les jours qui suivent les fêtes.

En cas de maladie, l'ouvrier est tenu d'avertir la direction, au plus tard le second jour d'absence, sous réserve du droit de la direction de faire contrôler la maladie par son propre médecin.

REMISE D'OUTILS ET DE MATÉRIEL.

Art. 23. — Pour se munir des outils et du matériel qui lui sont nécessaires, l'ouvrier doit en faire la demande à son chef.

L'ouvrier est responsable des outils qui lui sont régulièrement confiés.

Il devra prendre soin de faire inscrire sur son livret aussi les outils de sa propriété, pour qu'il soit autorisé à les emporter au moment de son renvoi ou de sa démission.

En cas de renvoi ou de démission l'ouvrier doit avant de quitter l'usine, rendre au magasin de l'atelier auquel il appartient, tout ce qu'il a reçu en consigne. Ce n'est qu'alors que la comptabilité pourra procéder à la liquidation de sa paie et lui remettre le certificat de service.

CONSERVATION DES OUTILS ET DU MATÉRIEL.

Art. 24. — Les ouvriers ont l'obligation précise de conserver en bon état les machines, les outils, les utensiles, les petites armoires, les dessins et, en général, tout ce qui leur est confié. L'ouvrier répondra des dommages et des pertes éventuelles causés à ces objets et qui lui seraient imputables. Le montant en sera retenu sur sa paie.

Aucune modification ne pourra être apportée aux objets confiés aux ouvriers, sans l'autorisation du chef. Toute modification faite arbitrairement par eux donnera droit à la direction d'opérer sur la paie une retenue en compensation des dommages de temps et de matériel subis. La place de travail devra être tenue proprement et en ordre.

Le samedi, le travail sera suspendu avant l'heure indiquée par l'horaire, pendant une durée de temps fixée par la direction, afin de permettre à l'ouvrier de faire un nettoyage complet des machines et des places de travail.

VISITES D'INVENTAIRE ET VISITES PERSONNELLES.

Art. 25. — Aucun ouvrier ne pourra se refuser à une visite quelconque d'inventaire, qui serait faite par ordre supérieur, des objets qui lui ont été confiés, ni à une visite personnelle à la sortie de l'usine.

ACCIDENTS ET HYGIÈNE DU TRAVAIL.

Art. 26. — En cas d'accident du travail, même léger, l'ouvrier atteint devra immédiatement avertir son chef, qui l'enverra à l'infirmerie de l'usine pour rédiger la dénonciation prévue par la loi, le cas échéant.

Lorsque l'accident frappe l'ouvrier sur un travail commandé en dehors de l'usine, la dénonciation sera rédigée au poste de secours le plus voisin, en se procurant les témoignages prévus.

Il reste sous entendu que toutes les prescriptions de la loi sur les accidents et du règlement relatif, de même que les prescriptions du règlement général et des règlement spéciaux pour l'hygiène du travail devront être observées.

INTERDICTIONS.

Art. 27. — Il est interdit de faire des collectes, de recueillir des signatures et de vendre des billets ou des objets dans l'usine.

Il est interdit de fumer, et d'introduire dans les ateliers des aliments et des boissons alcooliques sans la permission de la direction.

Il est interdit à l'ouvrier de travailler dans des usines autres que celle à laquelle il est inscrit, sauf dans les cas de suspension de travail.

Il est interdit à l'ouvrier de faire usage sans ordre d'une machine qui n'est pas lui assignée.

RÈGLES SPÉCIALES.

Art. 28. — Outre les règles du présent contrat collectif, les ouvriers doivent se conformer également aux règles spéciales qui seraient établies pour certaines éventualités et qui seront affichées soit au tableau, à l'entrée de l'usine, soit dans l'intérieur des ateliers. Il est entendu que ces règles ne doivent pas modifier le présent contrat.

PUNITIONS.

Art. 29. — Toute infraction au présent contrat collectif sera punie, selon la gravité de la faute. Au jugement de la Direction, les punitions peuvent être les suivantes:

1) Amende (au maximum six heures de paie normale).
2) Suspension du travail (au maximum pour trois jours).
3) Renvoi, au sens de l'article 34.

Les retenues pour remboursements de dommages seront fixées proportionnellement au dommage causé.

Le montant des amendes et retenues, ne provenant pas d'une abstention de travail, de faute de préavis, d'indemnités pour avaries au matériel de l'usine ou au matériel de travail, sera versé à l'institution prévue à l'article 14.

Il sera toutefois tenu compte des dispositions existantes à condition qu'elles tendent à des buts de bienfaisance pour les ouvriers.

AMENDES ET SUSPENSIONS.

Art. 30. — Dans les cas spécifiés ci-dessous, la Direction inflige des amendes ou des suspensions selon la gravité des fautes de l'ouvrier:

a) qui abandonne son poste de travail sans motif justifié;

b) qui exécute mal et avec une lenteur exagérée le travail qui lui est confié;

c) qui, même par inadvertance, endommage le matériel de l'usine ou le matériel de travail;

d) qui fume ou qui introduit des boissons alcooliques dans l'usine sans la permission de la Direction;

e) qui se présente au travail en état d'ivresse;

f) qui fait des collectes ou des souscriptions à l'intérieur de l'usine;

g) qui retarde dans le commencement du travail ou le suspend ou en anticipe la cessation;

h) qui, de toute autre façon, transgresse à l'observation du présent contrat collectif ou des règles spéciales de l'article 28 ou qui commet une faute quelconque portant préjudice à la discipline, à la morale, à l'hygiène et à la sécurité de l'usine.

PASSAGE DE L'USINE DANS D'AUTRES MAINS.

ART. 31. — Dans le cas de cession ou de transformation quelconque de l'usine, le personnel conserve les droits acquis et les obligations prévues par le contrat collectif. Le nouveau propriétaire n'est exonéré de l'obligation de reconnaître les droits acquis par le personnel, à tous les effets de l'ancienneté de service, que dans le cas où ces droits on été liquidés par le propriétaire précédent.

RENVOI ET DÉMISSION.

ART. 32. — Le renvoi de l'ouvrier ou sa démission pourront avoir lieu à quelque jour que ce soit, moyennant préavis d'une semaine, sauf dans les cas prévus à l'article 34.

La Direction a toutefois le droit d'exonérer l'ouvrier du travail quelque jour que ce soit après le préavis, moyennant le paiement de la paie normale pendant les heures qui manquent à l'accomplissement de la semaine.

INDEMNITÉ DE RENVOI ET EN CAS DE MORT.

ART. 33. — L'ouvrier renvoyé pour les motifs prévus à l'article 34 aura droit aux indemnités suivantes:

a) pour la première année accomplie d'ancienneté ininterrompue auprès de la maison, un jour (huit heures) de paie normale;

b) pour les années allant de la seconde à la quatrième: deux jours (16 heures) pour chaque année révolue;

c) pour les années allant de la cinquième à la quinzième: 3 jours (24 heures) pour chaque année révolue;

d) pour les années successives: 4 jours (32 heures) pour chaque année révolue.

On reconnaîtra aux ouvriers en service le 28 octobre 1927-VI, un maximum de 17 années d'ancienneté dans le cas où ladite ancienneté serait supérieure dans la maison, à ladite date.

Les indemnités supérieures prévues sous les lettres *c*) et *d*) (respectivement un jour et deux jours) ne seront pas versées pour l'ancienneté déjà révolue à l'entrée en vigueur du présent contrat collectif; toutefois cette ancienneté sera calculée aux effets du droit à l'indemnité supérieure prévue sous les lettres *c*) et *d*) pour la période successive à la date elle-même.

En cas de mort de l'ouvrier, l'indemnité ci-dessus reviendra au conjoint ou aux parents vivants.

RENVOI SUR PUNITION.

ART. 34. — Seront renvoyés par la Direction avec cessation immédiate du travail et de la paie et sans indemnité, les ouvriers coupables de:

a) insurbodination envers les supérieurs;

b) vols ou dommages volontaires au matériel de l'usine ou au matériel de travail;

c) rixes dans l'usine;

d) détournement de dessins ou d'esquisses de machines, d'outils, ou d'autres objets de l'usine;

e) construction d'objets pour usage propre ou pour usage de tiers. Pour ce motif, le cas échéant, l'ouvrier devra indemniser la Maison du dommage causé:

f) récidive de l'une quelconque des fautes prévues à l'article 30, lorsque serait déjà intervenue une suspension dans les douze mois précédents.

RÉCLAMATIONS ET DIFFÉRENDS

ART. 35. — Toutes les réclamations de caractère purement individuel, devront suivre les règles disciplinaires coutumières de l'usine et seront résolues par des pourparlers directs entre les ouvriers intéressés et leurs supérieurs.

Dans le cas où le différend se réfèrerait à l'application du présent contrat, elle devra, avant l'action judiciaire, être soumise à l'examen des Associations professionnelles compétentes des industriels et des ouvriers, en vue de la tentative de conciliation des parties. A cette fin, l'Association qui recevra la dénonciation du différend, aux termes de l'article 4 du décret royal du 26 février 1928, n. 471, devra en donner immédiate communication à l'autre Association contractante.

Dans le cas où l'accord ne serait pas réalisé en cette instance, dans les quinze jours à partir de la date de l'expédition de la dénonciation, l'intéressé aura la faculté d'en référer aux autorités judiciaires.

Les différends collectifs pour l'application du présent contrat seront résolues à l'amaible par les Associations professionnelles compétentes du premier degré, et faute d'accord, par celles de degré supérieur.

ENSEIGNEMENT PROFESSIONNEL.

ART. 36. — Les organisations contractantes reconnaissent la nécessité de coordonner et d'aider les initiatives de culture professionnelle, par lesquelles les ouvriers peuvent perfectionner les connaissances techniques de leur travail, dans l'intérêt supérieur de la production.

Les apprentis seront autorisés à s'absenter pour fréquenter les écoles professionnelles.

La fréquentation utile des écoles donnera droit à la préférence dans l'engagement dans les usines.

DISPOSITIONS GÉNÉRALES.

Art. 37. — Les modifications éventuelles aux dispositions du présent contrat collectif, pour l'adapter aux conditions particulières de certaines industries ou localités, seront faites par un accord entre les organisations compétentes.

Art. 38. — Le présent contrat a une durée de deux ans à partir de la date de sa publication dans le *Bollettino del Ministero delle Corporazioni* et il sera considéré comme tacitement renouvelé d'année en année, s'il n'est pas dénoncé par l'une des parties, au moins deux mois avant son échéance.

18.

CONTRAT NATIONAL DE TRAVAIL POUR L'INDUSTRIE DU BÂTIMENT, DES TRAVAUX PUBLICS ET INDUSTRIES CONNEXES

Art. 1.er — Le présent contrat règle les rapports entre les maisons représentées par la *Federazione Costruttori* constituée entre les entreprises de travaux du bâtiment, des travaux publics et privés et connexes et les ouvriers à leur dépendance:

par connexes, il faut entendre les industriels: stucateurs, cimentiers, asphaltiers, peintres en bâtiments, peintres et décorateur, badigeonneurs, empierreurs, paveurs, carreleurs (pour la mise en œuvre de matériaux), faiseurs d'enduits, planchéieurs, charpentiers pour armatures, tailleurs de pierres, sous réserve de plus ample spécification proposées par les Associations locales, après avis des hiérarchies supérieures.

VALIDITÉ ET DURÉE.

Art. 2. — Le présent contrat est valable pour tout le territoire du Royaume d'Italie, à partir du jour de sa stipulation et il a une durée de trois ans.

Dans le cas où il ne serait pas dénoncé par l'une des parties par lettre recommandée, trois mois avant son expiration, il sera considéré comme renouvelé pour une période égale.

ACCORDS LOCAUX.

Art. 3. — La faculté est réservée aux Associations provinciales des employeurs et des ouvriers de stipuler des accords particuliers, mais ce seulement en ce qui concerne:

a) la fixation des salaires et des révisions y relatives;

b) la détermination des limites territoriales entre lesquelles les fixations des salaires localement stipulées sont valables;

c) l'éventuelle distribution annuelle de l'horaire de travail;

d) toutes les autres questions d'intérêt exclusivement local et celles qui sont déférées par le présent contrat aux accords locaux.

BUREAUX DE PLACEMENT.

Art. 4. — L'engagement des ouvriers sans travail aura lieu selon la loi et le règlement sur les Bureaux de placement.

ADMISSION AU TRAVAIL ET DOCUMENTS.

ART. 5. — Pour l'engagement des ouvriers, les documents suivants seront exigés:

a) Carte d'identité;

b) Livret d'admission au travail pour les femmes et les enfants;

c) Cartes relatives aux assurances sociales obligatoires ou documents équivalents;

d) Livret personnel de paie.

PÉRIODE D'ESSAI.

ART. 6. — L'engagement définitif de tout ouvrier sera toujours fait après une période d'essai dont la durée pourra être au maximum de 6 jours de travail.

Sur la base des résultats de l'essai, l'employeur confirmera ou refusera l'engagement de l'ouvrier et, dans tous les cas, il fixera la paie à lui verser à partir du premier jour de l'engagement; cette paie ne pourra jamais être inférieure aux minima établis pour la catégorie dans laquelle l'ouvrier a prêté ses services.

L'ouvrier qui, pendant la période d'épreuve, est renvoyé ou qui, à la fin de ladite période, n'est pas engagé, ou encore qui ne veut pas accepter les conditions qui lui sont offertes, quittera sans autre le chantier, il lui sera payé les heures de travail accompli sur la base de la paie minimum pour la catégorie dans laquelle il aura travaillé.

HIÉRARCHIE ET DISCIPLINE.

ART. 7. — La distribution du travail, de même que l'assignation, la répartition du travail, la détermination du nombre du personnel nécessaire au fonctionnement de tout département ou de toute machine, et, en général, la fixation des principes et des méthodes pour la marche du travail sont de compétence esclusive et sans appel de l'employeur.

Dans l'exécution de son travail, l'ouvrier doit s'en tenir aux instructions reçues.

ART. 8. — Tous les ouvriers, sans exception, aussi bien dans les rapports directs relatifs au service que dans toute autre circonstance s'y référant, même indirectement, dépendent de leurs chefs immédiats, selon l'ordre hiérarchique.

Chacun doit entretenir des rapports de subordination et de déférence avec ses supérieurs, même indirects, d'urbanité envers ses collègues et ses dépendants.

ART. 9. — Les ouvriers de tous grades ou catégories sont tenus à l'observation des règles contenues dans le présent contrat.

En particulier, l'ouvrier doit:

a) observer l'horaire établi par la Direction pour sa catégorie de travail ou pour son tour de service. A la reprise du travail, lorsque ce dernier est interrompu par une période de repos, les retardataires pourront être admis;

b) exécuter avec la plus grande diligence la tâche qui lui est confiée, en assumant la responsabilité et en s'en tenant scrupuleusement aux instructions reçues;

c) conserver en bon état les machines, outils, instruments et tout ce qui est mis à sa disposition, sans y apporter aucune modification avant d'en avoir demandé et obtenu l'autorisation de la part des supérieurs directs.

Toute altération par lui arbitrairement apportée aux instruments de travail, donnera droit à l'employeur de faire une retenue sur son salaire pour compenser le dommage de temps et de matériel subi.

L'ouvrier répondra des pertes du matériel qui lui est confié et qui lui seraient imputables.

ART. 10. — Pendant le travail, aucun ouvrier ne pourra s'éloigner de sa place, sans un motif justifié. De même, il ne pourra pas sortir du chanier s'il n'est pas régulièrement autorisé à le faire par son chef direct.

ART. 11. — Aucun ouvrier ne pourra se refuser à une visite d'inventaire quelconque, qui serait faite par ordre supérieur, pour les objets qui lui sont confiés, ni à une visite personnelle, même à la sortie du chantier.

Pour se munir des outils, à l'exception de ceux qui, ordinairement doivent être fournis par l'ouvrier, et du matériel nécessaire, tout ouvrier doit en faire requête à son chef. En cas de renvoi, avant de quitter le chantier, l'ouvrier doit rendre au magasin tout ce qu'il a temporairement reçu; ce n'est qu'alors que l'administration du chantier devra procéder à la liquidation de son compte et lui délivrer le certificat de travail.

ART. 12. — Toutes les absences doivent être justifiées et les justifications doivent être présentées à la Direction du chantier le matin qui suit le jour de l'absence.

Toute absence injustifiée sera passible, d'une amende égale au 15 % de la paie que l'ouvrier aurait perçue en travaillant pendant l'absence.

En cas de maladie, l'ouvrier a l'obligation d'avertir la Direction dans les 48 heures du commencement de la maladie, et à la reprise du travail, il devra présenter le certificat médical relatif.

L'employeur a la faculté de faire contrôler la maladie de l'ouvrier par un médecin de son choix.

ART. 13. — Outre les dispositions du présent contrat, les ouvriers doivent se conformer aux règles spéciales qui pourraient être établies par l'employeur (à conditions qu'elles ne soient pas de nature à modifier le présent contrat); lesdites règles devront être affichée sur un tableau à l'entrée du chantier.

ART. 14. — L'employeur pourra, sous réserve d'accord préalable entre les deux organisations compétentes, autoriser l'affichage dans le chantier des affiches du Syndicat intéressént des matières d'accords.

PUNITIONS.

ART. 15. — Pour les infractions au présent contrat, l'employeur, pourra, selon la gravité, infliger les punitions suivantes;

a) amende jusqu'au montant de quatre heures de travail;

b) suspension du travail jusqu'à deux jours;

c) renvoi au cours de la semaine.

Art. 16. — Les retenues pour remboursement des dommages seront fixées par l'employeur, proportionnellement au dommage causé.

Les fonds provenant des amendes qui ne représentent pas un remboursement de dommages, devront être versés à la Caisse Maladies ou, à défaut, à d'autres institutions de prévoyance établies par les associations locales.

MOTIFS DE PUNITION.

Art. 17. — L'employeur aura le droit de punir l'ouvrier par une amende, dans les cas suivants:

a) abandon de la place de travail sans motif justifié;

b) faute d'exécution du travail selon les instructions reçues;

c) commencement de travail retardé et suspension ou anticipation de la cessation;

d) introduction de boissons alcooliques sans en avoir eu l'autorisation préalable;

e) se présenter au travail en état d'ivresse;

f) transgression quelconque de l'observation du règlement intérieur du chantier;

g) transgression de quelque façon que ce soit aux dispositions du présent contrat;

h) absence, aux termes du paragraphe 2 de l'article 12.

Dans les cas plus graves et dans les cas de recidive, l'employeur pourra infliger la suspension à l'ouvrier.

Art. 18. — L'employeur aura le droit de renvoyer l'ouvrier ainsi que cela est prévu au paragraphe *c*) de l'article 15, dans les cas suivants:

a) insubordination envers les supérieurs;

b) offense grave aux compagnons et injures au personnel de la maison;

c) offense réitérée aux bonnes moeurs et ivresse;

d) vol, fraudes, sabotage, rixes dans l'intérieur du chantier;

e) recidive dans l'un quelconque des manquements énumérés aux précédent article.

APPEL ET RAPPEL SOUS LES ARMES
ET À LA MILICE VOLONTAIRE POUR LA SÛRETÉ NATIONALE.

Art. 19. — L'appel sous les armes pour obligation de conscription constitue une résiliation du contrat. Toutefois, l'ouvrier aura droit à une indemnité dans une mesure équivalente au montant établi pour l'indémnité de renvoi-vacances dont il est question à l'article 25.

Art. 20. — Le rappel sous les armes ou dans la Milice volontaire pour la sûreté nationale (M. V. S. N.) ne résilie pas le contrat de travail. Il sera compté à l'ouvrier aux effets de l'ancienneté et comme période passée au travail, le temps pendant lequel il a été en service militaire ou en service à la Milice volontaire pour la sûreté nationale.

Les instructions émanées par les Autorités compétentes seront valables pour le traitement économique des rappelés en service dans la Milice volontaire pour la sûreté nationale.

RENVOIS COLLECTIFS.

ART. 21. — En cas de renvois collectifs pour suspension de travail ou pour cas de force majeure et qui ne se prolongeraient pas au delà de quatre semaine, les ouvriers antérieurement occupés et que seraient inscrits au Bureau de Placement institué aux termes de la loi, auront un droit de précédence dans les engagements successifs.

Ces ouvriers ne seront pas soumis à une nouvelle période d'essai.

RÉDUCTIONS TEMPORAIRES DES HORAIRES ET DES TOURS.

ART. 22. — En cas de réduction temporaire du travail, l'employeur, lorsqu'il le jugera compatible avec les exigences de l'industrie, procédera à une réduction de l'horaire du travail, et à l'organisation de tours entre les ouvriers, avant de procéder au renvoi.

PRÉAVIS DE RENVOI ET DE DÉMISSION.

ART. 23. — Le renvoi de l'ouvrier et sa démission, pourront avoir lieu par préavis donné le mercredi soir pour le samedi suivant sous réserve d'observation d'autres clauses existant localement en vertu de précédents contrats.

L'employeur aura toujours le droit de remplacer la période préavis par le paiement des heures de travail, manquant à l'achèvement de la période elle-même, mais cela, toutefois, dans la limite de trois jours, sauf meilleures conditions prévues par les accords locaux précédents.

L'ouvrier auquel le préavis de renvoi aura été notifié ou qui a présenté sa démission, est tenu à continuer son travail avec diligence, activité et rendement normaux.

MALADIE.

ART. 24. — L'absence justifiée, pour maladie, annoncée aux termes de l'article 12 ne constitue un motif de renvoi qu'au bout de deux mois. Si la maladie se prolonge au delà de deux mois, et que le renvoi soit prononcé, l'ouvrier à droit à l'indemnité dont il est question à l'article 25.

INDEMNITÉ DE RENVOI—VACANCES ET EN CAS DE MORT.

ART. 25. — En cas de renvoi qui ne serait pas justifié par les motifs exposés à l'article 18, tout ouvrier à droit à une indemnité de renvoi-vacances égale à trois jours de paie normale, pour chaque année de service ininterrompu prêté auprès de la même maison. Si l'ouvrier était renvoyé avant l'accomplissement de son année de service, ou au cours des années successives auprès de la même entreprise, il aura droit à un jour de l'indemnité susdite pour chaque période complète de quatre mois d'ancienneté.

En cas de mort de l'ouvrier, l'indemnité ci-dessus reviendra au parent ou aux parents vivants.

Aux effets de l'indemnité ci-dessus, l'ancienneté part de la date de la stipulation du présente contrat. Toutefois, à ceux qui, à cette date, ont une ancienneté de trois années ou plus, on reconnaîtra l'ancienneté de deux ans.

HORAIRE.

Art. 26. — L'horaire de travail effectif est de huit heures par jour, sous réserve des dérogations et exceptions prévues par la loi.

La récupération à régime normal des heures perdues pour cause de force majeure, dans l'espace de deux semaines successives, est admis dans la limite maximum d'une heure par jour.

L'horaire du travail avec les indication des heures de commencement et de cessation du travail et de la durée des intervalles de repos devra être exposé dans tous les chantiers de façon facilement visible et en un lieu accessible à tous les dépendants.

C'est à l'employeur qu'il appartient de fixer le travail extraordinaire et le travail pendant les jours de fête pour le nombre d'ouvriers et le nombre d'heures qu'à son jugement exclusif, il sera nécessaire d'exécuter, sous réserve d'observation des dispositions légales.

Aucun ouvrier ne pourra refuser d'exécuter le travail extraordinaire et le travail pendant les jours de fête qui lui sera ordonné, selon les termes de la loi, et sauf motifs individuels justifiés.

TRAVAIL EXTRAORDINAIRE.

Art. 27. — Les pourcentages d'augmentation pour travail extraordinaire, nocturne ou des jours de fête, seront établis dans les accords locaux.

Est considéré comme travail extraordinaire, le travail fait en dehors de l'horaire normal établi à l'article précédent. Les heures qui n'auront pas été déterminées par l'employeur ne pourront pas être considérées comme travail extraordinaire.

Par heures nocturnes, on considère celles qui sont accomplies de 22 à 6 heures.

On ne considère pas comme heures nocturnes ou de fête celles qui sont comprises dans les tours réguliers périodiques. Toutefois, lorsque les ouvriers sont exceptionnellement assignés à ces tours, ils ont droit à la rétribution extraordinaire s'y référant. Les pourcentages pour les heures extraordinaires, nocturnes et de fête, ne sont pas cumulables, c'est-à-dire que les plus hauts absorbent les plus bas.

TRAVAUX SPÉCIAUX.

Art. 28. — Seront considérés comme travaux spéciaux et rétribués par une paie à déterminer par les Associations locales, les travaux exécutés dans des égoûts préexistants, canaux souterrains, puits de purge, à une profondeur supérieure à trois mètres, travaux sur des échelles aériennes, dans les caissons à air comprimé, dans l'eau, etc., sous réserve de plus de précisions locales.

JOURS FÉRIÉS.

Art. 29. — Sont considérés comme jours fériés, tous les dimanches, le XXI avril (Fondation de Rome et fête du Travail); celui du Patron de la ville et tous les jours reconnus come tels aux effets civils.

Il est absolument interdit de travailler le XXI avril, sauf cas de force majeure.

TRAVAIL À LA TACHE.

Art. 30. — Le travail à la tâche pourra être établi par l'employeur.

Dans le travail à la tâche exécuté par des ouvriers isolés ou par des équipes, les tarifs de la tâche devront, au préalable, être communiqués par l'entreprise aux ouvriers et ils devront être établis de façon à permettre à l'ouvrier laborieux et de capacité de travail normale, d'obtenir un gain supérieur à la paie ordinaire, dans la mesure à déterminer dans les différents contrats locaux.

TRAVAIL EN DEHORS DE LA ZONE.

Art. 31. — L'ouvrier auquel on ordonnera un travail en dehors de la zone dans laquelle il est habituellement occupé recevra une indemnité en plus de la paie. Les Associations territoriales détermineront les limites et les modalités de versement de ladite indemnité.

MODALITÉS DE PAIEMENT.

Art. 32. — La paie sera faite chaque semaine, chaque quinzaine ou chaque mois.

A la requête de l'ouvrier, il lui sera versé des acomptes hebdomadaires atteignant environ 80 % de la paie échue.

La paie sera faite dans des enveloppes individuelles portant l'indication des différents éléments qui la composent.

La paie devra être faite aussitôt après la cessation du travail.

Dans le cas où la paie serait faite dans une localité éloignée du lieu de travail, on autorisera l'ouvrier à quitter le travail de façon à pouvoir atteindre le lieu où s'effectue la distribution des paies, au moment prescrit pour la cessation du travail.

Le montant du dernier jour de la semaine ou de la quinzaine sera compté dans la semaine ou la quinzaine suivante, exception faite du cas de renvoi.

CERTIFICATS DE SERVICE.

ART. 33. — Aussi bien dans le cas de renvoi que dans le cas de démission de l'ouvrier, l'employeur est tenu de délivrer à son dépendant, au moment de la cessation du travail, et nonobstant toute contestation éventuelle sur la liquidation des rapports réciproques, un certificat de service contenant l'indication du temps pendant lequel l'ouvrier a été occupé et la nature de ses occupations, ou inscrire ladite déclaration dans le livret personnel de paie, sauf le cas prévu à l'article 11.

SECOURS IMMÉDIAT ET GARDE DES EFFETS.

ART. 34. — Les chantiers occupant plus de 20 ouvriers devront être munis de caissettes-pharmacies pour les premiers secours d'urgence en cas d'accident et, selon la durée du travail, s'il s'agit de travail qui n'est pas exécuté dans un chantier, ils devront être également fournis d'un local fermé où les ouvriers pourront déposer leurs vêtements, dont le changement aura lieu avant et après l'horaire établi.

ASSURANCES SOCIALES,

ART. 35. — Toutes les prescriptions légales relatives aux assurances et aux mesures de prévoyance sociales (invalidité, v1elesse, chômage, tuberculose, maternité) seront scrupuleusement observées par les employeurs et les ouvriers.

CAISSES DE MALADIE ET ÉCOLES PROFESSIONNELLES.

ART. 35. — Dans le but de secourir l'ouvrier en cas de maladie ne proyenant pas d'accidents du travail, les parties s'engagent à constituer, là où elles n'existent pas, les Caisses de maladie financées par les deux parties et administrées paritairement et à transformer, le cas échéant et dans le même sens, les Caisses qui pourraient déjà exister.

Les retenues des ouvriers dans ces buts seront faites par l'employeur au moment de la paie.

L'inscription aux Caisses Mutuelles est obligatoire pour tous les ouvriers auxquels le présent contrat est applicable.

Dans le mois de la stipulation du présent contrat, les Associations territoriales se réuniront pour établir l'importance de la contribution à consacrer aux Caisses Maladie et la date du commencement des versements et du fonctionnement de la Caisse elle-même.

Les organisations contractantes reconnaissent en outre la nécessité de favoriser la création et le développement des écoles professionnelles ouvrières.

RÉCLAMATIONS ET DIFFÉRENDS.

ART. 37. — Toutes les réclamations de caractère purement individuel devront être faites en conformité des règles habituelles des entreprises et être résolues directement entre les ouvriers intéressés et leurs supérieurs. Dans le cas où le différend concernerait l'application du présent contrat, il devra, avant l'action judiciaire être soumis à l'examen des Associations professionnelles compétentes des industriels et des ouvriers, pour la tentative de conciliation des parties. A cette fin, l'Association qui recevra la notification de la controverse aux termes de l'article 4 du décret royal du 26 février 1928, n. 741, devra en donner immédiatement communication à l'autre association contractante. Dans le cas où l'accord ne serait pas réalisé par ce moyen, dans le délai de 15 jours à partir de l'expédition de la communication, l'intéressé aura la faculté de s'adresser à l'autorité judiciaire. Les différends collectifs au sujet de l'application du présent contrat seront composées à l'amiable par les Associations professionnelles compétentes de premier degré, et en cas de non accord, par celles de degré supérieur.

RÈGLE AJOUTÉE POUR LES TRAVAUX D'UTILITÉ PUBLIQUE.

ART. 38. — Tous les rapports entre employeurs et ouvriers, pour ce qui concerne les constructions d'utilité publique, sont réglementés par le présent contrat national, sous réserve des dispositions de l'article 52 du décret royal du 1er juillet 1926, n. 1130.

Les organisations locales des employeurs et des ouvriers établiront, de temps en temps, pour des travaux exécutés en haute montagne et dans des zones atteintes de malaria, les rétributions éventuelles à verser aux ouvriers à titre d'indemnités de même que ce qui se réfère à la nourriture et au logement, en tenant compte des exigences hygiéniques pour la protection de la santé des ouvriers.

Dans tous les cas, on ne considérera pas comme lieu de haute montagne les endroits au-dessous de 1000 mètres.

CONTRAT NATIONAL DE TRAVAIL
POUR LES SARCLEURS DE RIZ LOCAUX

Art. 1.er — Toute la main-d'œuvre locale qui devra prendre part aux opérations de sarclage, devra s'inscrire dans les Bureaux de placement paritaires institués à cet effet près les Organisations syndicales des travailleurs agricoles.

Art. 2. — La formation et l'attribution des équipes des sarcleurs de riz sera faite par les Organisations provinciales des travailleurs agricoles, en collaboration avec les Organisations des agriculteurs.

Les inscrits qui, aux fins de surveillance, se rendront dans les zones de recrutement devront être munis de la délégation régulière de leurs Organisations respectives, et ils devront se présenter aux bureaux provinciaux des Organisations.

Les contributions nécessaires à l'assistance sociale et sanitaire de la main-d'œuvre locale participant aux travaux de sarclage, sont fixées de la façon suivante:

à charge de l'entrepreneur: lires 3 pour chaque sarcleur demandé et assigné;

à charge de l'ouvrier qui prend part au travail: lires 2.

Il reste entendu que le montant de ces contributions comprend les frais de toutes les formes d'assistance confiée par l'Organisation syndicale aux *Fasci* féminins.

ASSISTANT.

Art. 3. — A la tête de chaque équipe, on désignera un ouvrier qui aura les fonctions d'assistant.

L'assistant s'assurera que l'équipe est compacte et se trouve sur les lieux le jours pour lequel la requête a été faite, et il aura en outre la surveillance du travail de l'équipe.

Seront dénoncés à qui de droit ceux qui, d'une façon ou sous une forme quelconque, chercheront à entraver les opérations de recrutement et de travail prévues par le présent contrat.

Les deux Organisations contractantes établiront, d'un commun accord, les listes des ouvriers qu'elles n'estimeront pas aptes aux fonctions d'assistant.

A requête de l'agriculteur, l'assistant sera tenu d'exécuter les travaux de sarclage.

DEMANDE DE MAIN-D'ŒUVRE.

Art. 4. — La demande devra être faite par les agriculteurs, par l'entremise de leur Fédération, par écrit, aux Bureaux de placement locaux, jusqu'au 31 mars.

ASSURANCE INVALIDITÉ, TUBERCULOSE ET VIEILLESSE.

ART. 5. — Au moment de la liquidation définitive de l'équipe, les conducteurs devront verser, à l'Institut national des Assurances sociales, le montant des contributions de l'invalidité, vieillesse et tuberculose, correspondant au nombre des ouvriers engagés et au nombre des journées exécutées.

RÈGLES PARTICULIÈRES.

ART. 6. — L'équipe sera composée de sarcleurs de riz experts, de femmes en majorité, avec une tolérance non supérieure à 10 % de mineurs ayant de 14 à 15 ans d'âge.

DURÉE DU TRAVAIL.

ART. 7. — Le commencement du sarclage aura lieu à requête de l'agriculteur. Durée de l'engagement, de 30 à 50 jours de travail.

HORAIRE.

ART. 8. — La journée sera de huit heures.

Les règles pour l'horaire de travail sont celles fixées par les dispositions légales.

Les recouvrements sont admis sur la base de l'article 83 texte unique du 1er août 1907, n. 630, toutefois, dans une mesure non supérieure à 4 heures par semaine et jamais au-delà d'une heure par jour.

EXTRAORDINAIRE.

ART. 9. — Tout travail exécuté en plus des huit heures et qui ne serait pas exécuté pour regagner des heures perdues pour intempéries ou admis par la loi, sera considéré comme extraordinaire et payé avec une augmentation de 25 %, les jours de travail. Pour le travail exécuté pendant les jours fériés, y compris également le Corpus Domini et S. Pierre et Paul, l'augmentation sera de 50 % sur la paie ordinaire. Les participations en nature auprès des employeurs aussi bien qu'auprès d'autres sont interdites.

ASSIGNATION DES SARCLEURS DE RIZ À D'AUTRES TRAVAUX.

ART. 10. — En cas de nécessité absolue, lorsque la main-d'œuvre locale masculine et féminine est occupée sur le fonds, il est accordé à l'employeur le droit d'assigner le personnel destiné au sarclage, à la coupe des céréales d'été (seigle, froment, avoine et fenaison) et pour ces travaux on appliquera la paie pratiquée pour de tels travaux dans la zone, à condition toutefois que soit versée comme minimum la paie du sarclage. L'horaire de ces travaux sera celui qui a été légalement convenu pour les travailleurs adventices.

PAIES.

ART. 11. — Le tarif pour les opérations de sarclage pour les travailleurs locaux est celui du tableau annexé au présent contrat.

Le travail de repiquage n'est pas compris parmi les travaux de sarclage.

MALARIA (FIÈVRE PALUDÉENNE).

ART. 12. — La malaria contractée par le sarcleur de riz est, aux seuls effets de la dénonciation, considérée comme accident du travail et, dans ce cas, les employeurs doivent s'en tenir, pour la dénonciation de l'accident, aux dispositions législatives en vigueur en matière d'assurance contre les accidents en agriculture.

PASSAGE D'ÉQUIPE.

ART. 13. — Si, sur le fonds de l'employeur contractant, du fait de manque d'herbe ou du fait que cette dernière n'est pas assez mûre, les sarcleurs ne pouvaient pas être occupés au sarclage, le conducteur a le droit de les occuper au sarclage des fonds d'autres agriculteurs qui en feraient la demande, à condition que ce déplacement ne porte pas dommage à la main-d'œuvre qui y est occupée, et sous réserve d'accords opportuns avec les Organisations locales intéressées.

PÉNALITÉS.

ART. 14. — Le sarcleur de riz et les équipes de sarcleurs de riz qui s'absenteront arbitrairement de l'exploitation à laquelle ils ont été assignés pour travailler sur d'autres exploitations, seront dénoncés aux Organisations, lesquelles prendront des mesures et appliqueront des amendes, selon la gravité des cas.

CONTRÔLE.

ART. 15. — Le contrôle des équipes sera effectué par des inspecteurs désignés par les deux Organisations contractantes. Ce contrôle concerne purement l'organisation et non pas les règles prévues par les lois sur la culture du riz et par les lois sur la protection du travail.

DIFFÉRENDS.

ART. 16. — Pour les différends individuels dans l'application du présent contrat de travail, les dispositions du décret royal du 28 février 1928, n. 471, sont applicables.

Les différends de caractère collectif relatifs à l'interprétation et à l'application du présent contrat, seront déférés aux deux Confédérations pour la tentative de conciliation prévue par la loi.

CARTES SANITAIRES ET CERTIFICATS.

Art. 17. — Les Organisation syndicales fascistes des travailleurs pourvoiront à la délivrance de tous les documents prévus par la loi du 16 juillet 1907, n. 337, et modifications successives. Elles délivreront le certificat sanitaire prévu, moyennant d'une petite carte obligatoire pour chaque travailleur et qui sera fournie gratuitement par les soins des Bureaux provinciaux de zone de culture du riz et d'émigration.

LIQUIDATION DES ÉQUIPES.

Art. 18. — Les représentants des Organisations syndicales peuvent assister à la liquidation définitive des équipes.

ÉMISSION ET DISTRIBUTION DE CONTRATS
DE TRAVAIL OBLIGATOIRES.

Art. 19. — Les formulaires de contrats de travail obligatoires pour le sarclage du riz, et qui servent également pour la demande de la main-d'œuvre, sont de type unique pour toutes les équipes et pour toutes les provinces de zone de culture du riz. Ils contiennent la liste nominative des travailleurs.

Les formulaires de contrat seront de couleur blanche.

Ces contrats seront émis exclusivement par les Syndicats fascistes des travailleurs agricoles et remis, pour la signature, aux Organisations des agriculteurs qui, chaque jour, les remettront à l'Organisation des travailleurs, pour la circulation.

Tableau.

TARIF À APPLIQUER
POUR LES SARCLEURS DE RIZ LOCAUX.

1. — Milan et la circonscription de Pavie	L. 16,25	par jour	
Milan et la circonscription de Pavie pour sarcleurs de 14 à 15 ans.	» 13,65	»	»
2. — Novarre et ex-circonscription de Mortara	» 17,15	»	»
Novarre et ex-circonscription de Mortara pour sarcleurs de 14 à 15 ans	» 14,55	»	»
3. — Vercelli	» 17,55	»	»
Vercelli pour sarcleurs de 14 à 15 ans	» 15,35	»	»
4. — Crema et Lodi	» 15,85	»	»
Crema et Lodi pour sarcleurs de 14 à 15 ans	» 13,25	»	»

Ces tarifs ont été établis par la Confédération nationale fasciste des agriculteurs et la Confédération nationale des Syndicats fascistes des agriculteurs le 15 mars 1929-VII.

CONTRAT NATIONAL DE TRAVAIL
POUR LES CONCIERGES

TITRE I.

DÉFINITION DU CONCIERGE
ENGAGEMENT EN SERVICE - PÉRIODE D'ESSAI.

ART. 1.er — Aux fins du présent contrat est concierge celui qui, dans les immeubles destinés à habitations ou autre usage pour condominium ou location, prête ses services pour la garde, la surveillance et le nettoyage et pour les autres services accessoires, toujours s'ils sont inhérents aux immeubles, suivant les usages locaux.

Sont exclus tous les-portiers dont les services ont un caractère personnel et domestique, c'est-à-dire ceux attachés à des immeubles habités seulement par le propriétaire ou par des membres de sa famille jusqu'au troisième degré, même dans des appartements séparés, et ceux qui dépendent exclusivement de maisons commerciales et industrielles.

ART. 2. — Tant que les bureaux de placement prévus par le decret royal du 29 mars 1928, n. 1003, et règlement relatif, ne seront pas régulièrement établis, le propriétaire de l'immeuble, pour l'engagement du concierge, donnera la préférence, à parité de conditions, à ceux inscrits au Parti National Fasciste, aux Syndicats des concierges et aux ex-combattants.

A telle fin, les parties constitueront des bureaux de placement provisoires à base paritaire, qui fonctionneront suivant le décret du 29 mars 1928, n. 1003, et règlement relatif.

ART. 3. — Pour être engagé, le concierge, sur demande du propriétaire présentera les documents suivants:

a) acte de naissance;

b) certificat d'état de famille;

c) certificat de nationalité italienne;

d) extrait du casier judiciaire;

e) certificat de bonne conduite pour lui et pour ceux de sa famille vivant avec lui;

f) certificat médical pour lui et pour les membres de sa famille vivant avec lui;

g) carte d'identité.

ART. 4. — Le concierge devra désigner par écrit un membre de sa famille vivant avec lui, apte à le remplacer dans le service à tous effets du présent contrat.

Si le propriétaire engage un concierge qui n'ait pas de personne apte à désigner pour le remplacer dans son service, le propriétaire, s'il le veut, pourvoira lui-même à la substitution, mais, dans tous les cas, le concierge garde tous les droits, prévus au présent contrat.

ART. 5. — Le concierge pourra être pris à l'essai pour une période maximum de trois mois.

Cet engagement d'essai devra résulter d'un acte écrit; faute duquel, le concierge sera considéré comme pris en service effectif.

Durant la période d'essai, le contrat pourra être résolu à n'importe quel moment, par l'une ou l'autre partie, avec un préavis de quinze jours.

Le terme fixé pour la période d'essai échu, s'il n'y a pas résiliation comme il est dit ci-dessus, le concierge est retenu engagé en service effectif.

La période d'essai, en cas de confirmation en service, est comptée pour l'ancienneté.

TITRE II.

DEVOIRS DU CONCIERGE.

ART. 6. — Le concierge prêtera son service avec scrupule et zèle; il observera et fera observer le réglement de l'immeuble.

Le dit règlement devra contenir particulièrement les règles pour les heures d'ouverture et de fermeture de la porte d'entrée; pour le nettoyage soigné des couloirs, des escaliers, des cours et des locaux accessoires; pour la distribution de la correspondance des locataires; pour la manutention, la surveillance et l'usage du téléphone, de l'ascenseur, du chauffage central, ainsi que tous les autres services inhérents à l'immeuble, selon les usages locaux.

Le concierge et les membres de sa famille vivant avec lui doivent maintenir la plus grande discrétion sur la vie de famille et sur les conditions économiques des propriétaires et des locataires ainsi que sur tout ce qui les regarde; ils auront envers ceux-ci et envers les tiers une contenance polie, correcte et courtoise; ils éviteront qu'il y ait du tapage et qu'il se produisent des faits inconvenants dans la maison; ils endosseront durant le service des vêtements, même modestes mais convenables.

Le concierge pourra exercer (toujours si le propriétaire le permet), un métier dans l'immeuble, pourvu qu'il ne trouble pas la tranquillité des locataires et ne donne lieu à aucun inconvénient.

ART. 7. — Le concierge pourra s'absenter de sa loge pendant un maximum de trois heures par jour, mais devra pourvoir à ce que durant son absence le service reste assuré par la personne par lui désignée aux termes de la première partie de l'article 4.

ART. 8. — Le concierge est tenu à réparer les dommages causés à l'édifice par sa faute; en cela est compris le manque de surveillance pour les empêcher, ou pour surprendre les responsables.

Il doit porter la livrée que le propriétaire jugera éventuellement opportun de lui fournir à ses propres frais; il en aura le plus grand soin, et répondra des dommages dépendant manifestement de sa négligence.

TITRE III.

RÈGLES DE DISCIPLINE.

ART. 9. — Les fautes du concierge donnent lieu aux mesures disciplinaires suivantes:

    a) blâme verbal et écrit;

    b) amende;

    c) suspension du salaire;

    d) renvoi immédiat sans préavis et sans indemnité.

Le blâme et l'amende peuvent être infligé dans les cas de légères fautes dans l'accomplissement des devoirs; la suspension du salaire pour récidive dans les infractions qui ont déterminé l'application de l'amende, pour absence en service non justifiée, pendant une journée entière, sans que le concierge ait pourvu à se faire substituer, ou pour l'exercice d'un métier dans l'immeuble sans autorisation du propriétaire.

Le concierge est passible du renvoi immédiat sans indemnité dans les cas suivants:

1) pour récidive dans les fautes qui avaient donné lieu à la suspension du salaire;

2) pour ivresse réitérée en service, pour contenance incorrecte persistante, pour offenses envers le propriétaire ou les locataires;

3) pour des absences répétées du service sans motif justifié;

4) pour toute autre faute grave qui rende impossible la continuation du service.

L'amende ne peut excéder la paie journalière; la suspension du salaire ne peut être supérieure à un mois; amende et salaire retenu seront versés à la Caisse mutuelle de prévoyance en cas de maladie prévu à l'article 20, et tant que celle-ci ne sera pas encore constituée, en un livret de la Caisse d'épargne postale, au nom du Syndicat interprovincial des concierges et à l'Association territoriale de la propriété bâtie.

Toute mesure disciplinaire sera appliquée seulement après avoir entendu la défense du concierge lui-même.

ART. 10. — Le concierge soumis à des mesures pénales pour une faute qui diminue l'honorabilité de sa personne, pourra être suspendu de son service; en attendant il sera remplacé par la personne par lui désignée au sens de la première partie de l'article 4.

TITRE IV.

RÉTRIBUTION.

ART. 11. — La rétribution suivante est due au concierge:

a) le salaire mensuel;

b) un logement qui soit dans les conditions prévues par le règlement d'hygiène local ou par d'autres dispositions particulières de l'autorité communale;

c) l'éclairage;

d) le chauffage, s'il existe actuellement une installation centrale dans l'immeuble et que le concierge en profite déjà; et, dans les immeubles nouvellement construits, si l'installation y est faite.

Les Associations locales pourront adopter d'autres et différents éléments de rétribution en conformité d'usages éventuels plus favorables au concierge.

Pour établir le salaire minimum, dans les contrats locaux, il sera tenu compte de ce que le concierge est autorisé ou non à exercer un métier dans l'immeuble, ainsi que de l'importance de l'immeuble d'une part et de l'importance du travail de l'autre, en rapport avec le nombre des escaliers et des appartements et du travail de la personne désignée par le concierge pour le remplacer dans son service.

19.

A cet effet, les immeubles pourront éventuellement être classés comme suit:

1) immeubles avec trois escaliers ou davantage et avec au moins trente appartements ou locataires, et tels que par leur destination, même partielle comme bureaux importants, ils augmentent notablement le travail du concierge;

2) immeubles qui ont moins de trois escaliers ou un nombre de vingt-et-un à vingt-neuf locataires ou appartements et qui, par le nombre d'étages et par l'étendue des appartements, augmentent notablement le travail du concierge;

3) immeubles de onze à vingt appartements;

4) immeubles avec cinq à dix appartements; ou avec un nombre inférieur, pourvu qu'il y existe aussi des ateliers, magasins ou autres locaux à usage industriel pour lesquels le concierge doit prêter son service;

5) immeubles ayant moins de cinq appartements.

Dans le cas où le revenu imposable des immeubles, aux effets de l'impôt immobilier, est inférieur à un minimum à déterminer par les Associations territoriales, l'élément dont il est question sous la lettre *a*), pourra être exclu pour le calcul de la rétribution.

ART. 12. — Dans le cas où le concierge doit prêter ses services pour plus de seize heures par jour, du 1er avril au 30 septembre ou pour plus de quinze heures par jour de 1er octobre au 31 mars, le service supplémentaire sera calculé comme travail extraordinaire et lui sera rétribué dans la mesure et de la manière que fixeront, d'accord les Associations de premier degré des propriétaires et des concierges.

Dans les cas de force majeure et d'exigence de service public, il n'aura droit à aucune rétribution.

ART. 13. — Le propriétaire fournira au concierge les objets pour le nettoyage de l'immeuble.

TITRE V.

REPOS HEBDOMADAIRE – VACANCES – CONSERVATION DE LA PLACE.

ART. 14. — Le concierge a droit:

a) à un jour de repos par semaine;

b) après la première année de service ininterrompu, à 15 jours de vacances par an.

Dans le cas où il serait renvoyé, en dehors des cas cités à l'article 9, le concierge a le droit de jouir du douzième des vacances écoulées dans la période de service de l'année.

Le jour de repos hebdomadaire et l'époque des vacances annuelles seront établis par le propriétaire de l'immeuble.

Le droit aux vacances et au repos hebdomadaire est subordonné à la condition que le concierge se fera remplacer par la personne désignée dans le sens de la première partie de l'article 4, sous réserve de ce que dispose le 2ème alinéa de ce même article 4.

Aucune rétribution n'est due au concierge qui renonce volontairement au repos hebdomadaire et aux vacances annuelles.

Art. 15. — Le concierge a le droit de conserver sa place pendant le rappel obligatoire au service militaire et durant le rappel obligatoire ou consenti par le propriétaire dans la Milice volontaire pour la sûreté nationale.

Pour le traitement économique des personnes appelés en service dans la Milice volontaire pour la sûreté nationale seront valables les instructions émanées, à ce sujet, par les autorités compétentes.

Il a également le droit de conserver sa place durant les maladies qui lui interdisent l'exercice normal de son service, pour une période de temps ne dépassant pas trois mois, s'il a une ancienneté de service non supérieure à 15 ans, et ne dépassant pas six mois, s'il a une plus grande ancienneté.

Dans tous les cas susdits, le concierge devra se faire remplacer par la personne par lui désignée aux termes de la première partie de l'article 4.

Le concierge a droit, pour des affaires de famille graves et justifiés, à un congé extraordinaire n'excédant pas une semaine.

Art. 16. — Le vente de l'immeuble ne résoud pas le contrat et le concierge conserve ses droits vis-à-vis du nouveau propriétaire.

TITRE VI.

RENVOI ET DÉMISSION.

Art. 17. — Sauf les dispositions inclues dans l'article 9, le propriétaire qui entend renvoyer le concierge, devra l'avertir trois mois auparavant entre le 1er et le 15 de chaque mois, au moyen d'une lettre recommandée, et devra lui verser une indemnité égale à huit jours de son salaire (mentionné à l'article 11), pour chaque année de service ininterrompu, à partir de l'entrée en vigueur du présent contrat.

Le montant de l'indemnité de renvoi pour l'ancienneté accomplie avant l'entrée en vigueur du présent contrat, sera fixé d'accord par les Associations de premier degré des propriétaires et des concierges.

Pour déterminer la rétribution aux effets du premier alinéa, dans les contrats locaux, on fixera, pour chaque catégorie d'immeubles, la valeur conventionnelle des éléments de rétribution indiqués aux lettres *b*), *c*), *d*), de l'article 11.

Le propriétaire doit payer l'indemnité de renvoi, lorsque celle-ci est due au moment où le concierge quitte la maison et cesse son service, et il doit s'engager, sur demande du concierge, à verser à titre de dépôt au propriétaire de la maison dans laquelle le concierge ira habiter, et au moment où ce dernier quittera son logement de concierge, tout ou partie de l'indemnité qui lui est due comme il est dit ci-dessus.

Le concierge doit, sous peine de perte de ses droits à l'indemnité de renvoi, laisser le service et remettre au propriétaire les locaux où il habite, à la fin du délai de préavis.

S'il surgit des disputes sur le montant de l'indemnité, le propriétaire versera la somme qu'il croit devoir au concierge, dans un livret de la Caisse d'épargne postale, aux noms du concierge et du propriétaire.

Le retrait de la licence ne porte pas préjudice au droit au préavis et à l'indemnité de renvoi.

Le propriétaire ne pourra convertir le délai du préavis en paiement de la rétribution correspondante qu'avec le consentement du concierge.

Le concierge doit donner au propriétaire, en cas de démission, un délai de préavis égal.

ART. 18. — Une fois les délais dont il est question à l'article 15 écoulés, le concierge a droit, en outre du préavis, à l'indemnité de renvoi, même s'il est renvoyé pour cause de maladie.

Le concierge qui n'est plus à même de continuer à prêter ses services pour invalidité permanente (dans ce but considère comme invalidité le fait d'avoir 70 ans sonnés), a droit à l'indemnité de renvoi.

En cas de mort, il est dû à l'époux survivant et aux parents du concierge jusqu'au quatrième degré, une indemnité égale à celle qui prévue à l'article 17, avec les mêmes modalités et conditions établies audit article.

Aux personnes vivant à la charge du concierge défunt, est aussi dû le préavis de renvoi.

ART. 19. — En cas de cessation du service, le propriétaire de l'immeuble doit délivrer au concierge, sur sa demande et malgré toute contestation sur la liquidation des rapports réciproques, le certificat indiquant la durée du temps pendant lequel le concierge a prêté ses services.

TITRE VII.

CAISSE MUTUELLE DE PRÉVOYANCE EN CAS DE MALADIE.

ART. 20. — Les parties contractantes s'engagent à constituer dans les six mois de l'entrée en vigueur du présent contrat, une Caisse mutuelle de prévoyance en cas de maladie, au moyen de contributions paritaires.

TITRE VIII.

TRAITEMENT FAVORABLE.

ART. 21. — Les dispositions du présent contrat seront observées, malgré tout accord contraire, sauf le cas de contrats, réglements individuels ou d'entreprises plus favorables au concierge.

TITRE IX.

RÉCLAMATIONS ET DIFFÉRENDS.

ART. 22. — Les différends individuels pour l'application du présent contrat, avant l'action judiciaire, seront soumis à l'examen des Associations professionnelles compétentes des propriétaires et des concierges pour les tentatives de conciliation des parties. A cette fin, l'Association qui recevra la dénonciation de la controverse, aux termes de l'article 4 du décret royal du 26 février 1928, n. 471, devra en donner immédiatement communication à l'autre Association contractante.

Dans le cas où un accord ne serait pas obtenu en cette instance, et après quinze jours écoulés depuis le date de l'expédition de la dénonciation, l'intéressé peut recourir à l'Autorité judiciaire.

Les différends collectifs pour l'application du présent contrat seront composées à l'amiable par les Associations professionnelles de premier degré, et dans le cas où l'accord ne serait pas atteint, par celles de grade supérieur.

TITRE X.

DURÉE DU CONTRAT.

ART. 23. — Le présent contrat entrera en vigueur le 1er janvier 1929, an VII, et sera échu le 31 décembre 1931, an IX.

Dans le cas de défaut de dénonciation à envoyer par l'une à l'autre des deux parties contractantes, au moins deux mois avant l'échéance du contrat, par lettre recommandée, le présent contrat sera renouvelé pour deux autres années, et ainsi de suite.

TITRE XI.

DISPOSITIONS TRANSITOIRES.

ART. 24. — Les concierges devront indiquer, dans les quatre mois qui suivront la date de la publication du présent contrat sur la *Gazzetta Ufficiale*, la personne apte à les remplacer dans son service, dans le sens de la première partie de l'article 4.

ART. 25. — Les parties contractantes s'engagent à stipuler, par l'entremise des Associations territoriales dépendantes, dans les six mois de la publication du présent contrat, les accords destinés à compléter le présent contrat lui-même.

 INDEX

CHAPITRE I.

CONSIDÉRATIONS GÉNÉRALES.

CHAPITRE II.

LA CHARTE DU TRAVAIL.

CHAPITRE III.

LE STATUT DES ASSOCIATIONS PROFESSIONNELLES.

CHAPITRE IV.

L'ORGANISATION SYNDICALE RECONNUE.

CHAPITRE V.

LA RÉGLEMENTATION JURIDIQUE DU CONTRAT COLLECTIF DU TRAVAIL.

CHAPITRE VI.

LE RÈGLEMENT DES CONFLITS DU TRAVAIL.

CHAPITRE VII.

LA CORPORATION.

CHAPITRE VIII.

L'ORGANISATION CORPORATIVE.

CHAPITRE IX.

LA RÉFORME DE LA RÉPRESENTATION
ET LE SYSTÈME CORPORATIF.

APPENDICE.